中青年学者经济学研究成果论丛

东北大学“985工程”建设专项经费资助
2009年教育部博士点基金项目、2010年中国博士后科学基金第四十七批面上项目共同资助

产业集群治理的自我选择机制研究：基于治理经济学的视角

安岗 李凯◎著

Research On Self Selection Mechanism Of Industrial Cluster Governance: From The Perspective Of Governance Economics

中国经济出版社
CHINA ECONOMIC PUBLISHING HOUSE
北京

图书在版编目（CIP）数据

产业集群治理的自我选择机制研究：基于治理经济学的视角／安岗，李凯著．
北京：中国经济出版社，2018.7
ISBN 978-7-5136-5180-6

Ⅰ.①产… Ⅱ.①安… ②李… Ⅲ.①产业集群—经济机制—研究 Ⅳ.①F263

中国版本图书馆 CIP 数据核字（2018）第 088791 号

责任编辑　赵静宜
责任印制　巢新强
封面设计　久品轩

出版发行　中国经济出版社
印 刷 者　北京力信诚印刷有限公司
经 销 者　各地新华书店
开　　本　710mm×1000mm　1/16
印　　张　17.75
字　　数　270 千字
版　　次　2018 年 7 月第 1 版
印　　次　2018 年 7 月第 1 次
定　　价　65.00 元
广告经营许可证　京西工商广字第 8179 号

中国经济出版社 **网址** www.economyph.com **社址** 北京市西城区百万庄北街 3 号 **邮编** 100037

目　录

第1章 绪 言

1.1 研究的现实与理论背景

1. 产业集群治理问题得到了越来越多的关注和研究

有关产业集群或集聚的研究主要关注产业集群的正外部性和正面效应（Marshall，1890；韦伯，1909；Krugman，1991；Porter，1990，1998，2003；Markusen，1996）。少量研究关注了对集群衰退等负面问题，虽然有些集群衰退是外因造成的，但是同集群面临的外部威胁相比，其内在的僵化同样会使它极其脆弱（Porter，1998），一些产业集群由于内部原因而暴露出的负外部性和负面效应（薛求知，刘婷，2005），如专利被盗用（广东佛山陶瓷专利纠纷案，符正平，常路，2008），以及技术停滞（如台湾台中工具机产业集群），设备投资不足（特温特的“机械制造集群”，Gilsing，2000），柠檬市场与销量迅速下滑（浙江永康保温杯集群，仇保兴，1999）等，使得产业集群的组织和治理问题日益成为新的研究热点。同时，西方经济地理学向制度、文化与关系的转向（苗长虹，2004）也反映了研究热点的这种变化趋势。从理论和实践上都需要研究产业集群治理机制的内在规律，使集群企业行为从非合作转向合作，减少负外部性、扩大正外部性，使集群避免衰退、顺利实现升级。

对于集群衰退和集群治理问题的关注至少可追溯到20世纪80年代，有些文献涉及了集群实施各种集体行为和走出衰退的条件（Cohen and Zysman，1987；Best，1990；Eisenschitz and North，1986；Scott，1993）。但是，对集群治理问题的集中研究却是2000年才开始的。几位研究产业集群治理的开拓者Gilsing（2000），Brown（2000），Enright（2000），Lagen（2004）分别对集群治理的内涵、特征、类型进行了探讨。2004年之后，国内对产业集群治理的研究也开始大量出现，而且在理论上深入了很多。

2. 关于集群治理的内涵与主体的研究

现有文献对于集群治理的内涵可分为集体行动论和协调论。

对于集体行动论，Scott（1993）在研究产业区的弹性生产时就指出，前人的研究没有考虑集体干预最想得到的就是获取非经济的社会目标。Porter（1998）也指出，集群的运行方式表明"一个企业的集体行动的新的议程"。企业的集体行动其实就是集群治理的关键问题。对于集群治理的内涵，Gilsing（2000）认为集群治理是集群行为者为了集群升级而进行的有目的的集体行动。

对于协调论，Enright（2000）认为集群治理特别是指产业的结构以及企业间如何互动，协作机制是指企业间关系的组织方式，以及公共部门如何寻求对集群发展的影响；Langen（2004）将集群治理定义为"集群内使用的各种各样协调机制的混合以及这些机制之间的关系"。李宁、杨蕙馨（2005）进一步认为，集群内部协调的目标在于追求集群剩余；李凯、李世杰（2007）提出，集群剩余的存在和分配是集群治理的基础和焦点。

关于集群治理的主体构成，一般有共同治理和企业治理两种看法，而且共同治理是主流。Gilsing（2000）认为集群行为者包括企业、行业协会、大学以及政府组织共同作用的过程；Brown（2000）则认为集群治理的主体或者是私人部门（如美国），或者是（政府）经济发展机构（如苏格兰），比较理想的集群治理结构是由企业代表、政府部门、协会组织、相关产业代表、业内著名人士等组成的集群委员会主持的民主管理和决策模式；李世杰，李凯（2009）认为集群所有成员（包括企业、机构和个人）都是集群治理的主体。但是Enright（2000）认为，一个集群的治理结构是指依据关系的性质和权力的分配而形成的集群中的企业间关系，企业是治理的主体。

3. 关于集群治理的模式及其分类的研究

对集群治理模式的研究始于对现实的归纳和分类。根据不同的划分依据有不同的分类，而且具体治理模式的内涵差异很大。

如果按照治理主体不同进行划分，有企业主导型（大企业或风险投资企业，刘冰，高闯，2006；赵晶，关鑫，2008）、行业协会主导型和政府主导型（黄喜中，杨建梅，2006；杨树旺等，2008）；或企业家治理、地方政府治理和地方网络治理（陈文华，2007）；或私人部门治理和经济发展机构治理（Brown，2000）。

如果按照治理所依据的制度不同进行划分，有基于权威的层级治理、基于价格机制的市场治理和基于法律和社会契约的网络治理（郑建伟，万君康，陈剑锋，2004；张聪群，2008），或治理的正式制度和非正式制度（李凯，李世杰，2007）；或政府规制、经济层级、社区规范和协会自治（魏江，周泯非，2009）；或自治型、领导型和管理组织型治理（杨慧，2007）；或自组织治理模式和权威治理模式（刘芹，2009）。

还有的学者考虑到价值链治理，按照治理主体在集群之内和之外，划分为内部治理（网络治理）和外部治理（全球价值链治理）（朱华友，丁四保，2006）。

4. 集群治理分析的主要理论依据

集群治理的理论探讨和案例研究比较常用的理论依据主要是契约理论和新经济社会学。

契约理论是回到新制度经济学的理论起点，使用信息经济学和博弈论工具，借助威廉姆森（1979，1985，1996，2005）交易费用经济学的治理机制基本框架（Grandori，Soda，2006；喻卫斌，2005；马中东，2005；唐晓华，王丹，2005；王珺，2008；赵晶，关鑫，2008），以及基于不完全契约的关系契约模型（Baker，Gibbons，Murphy，1999，2002）展开（赵海山，2007）。

另一个主要的理论依据是借助格兰诺维特（Granovetter，1985）等创建的新经济社会学，从关系网络角度，基于嵌入、社会资本等核心概念展开产业集群网络治理的研究（Raja，2003，朱华晟，2003，陈艳莹，原毅军，2006）。有的分析是综合使用这两个理论来源（Jones，Hesterly，Borgatti，1997；孟韬，2006；李凯，李世杰，2007）。

5. 有待深入研究的问题

以上研究建立了集群治理研究的基础，这些研究抓住了各种模式的特征，体现出了很强的分析能力，但是仍有很大的推进空间。

（1）集群特征与治理模式之间的因果关系和匹配规律有待系统揭示。现有集群治理模式的研究对于集群的外部环境差异性缺少关注，集群在什么外部和内部情形下会采用什么样的治理机制，会形成什么治理模式，这些机制如何发挥作用，特别是，在中国的特定背景下集群治理规律会有什么不同？这些问题在理论上还有待系统研究。在这一方面，中国产业集群的案例研究能提供有力的支持，很多学者都已经注意到了中国产业集群自身的特性和问题（王缉慈，2005；朱华晟，2003；吴勤堂，2005；王珺，2005；刘世锦，2008；汪斌，廖园园，陈海达，2008；符正平，常路，2008），特别是近来出现了大量研究行业协会和商会的文献（罗仲伟，2001；陈剩勇，马斌，2004；郁建兴，2004；黄少卿，余晖，2005；郑江淮，江静，2007；张冉，2007；徐林清，张捷，2009），能为集群治理提供丰富的事实基础和分析思路。

（2）制度的内生性问题需要研究。在治理模式的研究中，几乎大多数文献都认为集群治理是各种集群行为者的共同治理。但需要进一步思考的是，谁来治理和治理什么？集群行为者之间的关系是什么？政府能承担什么角色？简单地认为集群治理是共同治理，很可能会掩盖企业在集群中的主体地位。集群中最重要的主体就是企业，治理制度来源于企业的需要，企业要去克服其他企业的机会主义行为，具体选择哪种机制，要看相对成本的大小，这是一个集群企业的制度选择问题。政府和法律的作用只是提供一个环境，扩大企业的选择集，但是由于信息和实施成本的差异，政府和法律在大部分治理问题上无能为力，政府主导的治理模式无法克服不可观察和不可证实信息和相关的实施问题。

（3）现有理论存在三方面的局限性。一是契约理论隐含假定存在完整有效的法律体系。契约理论富有解释力，但是源自发达经济的法律社会的现实，自然会忽视发展中经济和转型经济的背景。其实，即使在发达经济中，法律和契约的作用也是很有限的（Macaulay，1963），仅仅是提供一个威胁点或参照点（Hart and Moore，2008）。二是两个理论之间在方法论和逻辑性上存在根本性的分歧（Richter，2001），混合使用会产生逻辑的非一致性。三是从集群的内涵来看，集体行动难题是问题的关键，这两个理论都没有针对集体行动问题，而这一点恰恰是集群治理问题的核心。对于这个问题，上述理论均没有提供有力的支持。

6. 有望推进集群治理研究的新理论

上述基本理论问题亟待解决，产业集群治理的研究需要引进新的理论视角，提供内在一致性的逻辑框架，克服目前存在的缺乏一般性理论基础问题。本研究试图引入迪克西特的经济治理理论框架，来弥合理论分歧，扩展理论的适用范围，实现预期的目的。

迪克西特（Dixit，2003a，2003b，2004，2009）的经济治理理论——法律缺失与经济学（Lawlessness and Economics，LLE）突出了法制不健全条件下的经济治理，并强调各种治理模式都是当事人自我选择的结果，既没有放弃经济学的基本逻辑，又拓展了主流经济学的视野，很好地包容了上述两大理论依据，同时吸收了 Olson（1965），Ostrom（1990）和 Greif（2006）关于集体行动的分析思想，也引入了行为经济学和实验经济学的最新成果，阐述了第一、二、三方治理的概念体系。这是集群治理很有希望的理论来源，也是本项目主要依据的理论。

迪克西特认为，商业交往中的机会主义行为很少能够通过正式法律系统而得到抑制，即使在西方社会，也是只有在私人调解失败后才求助于法庭，私立的秩序承担了大部分的经济治理功能。因此它的理论起点是法律完全消失，这实际上是放松了契约理论的成熟法律体系的假设，同时又把法律内生化，可以研究从法律缺失到健全过程中的治理现象，并为研究政府的作用和私立的治理制度之间的关系提供了良好的视角，这一视角对于中国尤其适用。另外，LLE 关注个体交易治理的微观层面的问题，是一般性的经济治理理论，而且构建了一套基于博弈论工具的分析框架，对于产业集群治理的研究来说既有理论高度，又有建模基础。

郑江淮，江静（2007）；魏江，周泯非（2009）等人已经尝试从迪克西特、格雷夫的理论中寻求产业集群治理的思想来源，但这方面的研究才开始，迪克西特的治理思想也正在形成，需要跟踪研究。

1.2 研究的动机、目的与意义

大多研究集群治理的文献都会认为集群治理是政府理所当然的责任，我们需要回到制度生成过程的逻辑中，来寻找集群成员自我治理与政府治理的边界，决定边界的因素或者逻辑是什么，我们想说明的是，有效的治理制度，无论是何种方式，都必然是集群成员自我选择的结果。外生的治理制度，只能是制度环境的范畴，而不是集群内生的有目的的、有针对性的治理制度。

本研究试图从制度形成的自选择角度解释产业集群特征与集群治理模式之间的影响机理。目前的产业集群治理研究已经总结出各种具体的集群治理模式，但是为什么会形成各种治理模式？集群企业为什么会选择这种而不是那种治理模式，或者放弃治理？什么集群特征通过什么因素来影响治理成本和制度选择？集群特征与治理模式有没有相匹配的规律？根本性的决定因素或因果关系是什么？这些问题需要系统性的理论解释。

本研究试图依据经济治理理论，特别是迪克西特（Dixit，2003a，2003b，2004，2009）创建的新经济治理理论来研究产业集群的治理机制问题，寻求上述问题的理论解释。迪克西特的经济治理理论吸收了威廉姆森等人的理论的精髓，正处于发展中的新一代经济治理理论，具有更强的逻辑性和适用性，特别是对于发展中经济和转型经济解释力更好，因此能够实现对现有产业集群治理研究所依据的契约理论和新经济社会学的超越。

迪克西特的经济治理理论把法律缺失的制度环境作为研究的起点，把法律内生化，突出了在法律作用不断加强的过程中，当事人对不同治理机制的自发选择问题，为我们认识各种非正式治理和正式治理形式提供了更为深刻的理论洞见，并提供了系统的经济治理模型框架。如果把产业集群看成某一区域内自组织的社会组织，那么产业集群治理机制的核心就是企业群体自发的制度选择问题。因为每种治理模式的产生都有其具体的背景和自身特征，都有克服某种机会主义行为的作用，其中的逻辑就是集群企业在约束条件下对治理制度的内生的选择问题，这个逻辑符合迪克西特的基本思想。本项目把迪克西特的经济治理思想和基准模型用于产业集群的治理机制的形成和演变，关注不同集群治理模式所对应的集群特征的差异，并揭示产业集群治理制度的自我选择机制的经济逻辑，集群特征与治理模式相匹配的规律，以及集群治理机制的演化规律，构建产业集群治理制度选择的理论逻辑体系，为产业集群治理模式与集群特征的内在逻辑提供一般性的理论解释。

本研究的具体动机如下：

（1）通过引入迪克西特的新经济治理理论，把产业集群的治理制度当成当事人的自选择问题来研究，揭示产业集群治理机制形成与演变的经济学逻辑；通过提出集群治理的自选择模型、集群特征与治理模式的匹配模型，以及发展与转型背景下集群治理机制演变的规律，构建产业集群治理的一般性理论基础。

（2）通过对产业集群治理的调研和案例比较研究，构建基于信息差别和实施差别的产业集群特征的指标体系，总结国内外产业集群治理成败的经验，对产业集群治理的理论模型进行统计分析和计量检验，为理论寻求坚实的经验基础，并为理论的发展提出新的问题。

（3）通过理论和经验研究得出不同产业集群所对应的特征与治理模式匹配的规律，以及产业集群治理模式的演化规律，为企业、行业组织，特别是为处于发展和转型经济中的政府部门在集群治理中如何发挥作用提供政策建议。

本研究通过引入以迪克西特的新经济治理理论（LLE），试图从集群企业的自选择角度解释产业集群特征与集群治理模式之间的影响机制。

本研究认为产业集群治理机制的核心是集群企业在信息和实施等约束条件下对治理制度的内生制度选择问题。本研究力图构建“集群特征—交易特征—治理模式”的基本逻辑。产业集群中最能动的主体就是企业，集群治理制度来源于企业克服其他企业的机会主义行为的需要，企业会选择成本较低的治理方式，集群特征决定了交易过程的信息差别和实施差别，从而决定了企业对治理模式的选择。

本研究在 LLE 基础上，对产业集群的相关特征进行分类细化，并考察其对交易的信息和实施差别产生的影响，近而考察集群特征如何通过信息和实施差别来决定集群治理模式的选择，建立产业集群治理制度自选择的基本模型、关系型治理与规则型治理的选择模型、产业集群特征与治理模式的匹配模型和产业集群治理机制演化模型。结合基本理论模型，通过对东北特色产业集群的实地调研和案例研究进行实证检验。

本研究可以为集群治理研究思路提供一些借鉴，也可以为政府制定适合中国国情的产业集群治理制度提供启示，为东北老工业基地振兴的集群战略提供参考。

1.3 研究的方法与技术路线

1. 研究方法

（1）文献法。坚持使用第一手文献的原则，利用现有硬件条件，依据所有文献查找的渠道和工具，结合集群治理研究进行关键词的设定，进一步进行文献的归类整理、阅读笔记，文献综述，把零次文献加工成二次和三次文献，使文献研究高效进行。理论文献方面围绕与迪克西特法律缺失与经济学（LLE）相关的几种理论展开，重点比较交易费用理论（TCE）、公共治理理论、契约理论、新经济社会学（NES）、比较制度分析（CIA）、历史的比较制度分析与 LLE 的异同；结合理论研究和案例研究的需要，建立集群治理案例研究库。

（2）数学建模方法。主要依据博弈论与信息经济学的分析框架，吸收契约理论的建模方法，由简单到复杂逐步放松约束条件。遵循 LLE 所依据的单边囚徒困境（声誉）、双边囚徒困境、重复囚徒困境基本模型，重点研究双边治理的治理边界条件，以及多边治理的边界条件，为私人治理寻求更多的可能性。

（3）个案研究法。在实地调研中，对集群中的制造商、供应商、研发机构、行业协会人士进行深度访谈（Indepth Interviews），了解一些行为的细节；根据设定的调研方案，并在访谈后进一步调整。同时，也要运用现有的案例研究、互联网络、报纸等提供的二手信息来源（Secondary Sources）。

2. 技术路线

遵循提出问题—文献研究—理论与模型研究—实证研究—理论应用研究的技术路线，实证研究是对理论与模型研究结论的验证，理论应用研究是经过验证的理论结论在实际应用中的自然逻辑延伸。基本研究路线用框图表示如图 1-1 所示。

1.4 研究的内容安排

本书内容安排为 8 章：第 1 章绪论；第 2 章为集群治理和经济治理的研究综述；第 3 章是研究的理论框架；第 4 章是集群双边治理的理论模型；第 5 章是集群多边治理的理论模型；第 6 章是国内外产业集群的跨案例研究；第 7 章是东北装备制造业集群案例研究；第 8 章是网络平台治理案例研究。

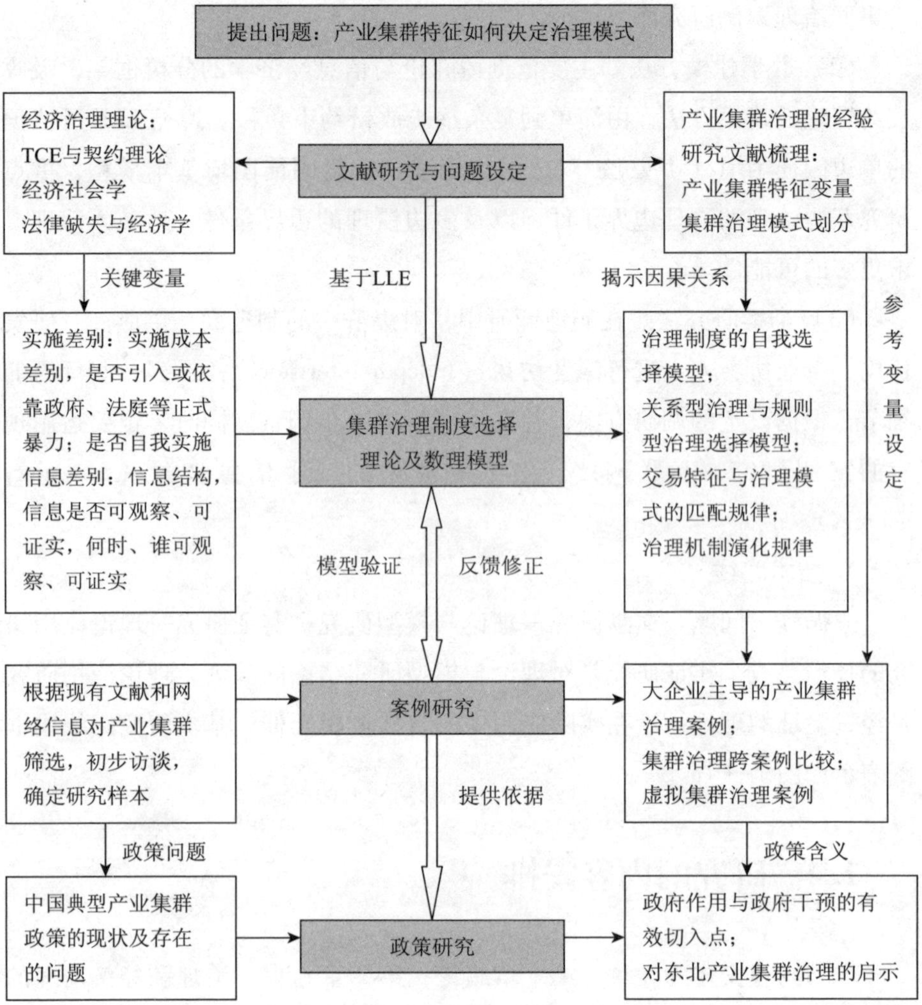
提出问题：产业集群特征如何决定治理模式
经济治理理论：
TCE与契约理论
经济社会学
法律缺失与经济学
文献研究与问题设定
产业集群治理的经验
研究文献梳理：
产业集群特征变量
集群治理模式划分
关键变量
基于LLE
揭示因果关系
参考变量设定
实施差别：实施成本差别，是否引入或依靠政府、法庭等正式暴力；是否自我实施
信息差别：信息结构，信息是否可观察、可证实，何时、谁可观察、可证实
集群治理制度选择
理论及数理模型
治理制度的自我选择模型；
关系型治理与规则型治理选择模型；
交易特征与治理模式的匹配规律；
治理机制演化规律
模型验证
反馈修正
根据现有文献和网络信息对产业集群筛选，初步访谈，确定研究样本
案例研究
大企业主导的产业集群治理案例；
集群治理跨案例比较；
虚拟集群治理案例
提供依据
政策问题
政策含义
中国典型产业集群政策的现状及存在的问题
政策研究
政府作用与政府干预的有效切入点；
对东北产业集群治理的启示

图 1-1　技术路线

第 2 章　集群治理及新经济治理文献综述

2.1　集群治理的自我选择导向[①]

有关企业集群或集聚的研究较多关注集群中的正外部性和正面效应（Marshall，1890；韦伯，1909；Krugman，1991；Porter，1990，1998，2003；Markusen，1996）。如果企业间只有正外部性，集群的边界就会无限增大，是什么力量阻碍了集群的扩张呢？为什么有的集群会趋于衰退？集群的组织成本和负外部性、负效应（孙国锋，高艳春，2007）以及集群风险（蔡宁，杨闩柱，吴结兵，2003）是需要考虑的。虽然有些集群衰退是外因造成的，但是同集群面临的外部威胁相比，其内在的僵化同样会使它极其脆弱（Porter，1998）。一些集群由于内部原因而暴露出的负外部性和负面效应（薛求知，刘婷，2005），如专利被盗用（广东佛山陶瓷专利纠纷案，符正平，常路，2008），以及技术停滞（如台湾台中工具机产业集群），设备投资不足（特温特的"机械制造集群"，Gilsing，2000），柠檬市场与销量迅速下滑（浙江永康保温杯集群，仇保兴，1999）等，使得产业集群的治理问题成为实践中迫切需要解决的问题。萨格登等（Sugden et al.，2006）指出，如果我们要了解集群的内部运作和动态，以及他们在当地的影响，关键是要研究集群治理。

对于集群衰退和集群治理问题的关注至少可追溯到 20 世纪 80 年代，

---

① 2.1、2.2 两部分内容已发表，具体见：安岗，李凯，黄玮．集群治理制度的自我选择逻辑：基于治理经济学视角的综述［J］．公司治理评论，2013，5（4）：41-60.

有些文献涉及了集群实施各种集体行为和走出衰退的条件（Cohen 和 Zysman，1987；Best，1990；Eisenschitz 和 North，1986；Scott，1993）。最早将治理观念引入集群研究的是布鲁斯科（Brusco，1990），2000 年开始，几位研究产业集群治理的开拓者比尔辛（Gilsing，2000），布朗（Brown，2000），恩莱特（Enright，2000），兰根（Langen，2004）分别对集群治理的内涵、特征、类型进行了探讨。2004 年之后，国内对产业集群治理的研究也开始大量出现，而且在理论上也深入了很多。

从经济学的逻辑来看，目前研究集群治理的文献普遍存在的问题是，集群治理的内涵不统一，治理主体过于强调外部作用，治理过于强调整体目标，导致对集群治理理解的分歧较大。例如，对区域和集群的概念不加区分，导致将集群的经验照搬到区域内来治理区域经济；把社会网络和政府都看作治理机制的能动主体；把集群治理的目的看成集群升级，偏重于论证政府、网络的作用，而对最能动的集群企业的治理动机和制度选择机理研究不足。究其原因，主要是缺少治理制度微观基础的分析。目前的产业集群治理研究已经总结出各种具体的集群治理模式，但是为什么会形成各种治理模式？集群企业为什么会选择这种而不是那种治理模式，或者放弃治理？什么集群特征通过什么因素来影响治理成本和制度选择？这些问题仍缺乏系统性的理论解释。

根据经济治理理论，只有交易参与者自主选择的治理机制才是有生命力的，有效率的（Williamson，1985；Ostrom，1990）。其原因在于，这种自选择的制度具有信息成本和实施成本的优势。这一点常常被理论研究和政策制定者忽视。而所谓的外部第三方治理，如政策制定者或者社会网络，限于信息和实施成本而不能主动去治理，只能被集群主体来选择。但是，他们可以改变约束条件，扩大选择集，降低相关制度环境的成本。如果基于信息劣势去治理，就会造成低效率制度挤出高效率制度，使集群治理陷入困境。

如果把产业集群看成某一区域内自组织的经济社会组织，那么产业集群治理的本质就是企业群体自主的制度选择问题。因为每种治理模式的产生都有其具体的背景和自身特征，都有克服某种机会主义行为的作用，其中的逻辑就是集群企业在约束条件下对治理制度的内生选择问题。因此，集群治理问题也属于经济治理的范畴。然而，从经济治理角度展开集群治理研究的文献并不多见。本书主要依据经济治理理论视角来考察文献，并为进一步的研究寻找思路。

经济治理与激励一起构成经济制度的核心功能，因而经济治理是经济学和管理学研究的重点问题之一。威廉姆森和奥斯特罗姆获得 2009 年诺贝尔经济学奖，主要是因为他们在 20 世纪 70—90 年代对经济治理研究的贡献。最近 10 多年，经济治理研究又取得了较多新进展，不仅在研究对象和研究视野方面获得较大拓展，而且更好地运用了主流经济学建模方法和经验验证方法，不但全面吸收了行为经济学的相关理论，也充分运用了实验经济学的研究方法，理论在应用层面也展现出强大的适应能力。

以威廉姆森等人为代表的治理经济学，其研究对象主要是法律制度比较健全的发达经济体。而与威廉姆森的治理经济学不同，迪克西特倡导的新的治理经济学回到法律缺失或不健全的基本起点上，使得早期的治理经济学成为这一理论的特例。法律缺失是指国家对产权保护和契约执行提供有限的或者不可靠的保护（Dixit，2004），而法制健全是指国家在保护产权和执行契约方面以原则性的方式承担保护职责；前者主要应用于落后的和转型的经济体，后者一般与西方民主体制有关（Williamson，2005）

迪克西特提出的法律缺失背景下的治理经济学得到了很多学者的关注和引用，很多文献扩展了治理经济学的基本思想并应用于一些现实问题的研究，初步形成了一些新的特点，主要体现在：经济治理的含义和逻辑起点更加明确，研究方法和模型化有了较大推进，并把人的行为因素和固有观念引入模型，对经济治理的各种模式划分更细致，研究对象的范围扩大到发展和转型经济，在应用方面涉及很多领域：制度转型、产业组织、经济发展、反腐败及环境治理等。以迪克西特为代表的新治理经济学继承了契约理论的基本研究范式，同时放松了法律健全的隐含假设，也吸收了这些年来行为经济学的进展，给我们展现了一个新的研究图景。

中国经济经过 30 多年的快速发展之后，目前存在很多需要治理的问题，如环境污染治理、网络环境治理、反腐败、反垄断、反假冒伪劣产品等。可以说，中国正在进入一个需要全面治理的年代，如何探索有效的经济治理制度，推进社会经济制度不断健全，不仅是一个需要理论研究支持的问题，更是一个迫切的实践问题。因此梳理经济治理研究的进展，对于研究中国经济制度问题和改革实践都具有深远的意义。

本章其余部分的内容安排为，第二节从集群治理制度的自我选择逻辑方面，回顾现有文献，并进行述评，第三节从基于迪克西特新经济治理理论方面回顾现有文献，并进行述评，第四节是对未来理论研究的展望。

2.2 集群治理制度的自我选择逻辑

本节主要从契约理论、新经济社会学和产业生态化理论 3 个研究视角，以及对几个核心问题的比较和述评来回顾集群治理制度自选择逻辑下的现有文献研究。

2.2.1 集群治理文献的三个研究视角

集群治理的理论探讨和案例研究比较常用的理论视角主要有契约理论、新经济社会学和产业生态化理论。这三个视角的区分是相对的，也会出现混合使用的情况。

1. 契约理论视角

契约理论视角主要通过考察企业间的双边和多边契约来理解集群治理，并从企业之间的多边治理机制、非正式契约、声誉机制等方面入手来研究集群治理机制的形成、效果与约束条件。

从双边治理机制和关系型契约的角度，喻卫斌（2005）认为，集群内的每家企业都是相对独立的组织，企业之间不是通过产权或资本纽带、而是以平等的市场交易方式联接的，不属于垂直一体化的科层组织结构；产业集群内更多采取双边治理，签订非正式的关系型契约来维持企业之间的长期交易关系，通过声誉机制和预期集群剩余来保证交易的正常进行。进一步，赵海山（2007）认为，产业集群是一种典型的关系型契约组织，是各类治理主体通过正式的或非正式的契约来不断协调、引导、激励集群中所有利益相关者的行动，以保持集群的稳定性和持续创新能力。李世杰，李凯（2008，2009）从集群内的成员企业层面来分析集群治理的形成，认为集群内的企业相互集聚，在长期交往中建立起信任关系，并逐渐形成集群成员间的隐性契约关系，声誉则构成产业集群的约束机制，限制成员企业的机会主义倾向。

从多边治理机制和行业协会的角度，有的文献研究了集群治理中的行业协会的作用。罗伯特（Robert，1998）研究发现英国各类行业协会提供的服务排在前 4 位的是，协调会员间的关系、疏通政府与协会间的关系、为会员提供技术咨询和提供业务通信，此外还通过制定行业标准和行业规范以及提供其他信息服务，大大提高了行业的竞争力。维瑟（Visser，2006）应用 Langen（2004）提出的理论框架对智利的葡萄酒业集群进行了案例研究，结果表明在全球化背景下的智利葡萄酒业集群在治理活动方面发生了实质性变化，行业协会在此过程中首先起到了实质性的积极作用，领导企业的治理功能随后发展起来，而作为非正式制度的地方企业间信任虽然有一定程度的体现，但并不显著，而集群整体层面上的集体行为仍缺乏效率。汪斌，廖园园，陈海达（2008）通过对浙江地方产业集群的调研发现，行业协会是否发达对集群的发展升级至关重要。康宛竹（2009）指出，温州烟具行业协会行业治理的成功案例证明了行业协会合理定位对于行业发展的重要作用，温州市政府通过将企业审批、产品质检、定价等权力让予行业协会的方式，激活了行业协会的自主运作模式，极大地促进了温州烟具行业的发展。张潇雨，曹庆萍（2008）证明了独立性、环境因素、官民协商机制以及职能划分这四大因素对于日本行业协会顺利发展的重要意义。

在多边治理机制中，有的文献强调一种民主性、共同参与式的集群治理结构，有的文献则强调了集群企业对治理的参与程度。如 Sugden

(2005）认为政策制定者和规划者已经将集群视为经济弊病的“灵丹妙药”，集群战略反映在制度安排上，就是一种民主性的、共同参与式的集群治理结构。集群企业间的战略决策权分布越广、企业参与集体决策的程度越深，则集群治理结构越有利于区域经济发展，并且这个框架作为集群案例研究的基础。普若普瑞泽特（Proprisetal，2007）将 Sugden（2005）提出的研究框架用于对伯明翰珠宝产业集群的研究，结果表明，伯明翰珠宝产业集群内部倾向于共同决策的治理模式对于集群的复兴和发展具有重要作用。周泯非，魏江（2010）将 Sugden（2005）提出的研究框架概括为“治理结构—发展战略—经济绩效”，认为从实践层面上看，集群治理表现为对集群中各类参与者之间双边和多边关系的不同协调方式。陈晓峰，邢建国（2013）以家纺产业集群为例得出地方产业集群要成功实现升级，必须在内部治理上做到企业发起、政企互动、协会呼应和支持，构建一种共同治理的模式。李世杰（2013）以集群剩余索取权为基点，探讨了产业集群的治理机制——自我协调治理、行业协会治理和政府治理的组合模式。

另外一些文献也提出，在特定集群中政府也可以发挥重要作用。如卡里罗和萨凯蒂（Parrilli and Sacchetti，2008）通过对哥斯达黎加的计算机集群和一家意大利生物制药公司及其生产网络的研究，强调了在集群治理中除了重要战略行动者的作用，地方政府的公共政策也扮演了重要角色。

2. 新经济社会学视角

新经济社会学视角与契约理论视角的差别在于从社会关系背景出发，使用社会资本、社会网络、镶嵌（嵌入）等概念，强调社会网络组织等外部力量的治理作用，而较少从微观企业的选择出发研究治理机制。在现有文献中，有些文献关注于集群治理中的纯社会网络治理，而另一些文献则在网络治理的基础上，借助契约治理理论的一些内容，形成混合社会网络治理的解释。

在关于集群中网络治理的模型建构上，孙国强（2003）将 Johanson and Mattsson（1987）提出的一个关系与互动的模型（JM 模型）从二维结构扩展到包括互动结果—协同（治理绩效）在内的三维结构。张聪群（2008）据此将产业集群治理的逻辑模型概括为关系、互动与协同的三维逻辑模型，并将产业集群治理机制分为包含信任、声誉、宏观文化、联合制裁的社会机制和以集群剩余为核心的激励约束机制。

有些文献认为企业集群不同于一般的网络组织，并对集群内的网络治理进行了一系列研究。李维安（2003）指出集群内部的各种经济行为和社会关系相互关联，交易不通过无关联的交换以及行政的权威来完成，而是各主体以互惠、潜在的共同行动形成的结果，信任成为影响企业间关系的主导力量。孟韬（2006）认为产业集群治理中存在着一种由经济网络和社会网络相互作用的"双网络"机制，且建立了"双网络"治理"互嵌"模型。这不仅是经济网络在社会网络中的"嵌入"，而且是对Granovetter的嵌入理论在产业集群网络治理中的应用和修正。对于其中的社会网络，王永龙（2008）特别研究了社会资本，指出产业集群的社会资本治理具有弥补制度治理或合约治理缺陷的优越性，能够有效避免存在"有限理性"和面临"不确定性约束增加"条件下的治理失灵。

沿用前述文献关于"双网络"机制的研究，许林峰，严北战（2011）指出，当前的网络治理研究（Langen，2004；Jones et al.，1997；孙国强，2003）出现了偏重社会机制，忽略经济网络机制的倾向，对正式组织和制度研究不足，并提出基于经济网络、社会网络的集群式产业链治理机制的框架构想，认为社会网络治理与经济网络治理的有机结合与相互交融，形成了约束、激励和协调三种机制，构成集群式产业链治理机制。

不同于纯社会网络治理的研究，有些文献试图在网络治理理论中结合契约理论，即混合网络治理来理解集群治理。张聪群（2008）提出产业集群的治理机制主要有社会机制和激励约束机制。王关义，刘寿先（2010）提出社会资本是一种关系治理模式，是镶嵌于社会网络中的资本资源通过一系列长期的、非正式的隐性的自我实施的合约安排。胡雅蓓（2012）从产业集群网络组织属性出发，通过对南京化学工业园的典型案例分析，探讨了以契约、政府公序和组织私序为代表的正式治理机制和以信任、声誉和集群文化为代表的非正式治理机制对形成和维系产业集群竞合关系的作用机理。

另外，随着高新技术的迅速发展，一些文献开始研究高技术产业集群中的网络治理。周雄飞（2008）借鉴 Jones 等（1997）四重维度的理念以及结构嵌入的四个主要因素，根据高技术产业集群的具体特征，提出其网络治理的理论架构。同样，李菁华，李雪（2008）基于拉尔森（Larsson，1993）将网络组织间的协调称作“握手”，拓展了传统网络治理机制的理论研究框架，并将地方政府与社会中介组织尤其是行业协会的规制功能纳入网络治理框架进行分析，体现正式制度与非正式制度“相互握手”的重要意义——在一定程度上实现高技术产业集群的“自组织”目标。赵志豪（2011）从网络视角对产业集群发展中的风险进行了系统的分析，并针对风险产生的原因，认为产业集群的网络治理主要是通过整合市场机制和层级制的协调机制，而这种协调机制是靠参与者的互动和非正式组织来实现的，其治理机制是“无形之手”和“有形之手”的“握手”。

有别于集群地理区域，有的文献从集群企业供应链角度对网络治理作出解释。郑建伟等（2004）等构建了基于集群内部关联的网络治理和基于集群外部关联的价值链治理互补的治理结构。吴群（2012）提出集群供应链网络治理是自组织治理和他组织治理构成的复杂网络的共治过程，并分别从政府治理、行业协会治理和市场中介治理 3 个维度提出了集群供应链网络治理中各自的治理角色或途径，认为集群供应链网络的他组织治理的存在主要是为了弥补自组织治理的缺陷，通过他组织治理活动增强系统的抗风险能力和资源整合能力。

3. 集群生态化治理的视角

产业集群生态化治理的视角，发端于集群的环境治理问题，进而发展引入用生态学和演化经济学理论研究一般性集群治理的生态化发展过程，是集群治理研究和实践的一个新视角。

集群生态化视角发源于集群中环境污染的克服问题。如肯尼迪（Kennedy，1999）从印度帕拉河流域皮革产业集群的案例中发现，与地方政府联合行动兴建污染物专业处理企业是克服环境污染的有效途径。沃尔尼（Wallner，1999）也强调具有区域集聚特征的组织在谋求经济发展的同时更应关注对周边环境的影响，并指出产业可持续发展的途径之一就是建立生态型产业集群。随着中国的生态环境问题不断恶化，国内文献开始从生态化视角研究产业集群的治理问题，即产业集群生态化治理，如王永坤，王丹，安爽（2012）指出，产业集群在其多种治理模式的发展历程中，由无治理模式发展到末端治理模式，再到现在的生态化循环模式，已经发展到了高级阶段。

多数文献从共生角度研究了产业集群治理问题，提出了产业集群中的共生治理。周浩（2003）借用生物学中解释不同生物种群共生的 Logistic 模型，给出了产业集群中卫星式结构和网状式结构两种集群模式达到共生稳定状态的一个动态描述，并给出了动态均衡所需的条件及其经济学上的含义，且得出结论：无论是在卫星式还是在网状式集群模式中，集群达到共生稳定状态的关键都是激烈的竞争，从而形成集群整体上对外部的竞争优势，保证集群的良好发展。吕俊杰（2007）进行了产业集群的生态共生机制研究，在对产业集群的生态学特性及产业集群内企业的共生互动活动分析的基础上，利用共生理论和网络组织理论验证了共生机制是产业集群的特质，分析了共生机制对产业集群生存、成长的意义。虽然已有文献研究了集群中的共生治理，但是李婷，段东平（2010）指出，集群发展未考虑到集群内企业共生的关系，竞争效益大过协同效益，提出产业集群生态化改造就是在集群内构建企业小循环、产业中循环、社会大循环的生态化共生网络，并进一步指出这需要宏观、中观、微观的多层次推进和技术、制度、政策的多层面保障。谌飞龙（2012）也指出，我国产业集群共生治理状况并不乐观，还没有形成真正意义上的生态产业集群；另一方面，他还指出，在产业集群的内涵扩大后，其共生治理已由单一领域企业共生演变为在一定的集群区域中包括工业共生、产业共生、跨类共生在内的多产业、多领域的“大共生”治理，并提出 3 个“大共生”治理策略。

一些文献从协同进化的角度研究了产业集群生态化治理。吴戈

（2008）研究了产业集群可持续发展的生态化管理，指出产业集群内企业的协调管理及其与外部环境的协同进化是防止集群倒退的关键，为实现该目标，必须借用生态学理论对产业集群内部进行协调管理，使之随着环境的变化进行相应调整，协同进化，进而提高产业集群的整体竞争力。武春友，吴荻（2009）认为多数研究混淆了产业集群生态化和建设生态产业园，基于此提出产业集群生态化的含义，且认为产业集群生态化的发展模式表现为产业间的相互协作，但也迫切需要其利益相关者的引导与支持。与此相类似，向秋兰（2013）从整体规划和选择核心企业出发，指出集群升级和发展，需要充分协调自组织与他组织的作用。

对于这三种研究视角，从方法论上讲，生态化治理与网络治理更接近，更多关注外部力量的作用，无论是网络治理，还是共生治理和协同治理，都比较缺少微观基础的分析。在网络治理和契约治理之间虽然有一些融合，但当时争议还是比较大。如李新春（2002）指出集群内部的契约治理主要是通过企业家而不是网络间的股权和非股权联系实现的，企业家协调在其中发挥着重要作用，是以企业家之间的相互学习、创新为核心而形成的契约治理。从治理经济学的角度，不论是什么形式，只要是企业在面对机会主义时，根据需要内生出来的治理制度更为有效。一般来说，企业间为集群发展而形成的双边和多边治理形式更为有效，而政府和宽泛的社会网络等其他治理制度的作用是有限的。

2.2.2 核心问题的比较与评述

集群治理需要回答的几个核心问题：什么是集群治理（What），谁来治理（Who），为什么而治理（Why），如何治理（How）等。在对相关文献分类梳理的基础上进行比较与评述，进一步体现集群治理制度自选择的基本逻辑。

1. 集群治理的内涵：什么是集群治理

现有文献对于集群治理的内涵至少存在两种理解，一是集体行动论，二是协调论。

对于集体行动论，早期关注产业集群的文献就有这方面的思考。斯科特（Scott，1993）在研究产业区的弹性生产时就指出，前人的研究没有考虑集体干预最想得到的就是获取非经济的社会目标。Porter（1998）也指出，集群的运行方式表明“一个企业的集体行动的新的议程”。企业的集体行动其实就是集群治理的关键问题。对于集群治理的内涵，Gilsing（2000）认为集群治理是集群行为者为了集群升级而进行的有目的的集体行动。陈军，朱华友（2008）也认为，产业集群治理是进行产业集群更新升级的所有集群成员有目的的集体行动，其本质是要建立和保持集群的持续竞争优势，促进集群增长。张聪群（2008）认为产业集群治理是以产业关联和社会关系为联结，以集群成员之间的信任为基础，以保证在集群整体利益最大化的前提下寻求集群成员合作利益的最大化为目标，集群内所有利益相关者都参与的共同治理。刘芹（2009）认为集群治理是有目的、所有集群成员都参与的集体活动，其本质是规避集群发展风险，促进集群增长。

对于协调论，Enright（2000）认为集群治理特别是指产业的结构以及企业间如何互动，协作机制是指企业间关系的组织方式，以及公共部门如何寻求对集群发展的影响；Brown（2000）将集群治理看作产业结构和集群企业间的互动关系；Langen（2004）将集群治理定义为“集群内使用的各种各样协调机制的混合以及这些机制之间的关系”。Helmsing（2001）认为集群治理本质可看作一种重要的企业间关系治理，也包括企业与地区的或公共机构之间的关系。De Proprisetal（2007）集群治理本质上是跨代理者的“关系解决方案”。国内很多文献都是从制度角度的协调机制来分析产业集群治理的内涵。黄喜忠，杨建梅（2006）认为集群治理是通过正式非正式制度与规范，不断协调集群内所有利益相关者的行动。汪国银，刘芳（2007）认为集群治理是通过社会关系的嵌入与经济合约的联结所构成的以制度安排为核心的产业集群成员之间的关系安排，其本质是协调方式及契约安排。陈文华（2007）认为，产业集群治理作为一种新的制度安排，是企业家、地方政府、地方网络等地方性力量和全球价值链上其他地方产业集群沟通协调，互动博弈，共同解决公共问题，塑造集群品牌，提高集群效率的过程和结果。康胜（2008）认为，产业集群治理是基于利益共同体与内部市场有机统一的多重协调机制的融合。魏江，周泯非（2009，2010）认为集群治理是指集群层面上对集群参与者交互活动存在约束和激励作用的各种内生性协调机制总体，是同时包含着地方经济和行政权威、社会规范和协会机制等多种微观治理机制的一整套制度安排。谌飞龙（2012）认为集群治理的实质是集群成员为实现共同利益而开展的一系列协调活动。严北战（2013）也认为，集群治理本质上是对集群利益相关者之间的关系协调。

集体行动论没有充分考虑微观基础，其可行性会遇到问题。奥尔森（Olsen，1965）的经典分析早就说明，集群成员的成本收益结构肯定是不一致的，因而导致集体行动是非常复杂的过程，“搭便车”现象很常见。因此强调集群所有企业参与集体行动与治理是不符合现实的。协调论相对于集体行动论进步一些，承认行为主体的利益不一致，需要协调。但需要明确的是，谁来承担协调者角色和协调成本，什么情况下什么协调者才会出现。可以肯定的是，绝对不是大家一起来协调。这两种内涵理解都缺少微观基础的支持。

如果从经济治理的角度来理解，产业集群治理就是集群企业在既定制度环境下自主选择治理方式，来抵制集群企业的负外部性行为。由于集体行动中总有主要发起者和承担者，也有“搭便车”者，这就要分析集群治理的主体到底是谁，不同主体会构成什么样的模式。

2. 集群治理的主体：谁来治理

关于集群治理的主体构成，常见的有外部治理（产业链治理或价值链治理）与内部治理（网络治理）（陈军，朱华友，2008；陈赤平，丁建军，2009）。外部治理的主体在集群之外，已经不是一个集群治理问题。例如，在产业链之内、集群之外的主体的治理集群内企业的目的在于外部主体自身的利益，与集群治理不同。在内部治理中，主要存在共同治理和企业治理两种看法，而且共同治理是主流。

认为集群全体成员承担治理主体的共同治理文献居多。Gilsing（2000）认为集群行为者包括企业、行业协会、大学以及政府组织共同作用的过程，并认为集群治理是进行产业集群更新升级的所有集群成员有目的的集体行动，因此在他那里集群所有成员是治理的主体；Proprisetal（2007）认为伯明翰珠宝产业集群内部倾向于共同决策的治理模式对于集群的复兴和发展具有重要作用。陈军，朱华友（2008）认为，在对产业集群的发展过程进行理解和评价的基础上，针对集群成长中路径依赖的演化和外部环境的冲击，为保持集群的持续竞争优势，所有集群成员共同参与的一种集体行动。张聪群（2008）认为产业集群治理的一般治理模式是集群成员共同参与的共同治理模式。李世杰，李凯（2009）认为集群所有成员（包括企业、机构和个人）都是集群治理的主体。

与上述观察不同，有些文献认为不同集群中不同的治理主体构成，一个集群在不同的发展阶段也会有不同的治理主体。Brown（2000）则认为集群治理的主体或者是私人部门（如美国），或者是（政府）经济发展机构（如苏格兰）；艾伯蒂（Alberti，2001）认为比较理想的集群治理结构是由企业代表、政府部门、协会组织、相关产业代表、业内著名人士等组成的集群委员会主持的民主管理和决策模式；1991 年，意大利法律把这些主体规定为区委员会（distict committees）。已有很多国外文献进行了经验研究，如 Nijdam 和 Langen（2003）研究了荷兰航运产业集群中领导性企业对集群治理的作用；Visserand Langen（2006）对智利的葡萄酒业集群进行了案例研究，表明行业协会在此过程中首先起到了实质性的积极作用，领导企业的治理功能随后发展起来，而作为非正式制度的地方企业间信任虽然有一定程度的体现，但并不显著。

最狭义的理解是认为集群治理主体限于集群企业。例如，Enright（2000）认为，一个集群的治理结构是指，依据关系的性质和权力的分配而形成的集群中的企业间关系，按照他的理解，企业应是治理的主体。但是，这种理解的文献很少见。

本节将相关研究者对集群治理主体的分类进行归纳如表 2-1 所示。

表 2-1 治理主体分类

作者及文献	分类
刘冰、高闯（2006）；赵晶、关鑫（2008）	企业主导型
黄喜中、杨建梅（2006）；杨树旺等（2008）	行业协会主导型和政府主导型
陈文华（2007）	企业家治理、地方政府治理和地方网络治理
Brown（2000）	私人部门治理和经济发展机构治理
魏江、周泯非（2009）	政府规制、经济层级、社区规范和协会自治
周泯非、魏江（2010）	自组织型、中心领导型和多元协作型
杨慧（2007）	自治型、领导型和管理组织型
易明（2010）	领导型、平等型和管理组织型
刘芹（2009）	自组织和权威治理模式
廖园园（2011）	网络治理、领导企业治理、协会自治和地方政府规制
严北战（2013）	中小企业自治型、龙头企业主导型、行业协会主导型、地方政府主导型、多元协作型

集体行动理论已说明，全体成员参与治理未必有效。集群委员会不是主体，而是一种治理的制度安排，企业通过选择这种制度形式来实现治理。那么接下来的关键问题是，政府会不会作为一个独立的主体主动进行集群治理？政府治理是被企业选择，还是主动介入？如果是主动介入，私人信息问题如何解决？对于看得见的公开信息可以直接介入，涉及私人信息还是要被选择（如举报）。把政府作为主动治理的主体，需要有一个理想政府的假设，假设政府可以获得私人信息，而且会为了集群发展而主持公道，这都是不符合实际的。因为有些私人信息本身就是不可言传的，第三方无法获知，政府更不可能得知。这也是为什么“清官难断家务事”的原因。在信息不足的情况下，政府即使想公平处理，也做不到。因此，本书认为政府治理是一种被集群企业所选择的外部力量，不是主动的治理主体，真正的治理主体就是受到负外部性影响的集群企业，而目前很多政府能做的是创造环境，发展规划和促进组织形成，而非治理本身。

3. 集群治理的目的：为什么而治理

从集群治理的内涵可以看出，集体行动论一般认为集群升级是集群治理的目的，而协调论则认为集群治理的目的就是如何来协调企业间的关系。这可以从两个角度来总结集群治理的目的，一个是从合作博弈的角度，指出集群治理的目的是关于宏观方面的增加集群剩余，提升集群整体竞争力（易明，2010），另一个角度是从非合作博弈的角度，指出集群治理的目的是关于微观方面的减少集群内部行为者的机会主义行为。

从合作博弈的角度主要关注集群剩余和分配，以及集群整体竞争力的提高。李宁，杨蕙馨（2005）认为，集群内部协调的目标在于追求集群剩余。孟韬（2006）认为集群治理的目的是集群整体获得可持续竞争优势。李凯，李世杰（2007）提出，集群剩余的存在和分配是集群治理的基础和焦点。Porter（2000）和 Bührer 等（2008）认为，集群治理是为了提升集群的竞争力。易秋平，刘友金（2011）认为“集群合作剩余”的最大化是集群治理目标的关键所在。目的论除了认为增加集群剩余，提升集群整体竞争力是治理的目的，还会有与之有关的升级、创新、集群优势、集群成长等目的，都偏重于宏观的集体目标。Gilsing（2000）认为集群治理是有目的的集体行动，其目的就是集群升级，进一步，为了达到集群升级的目的，他还认为集群治理的特别目的是在于创新。Sölvell（2009）认为，集群治理是为了激发积极的集群效应，如知识溢出，劳动力市场池或降低交易成本，对集群中的活动进行有目的的管辖。杨树旺等（2008）认为产业集群治理的最终目的在于推进集群创新，保持集群竞争优势，实现集群的可持续发展。陈军，朱华友（2008）认为产业集群治理是要建立和保持集群的持续竞争优势，促进集群增长。王岚（2009）也认为产业集群治理的最终目的在于发挥集群企业的集体效率，推进集群创新，实现集群的可持续发展。易明，杨树旺（2010）对产业集群治理中的集体行动进行了研究，并在朱宪辰，李玉连（2007），皮建才（2007）的集体行动动态博弈模型基础上进行修正，探讨集群集体行动产生的基本条件，得出一个集群如果拥有良好的声誉机制，就有利于集体行动的实现，反过来，如果集群中的声誉机制不健全，则可能导致集体行动的失败。

从非合作博弈角度主要关注如何减少集群内部行为者的机会主义行

为，这一目标的实现，很多文献都是从协调企业间关系来分析的。Enright（2000）认为集群治理是寻求企业间如何互动，形成某种包括政府的协作机制；Langen（2004）认为集群治理的目的是克服“集体行动问题”，提高协调质量。Helmsing（2001）指出集群治理是为了克服协调中的不确定性，减少机会主义等相关问题。Visseretal（2006）认为集群治理旨在创造秩序、减少矛盾和实现共同利益。彭正银（2002）也认为，集群网络治理的基本目标是协调，即参与者在战略、决策与行动上进行沟通，保持合作的有效性。王伟（2007）总结到，在集群治理的进程中，参与者需要运用协调方式在不确定的环境中来完成复杂性的任务，协调是集群网络治理的基本目标。张聪群（2008）认为预防机会主义带来的集群风险是集群治理的目标之一。

有文献试图综合上述两个方面的目的，并阐述两个目标之间的关系。严北战（2013）认为，集群治理的目标是增加租金，集群租金多寡是治理模式的选择或评判的重要标准；并且有效的治理结构及其模式就是在权威治理主体的领导与其他主体成员的积极配合下，制约、疏导集群企业的机会主义行为，促使集群竞合活动有序开展，进而增加集群“租金”。

集群升级的目的不一定是全部集群企业的真实愿望，企业只想获得利益，即使不升级，只要保证利益不受侵犯，还可以共享利益，就达到了目的。因此集群升级不一定是微观企业的一般动机。因此这种集群治理目标缺少集群企业的普遍的微观支持。协调企业关系的目的更接近现实，但是也存在一些问题。协调更多关注依靠关系网络的治理，可能忽视了企业选择外部强制力量治理有负外部性行为的企业的情况。另外，与集群剩余相比，产业集群租金（臧旭恒，何青松，2007）的概念更深刻，更具有微观基础，集群剩余的测度很难在微观层面上展开。这种剩余是其他交易主体看不见甚至得不到的，由于信息的分散性，这种集群租金所包含的信息租是潜藏在微观行为主体中的，别的主体很难获得，只有通过自选择的治理机制使得微观主体应用自己的信息，才能实现信息租金的获取。因此，集群租金更具有微观层面的分析能力。

4. 集群治理的模式：如何治理

对集群治理模式的研究始于对现实的归纳和分类。根据不同的划分依据有不同的分类，而且具体治理模式的内涵差异很大。通过对文献的阅读归纳，整理成表 2-2：

表 2-2　集群治理模式

划分标准	代表性文献	治理模式
治理结构	Liu and Brookfield	星状、环状和层次结构
	De Propris（2000）	买方独家垄断的治理结构和没有决策中心的马歇尔工业区治理结构
	汪斌、廖园园、陈海达（2008）	准层级、短距离市场和准层级+短距离市场结构
	魏江、周泯非（2009）	地方规制、经济层级、社区规范和协会自治结构
所依据制度	郑建伟等（2004）；张聪群（2008）	基于权威的层级治理、基于价格机制的市场治理和基于社会契约的网络治理
	李凯、李世杰（2007）	基于正式制度和非正式制度的治理

还有的文献考虑到价值链治理，按照治理主体在集群之内和之外，划分为内部治理（网络治理）和外部治理（全球价值链治理）（朱华友，丁四保，2006）。谌飞龙（2012）从协调的内容方面将集群治理划分为 3 类，即以经济利益协调为核心的价值链治理和以社会关系协调为核心的网络治理，以及网络治理与价值链治理交融下的模块化治理。外部治理在某种程度上已经不是集群治理的问题，而是集群外部的行为主体在另外一个层面（如价值链）上进行治理。

5. 理论依据的分歧

集群治理的理论探讨和案例研究比较常用的理论依据主要是契约理论和新经济社会学。

契约理论是回到新制度经济学的理论起点，使用信息经济学和博弈论工具，借助威廉姆森（1979，1985，1996，2005）交易费用经济学的治理机制基本框架（Grandori，Soda，2006；喻卫斌，2005；马中东，2005；唐晓华，王丹，2005；王珺，2008；赵晶，关鑫，2008），以及基于不完全契约的关系契约模型（Baker，Gibbons，Murphy，1999，2002）展开。以上模型关注双边治理问题，而集群中更多治理是多边的，沿着奥斯特罗姆的多边治理思路，除了陈剩勇，马斌（2004），较少有文献从奥斯特罗姆（Ostrom，1990）建立的公共事务治理角度切入，而这个视角从目前来看非常接近于现实问题。

另一个主要的理论依据是借助格兰诺维特（Granovetter，1985）等创建的新经济社会学，从关系网络角度，基于嵌入、社会资本等核心概念展开产业集群网络治理的研究。基于以上思路，Jones 等（1997）对“网络治理”的概念进行了界定，发展和具体化了交易成本理论中的“市场与层级混合体”概念，它将网络（组织）本身视为一种与层级和市场并列的治理形式，Jones 等将之分为“限制性进入、宏观文化、集体制裁和声誉”4类。孙国强（2003）在 Jones 等人研究的基础上提出了网络治理的宏观机制和微观机制，认为宏观机制是网络组织有序运作和有效治理的环境条件，微观机制是合作成员互动协作过程中协调行为的基本依据。

从理论的角度看，网络治理理论是在综合了交易成本（Williamson，1979）、关系契约（Macneil，1977）和社会网络嵌入性（Granovetter，1985）等理论观点的基础上发展起来的。网络治理理论试图在契约理论分析结构的基础上，将契约理论还没有模型化的多边社会网络等现象纳入网络治理理论中。因此目前的主流分析是综合使用这两个理论来源（Jones，Hesterly，Borgatti，1997；李凯，李世杰，2007）。例如，孟韬（2006）提出产业集群组织内部存在经济和社会网络，并认为其治理模式是以网络治理为主，市场治理、层级治理为辅的多元治理模式。

但是综合这两个理论依据还存在很多值得商榷的地方。契约理论虽然富有逻辑，但是忽视了发展中经济和转型经济的背景，因为它隐含假定有一套完整有效的市场法律体系，基本假设是“契约人”，这都不符合中国的现实。其实，即使在发达经济中，法律和契约的作用也是很有限的（Macaulay，1963），仅仅是一个威胁点或参照点（Hart，2008），可以说主流契约经济学的这种缺陷，以及大量存在的非契约治理和社会关系催生了新经济社会学的发展。新经济社会学无法脱离社会学的历史方法、本体论和“社会人”基本假设，因此存在着缺乏微观基础和逻辑性的问题。虽然新经济社会学一直在批判新古典经济学，批判威廉姆森的研究框架（Richter，2001），但是并没有建立起类似经济学那样富有逻辑的研究框架；虽然有了计量社会学和结构方程来检验结论，但是如果基本逻辑经不起推敲，一切都是建立在沙漠上。尽管在理论上有很多把二者结合起来的努力（Jones et al.，1997），但是这种努力只是多了一些概念性框架，而无法弥合基本假设和视角的根本分歧。从集群的内涵来看，集体行动难题是问题的关键，这两个理论都没有针对集体行动问题，而这一点恰恰是集群治理问题的核心。对于这个问题，上述理论均没有提供有力的支持。需要强调的是，网络和社会资本不是因为治理而设的，只能起到一定的作用（Arrow，2000），网络治理的内生性条件不具备。

2.3　新经济治理理论的治理逻辑、三方体系及其相互关系①

20世纪80年代以来，经济治理（Economic governance）研究一直是经济学研究中十分活跃的领域之一。经济治理试图理解不同法律经济实体之间，特别是企业之间的冲突解决和契约执行问题，如买方和卖方（Dixit，2004，2009a，2009b，2015b）。源于人的逐利性，在信息不对称和有限理性条件下容易产生机会主义行为动机，这种机会主义行为会造成利益损害和效率损失。经济治理研究的目的就是探索经济活动中的机会主义行为发生和被制约的规律，并寻求各种不同治理机制的选择条件②。

传统的经济治理研究在法制健全的背景下，探讨市场经济中普遍存在

① 2.3、2.4两部分内容已发表，具体见：安岗，李凯．经济治理理论研究进展：基本逻辑、三方分类体系及选择条件［J］．产业经济评论，2016，15（3）：127-152.

② 经济治理的内涵不同于经济规制（Economic regulation），也不同于公司治理（Corporate governance）和经济激励（Economic incentive）。经济规制主要是政府部门对企业行为的约束，而经济治理大部分都是私人秩序，政府治理只是其中很小一部分；公司治理主要是公司内部所有者对经理层的约束；经济激励侧重于交易之前签约时考虑的激励措施，而经济治理侧重于交易展开之后（事后）对于机会主义行为的约束。

的两种机会主义行为及其治理：企业双边治理（Williamson，1985）和多边治理（Ostrom，1990）。然而，当研究视野扩展到法制不健全的落后经济体和转型经济体，扩展到人的行为异质性等方面时，传统的经济治理理论表现出一定的局限性，需要进一步拓展以适应这种变化。针对这一问题，以 Dixit（2004，2009a）为代表的学者充分吸收新的研究方法，最近几多年对传统的经济治理理论进行发展，形成了丰富的研究成果。对这些研究成果进行梳理和总结，对于制度转型背景下中国的经济治理研究和实践具有重要的参考价值，如在环境污染治理、网络环境治理、假冒伪劣产品治理、产业集群治理、腐败治理等方面。虽然国内学者李艳东、郑江淮（2008），王芯芳、李翔（2010）等对于 Dixit（2003a，2003b，2004）较早的研究有一些梳理，但是对于之后 10 余年的研究进展还鲜有涉及，尤其是缺少系统梳理经济治理理论新进展的文献。

本节主要基于 Dixit（2003a，2003b，2004，2008，2009a，2009b，2015a，2015b，2016）及相关引用文献的研究线索，总结经济治理研究在研究对象、分类方式和理论模型方面取得的新进展，并称之为“新经济治理”；厘清经济治理的经济学含义和基本逻辑，提炼出走出“囚徒困境”的经济治理逻辑；按照新的分类方法，对第一方、第二方和第三方治理的研究发展脉络进行梳理，系统总结和比较三种治理方式的异同，并进一步梳理不同治理方式的关系和选择条件的争论，识别治理方式选择的基本条件；最后总结经济治理研究的发展趋势和中国背景下的研究课题，为后续的经济治理研究和实践提供参考。

本节的内容结构安排为，其一是经济治理理论的缘起与发展；其二梳理经济治理的含义和基本逻辑；其三总结经济治理的三方分类体系及其研究进展；其四梳理经济治理方式之间的相互关系和选择条件；最后总结一下经济治理理论的应用。

2.3.1　经济治理的理论缘起与发展：新经济治理“新”在哪里

对于经济治理问题的经济学分析，可以追溯到 Coase（1937，1960）

关于交易成本和社会成本的原创性思想。根据科斯定理，如果产权清晰且交易成本为零，则企业间的负外部性问题可以通过市场谈判来解决。因此，交易成本大小是选择冲突解决机制的重要条件。随着新制度经济学的发展，交易成本的黑箱逐渐被打开，为治理机制理论的产生铺平了道路。Williamson（1971，1975，1979，1985，1996）一直关注企业双边的治理问题，提出了治理机制的差别匹配思想。基于Coase（1937），Williamson（1979）把交易成本划分为3个维度：资产专用性、交易频率和不确定性，把治理方式划分为市场治理、关系契约治理和科层治理，并得出了契约不完全条件下双边关系治理方式的匹配规律。从另外一个角度，Ostrom（1965，1990，1998，1999，2000）则关注企业的多边治理问题。基于Coase（1960），Ostrom（1990）研究了公共池塘资源的市场失灵和治理问题，提出公共池塘资源管理成功的原则，得出自我治理有效性的条件。Williamson和Ostrom的研究结论均得到了经验研究的有力支持。由于对经济治理研究所做出的开创性贡献，Oliver Williamson和Elinor Ostrom共同获得2009年的诺贝尔经济学奖①。

然而，这些传统的经济治理理论产生于经济学家们对于成熟市场经济的观察，它们都有一个隐含的假设，即存在较为健全的法律体系（Williamson，2005），也就是说，其研究对象多限于法律较为健全的市场经济，对法律不健全的经济和转型经济仍然缺少解释力。同时，受限于理论工具，这些经济治理理论并没有发展出较好的基准模型，仅仅是半形式化构造（Williamson，1996）②。由于两位经济治理理论的创始人各自关注一方面问题，缺少两个问题通用的、一以贯之的经济治理基本逻辑。另外，在理性经济人假设盛行的时期，它们对人的基本假设还是有限理性假设

① 对于Oliver Williamson和Elinor Ostrom的学术贡献，以及经验研究支持的梳理，可参考瑞典皇家学会经济科学奖委员会2009年关于经济治理科学背景的公报，http：//www. nobelprize. org/nobel_ prizes/economic-sciences/laureates/2009/advanced-economicsciences2009. pdf。

② Tadelis & Williamson（2012）对双边治理的理论内核——资产专用性进行进一步建模，目前也没有得到学界的积极回应，引用率不是很高，因此可能需要新的建模思路。

(Williamson，1996)，对行为经济学和实验经济学的新进展也会吸收不足①，特别是对行为人单方面自我约束的单边治理情形缺少关注。这些理论不足为后续经济治理研究预留了发展空间。

最近10多年，随着契约理论和行为经济学的快速发展，上述理论的局限性正在逐渐取得突破。以Dixit（2003a，2003b，2004②，2009a③）为代表的文献基于博弈论和信息经济学的主流分析框架，在经济治理的研究对象、基本逻辑、分类体系和模型建构方面进行了持续推进，为经济治理研究提供了新的框架，并引发了大量后续研究，本书称其为“新经济治理”。这些研究推进与上述传统经济治理理论的不足相对应，主要从3个方面展开：

一是研究对象从法律比较健全的市场经济拓展到发展中经济和转型经济。印裔经济学家Dixit（2004）从黑社会的制度入手，研究了法律缺失情况下的治理制度内生过程，聚焦了私人秩序的诸多特点，以及从非正式制度转向正式制度的条件。这种研究思路使得经济治理研究回到法律缺失或不健全的基本起点上，大大拓宽了传统的治理经济学的研究范围。Williamson（2005）在总结治理经济学时承认了这一点，他提到，Dixit（2004）主要应用于落后的和转型的经济体，而早期的研究一般与西方民主体制有关。

二是提出了经济治理的基本逻辑并构建了新的分类体系。Dixit（2003a，2004，2009a，2015b）从囚徒困境的逻辑起点展开，进一步澄清

---

① Williamson（1985）强调的有限理性就具有行为经济学的含义，但是对现代行为经济学的吸收仍然不足，没有考虑行为人类型对治理机制选择的影响；Ostrom，Walker 和 Gardner（1992），Ostrom（1997）已经考虑了行为经济学的利他偏好等行为在多边自主治理中的作用，但是也没有关注行为人自我约束的现象。

② Dixit 2004年出版的著作 *Lawlessness and Economics：Alternative Modes of Governance*，在2007年被Princeton University Press再版，因此我们看到有的文献引用的是2007年版本，但是基本内容没有变化。

③ Dixit（2009a）是新经济治理理论的一个标志性成果，Dixit在美国经济学年会主席致词上进行了宣读，并发表在2009年《美国经济评论》杂志第1期第1篇。但是，国内经济学界对这篇文献的介绍还很少见。

了经济治理的概念和逻辑，并建立了新的第一方治理、第二方治理和第三方治理的三方分类体系，构建了第一方治理和双边治理、多边治理模式的基本模型，形成了较为完整的逻辑一致的经济治理研究框架，在某种程度上解决了传统经济治理理论缺少共同理论基础的缺陷。

三是充分吸收了行为经济学的进展。Dixit（2004，2009a）在模型中引入了不同行为人的类型。尤其是 Dixit（2009a）提出的基于行为偏好的第一方治理模型是一个重要突破，为第一方治理的研究建立了基准。Dixit（2004）在第二方治理模型中也引入了行为人的不同类型。

这些理论进展很快得到后续研究的发展和应用，展现出较强的发展潜力。例如 Baron（2010）、Masten & Prüfer（2010）、Prüfer（2012）、Huang（2013）、Leeson（2008）等文献对 Dixit（2004，2009a）的治理经济学理论进行了扩展，讨论了第一方治理和社群治理的相关问题；同时，也出现了较多基于 Dixit 经济治理理论的经验检验和政策研究文献，体现了该理论的应用价值，如在产业组织与网络治理（Oexl，2011；Resnicket al.，2006；Nosko & Tadelis，2015；Cavender，2015）、改革与制度转型（Huang，2006，2013；Aldashev & Zanarone，2013；Brousseaua et al.，2011；Brousseaua & Raynaud，2011）、经济发展与技术冲击（Dhillon & Rigolini，2011；Dixit，2009b）、反腐败（Dixit，2013，2014），以及可持续发展与碳治理（Fuhr & Lederer，2009；Lockwood et al.，2013；Lockwood，2013）等问题上的扩展应用和经验研究。

2.3.2　经济治理的基本逻辑：走出囚徒困境

经济治理是什么？基本逻辑是如何展开的？这是研究经济治理的基本问题之一。基于 Commons（1932）提出的交易包含冲突、互动和秩序三元素思想，Willianmson（1996，2005）提出，治理（Governance）是引入秩序，并进一步缓解冲突和实现共赢的工具。Dixit（2009，2015b）发展了这一思想，认为经济治理是法律和社会制度的一种结构和功能，为保护产权、执行契约，以及采取集体行动提供物质和组织的基础设施，并以此来支持经济行为和经济交易。因此，对经济治理含义的认识扩展至结构和功能两个方面，一个方面是它具有促进交易和缓解冲突的功能；另一个方面，通过自我选择和差别匹配形成一种制度结构。从经济治理的内涵可以看出，经济治理是为了实现缓解冲突和促进交易而内生出来的制度，那么这个内生的过程是如何展开的呢？这个问题在传统治理经济学中并没有给出统一的解答。

一旦缺失治理安排，社会成员的私利行为往往会导致低效的均衡结果，这就产生了经济治理的需要（Dixit，2004）。从博弈论角度，新的治理经济学选择了囚徒困境这个更具一般性的逻辑起点。Dixit（2009a）认为，缺少了某些形式的治理，契约就会陷入囚徒困境的问题。Dixit（2004，2008）和 Greif（2004，2006）认为单边、双边和多边的囚徒困境抓住了治理的关键。通过文献梳理发现，囚徒困境也是经济治理研究普遍关注的一个聚合点。如果得知对方无法轻易退出交易，单边机会主义者就会伤害其利益，形成单边囚徒困境（Greif，2006），如对于具有专用性资产投入一方的要挟和套牢（Williamson，1985）；一次性交易的双边机会主义容易形成双边囚徒困境（Dixit，2004）；多边机会主义多出现在公共资源治理问题上，如哈丁的公共地悲剧（Hardin，1968），参与各方均没有动力进行治理，就会形成多边囚徒困境（Ostrom，1990）。Olson（1965）的集体行动的逻辑也说明了这一点。因此，囚徒困境对经济治理研究来讲是合适的逻辑起点。

囚徒困境不但使交易参与者利益受损，而且会阻止后续交易的展开。囚徒困境是一种均衡状态，缺少合适的治理机制，就很难打破这种均衡状态，走出囚徒困境（Dixit，2004）。为了走出囚徒困境，交易者在不同条件下可能会选择相应的治理机制，如纵向一体化、重复博弈的关系治理、多边声誉机制、引入第三方治理或者其他混合治理机制等。Williamson（1979，1985）发现，治理机制选择的差别匹配条件是由交易成本的 3 个维度——资产专用性、交易频率和不确定性决定的。Ostrom（1990）发现，多边囚徒困境依靠重复博弈形成的多边自我治理会更加有效。然而，Dixit

（2004，2009a）认为，在博弈论分析框架下，选择什么治理方式取决于信息的可观察性、可证实性和执行的成本。

梳理 Dixit（2004，2009a）的基本思想，经济治理内生形成过程的基本逻辑可以理解为，首先由于人的有限理性或信息不对称，交易中会存在可侵占的准租，可能诱发对其他交易方产生负外部性的机会主义行为，造成交易某一方经济利益的（预期）损失，交易者面临囚徒困境，甚至面临交易中断的局面；为了走出囚徒困境，降低损失并获得预期收益，交易各方在当时的制度环境下，权衡各种可选择的治理方式的（预期）收益和（预期）成本，选择一种信息和执行成本尽可能低又能保护自己或交易对方利益免受侵害的治理机制，通过博弈形成一种均衡的治理结构。一般来说，当某一交易方利益受损时，在信息不可证实的情况下，优先会选择双边治理和多边治理；如果释放负外部性的一方有亲社会偏好或道德约束，则会选择自我约束的第一方治理；如果信息容易被第三方证实，就会考虑选择私人第三方介入治理，或者在法治条件较好的条件下，会选择政府或者法律的正式治理机制。换言之，在法制不完善的条件下，非正式治理是常常被选择的主要治理模式，形成一种没有官方介入的私人秩序；即使在法律较为完善的条件下，只要信息不可证实，当事人也仍然会选择非正式的私人秩序。因此，如何在不同条件下选择低成本的治理模式，走出囚徒困境，是经济治理的基本逻辑。

2.3.3　经济治理的方式：三方分类体系及其研究脉络

当事人为了走出囚徒困境，需要选择合适的治理方式。那么经济治理都包含什么方式，按照什么原则进行分类？这是研究经济治理的另一个基本问题。已有文献对经济治理方式进行划分的方法已经成为治理研究的重要依据，如市场治理、关系治理和科层治理（Williamson，1979，1985），正式治理和非正式治理（North，1990），基于关系的治理和基于规则的治理（Li，2003）等。然而，这些划分还没有充分考虑行为主体和治理主体的差异，特别是没有考虑行为人自我约束的情形。Dixit（2009a）提出一种新的划分方法，依据治理行为主体的差异，将经济治理的私人秩序划分为第一方、第二方和第三方体系（First-party，Second-party，and Third-party systems）。这一划分方法首次提出第一方体系的治理方式，而且这三方体系能够涵盖大部分的治理方式，具体体现了治理主体的构成，便于进行经济分析。本节将按照经济治理的三方分类体系来梳理相关研究发展脉络。

1. 第一方治理体系的含义及研究脉络

第一方治理的主体可以是个人或企业，通过自我规范来避免自身的机会主义行为对他人造成的伤害。第一方治理体系的运作依赖于潜在欺骗者自身的价值体系：对光荣行为的内心满足和快乐，或者欺骗他人时的羞耻和负罪感的内在意识（Dixit，2009）。

在个人层面，第一方治理主要体现在个人根据价值观对自身行为的约束。制度学者们在行为经济学兴起之后，逐渐开始认识到亲社会偏好这种人们有意形成的社会现象的实际意义，并将其纳入其理论。常见的亲社会偏好依赖于一个群体选择的演化机制。一个社会的成员拥有这种偏好时，就可以在与其他群体的竞争中采取有利于整个群体的集体行动。有些实验已经发现这种行为是广泛存在的，甚至会有一个神经学的基础（Camerer，2003）。Boyd，Gintis，Bowles 和 Richardson（2003）的研究表明，通过一种文化的族群选择得到的“强互惠”（Strong Reciprocator）策略，可以维持一个合作的均衡，当群体中流行的策略是一种报答好的行为，同时惩罚自私的偏差时，自私的异种就不会繁盛。常见的情况是，当儿童在家庭、学校和宗教机构进行社会化的过程中，社会在竭尽全力向他们灌输这种偏好，而且在成人阶段也在继续（Dixit，2009）。Tabellini（2008）针对这种情形建立的模型研究了个人如何受到来自上一代人的内在行为规范的影响，父母理性地选择传递给后代的价值观，而这种选择受到外部执行和未来交易的空间模式的影响；他进一步提出价值观和行为会形成互动，并随着外部环境的变化而强化，较差的社会初始条件会使行为进入一种均衡状态和路径依赖，长期陷入弱的法律体系和不鼓励合作的价值观体系。Dixit

（2008，2009）强调了内部化的亲社会偏好，以及通过儿童的教育和社会化的蓄意努力产生的这种偏好的社会价值和实践意义，指出集体行动也受益于相同的偏好，并构造了一个基准模型。Huang（2013）用具有随机收益的委托代理模型研究表明，具有高合作倾向的代理人需要更少的监管和更低的工资，个人的高合作倾向或偏好可以降低经济治理的成本。

在企业层面，第一方治理可以这样实现，缔约企业之间的兼并而成为一个具有共同目标的实体（Dixit，2009），威廉姆森（Williamson，1985）的纵向一体化的交易成本理论是这方面的突出例子。一体化之后的企业就有可能实现自我约束的第一方治理功能，但是又面临公司治理中的激励相容问题，因而会增加治理成本，因此企业的规模决策是一个治理的权衡。然而，这种第一方自我约束还需要基于亲社会偏好，对自身负外部性行为进行约束才能形成第一方治理。

Baron（2010）对Dixit（2008，2009）的思想进行了较大推进，把这种个人的行为偏好应用于企业行为，重点探讨了企业通过主动的自我规制（Self-regulation）行为来缓解和制约自身的机会主义行为。自我规制主要涉及公共物品的私人提供和私人分配，本书考察了利他道德偏好驱动的自我规制的范围，这种利他道德偏好是互惠的，人们的社会经济距离越近就越强烈。研究的焦点在于组织通过增加自我规制来缓解“搭便车”问题，企业主动邀请能提供信息和实施服务的第三方组织来强化自身的约束。Baron（2010）主要的结论是，社会标签和认证组织能够扩大自我规制的范围，但是不能超越到无条件利他主义；实施或执行组织扩张自我规制的范围更大一些，而且能扩大无条件利他主义的自我规制的范围，其中长期利润执行组织比非营利组织更具扩张性；通过非政府组织的社会压力来执行，也能扩张自我规制的范围；公共规制也能够解决“搭便车”问题，但是自我规制能够挤出公共规制的政治支持，同时不能挤出私人组织。

显然，这种第一方自我规制有别于第二、第三方治理，关键的差别是治理的主体不是受害的交易方，而是有可能采取机会主义行为的企业自愿约束自身行为。与自我规制比较接近的概念是企业社会责任，企业社会责任的行为动机来源可能是偏好或社会规范带来的，也可能是企业自身的利益最大化行为，需要通过进一步的研究来甄别。Crifo 和 Forget（2012）指出，公司的社会责任行为，是自愿地把环境、社会和治理因素整合进企业战略中。因此，企业第一方的自我规制对于理解企业社会责任提供了一个新视角。

2. 第二方治理体系

Dixit（2009）定义的第二方治理，不仅包括交易双方的重复互动，而且包括商人社团或商业协会的多边治理，因为他们都是交易活动的参与者。他进一步指出，在第二方治理方式中，不论是双边的还是多边的治理都试图通过重复博弈解决囚徒困境问题。第二方治理是在交易参与人之间反复互动形成的治理方式。第二方治理与第一方治理的主要区别在于治理的主体是受害方而不是施害方，相同的地方在于治理的执行者是交易参与者。下面从双边治理和多边治理两方面进行梳理。

（1）双边治理。双边治理主要是通过交易双方重复博弈来解决双边囚徒困境问题，重复博弈可以获得更多交易对方的类型和行为信息，并可以用未来合作的预期收益来约束双方的机会主义行为（Dixit，2009）。与双边治理相关的文献集中在关系契约理论，发端于制度学者们对成熟市场经济中能自我实施的长期交易关系的考察。例如，法学家 Macaulay（1963）的调查发现，在法律比较健全的美国，多数企业并不是依赖法律体系来解决冲突，而是依赖于一种非契约关系（Non-Contractual Relations）；Macneil（1974，1978）和 Goldberg（1976）较早注意到这种自我实施的长期交易关系和契约类型——关系型契约（Relational Contract），Williamson（1979）进一步指出如果交易双方具有专用性资产投入，可以用关系型缔约（Relational Contracting）来治理机会主义行为；North（1984，1987，1990）把视野扩大到欠发达经济的交易关系，人格化交易（Personal Exchange）是常见的形态；随着博弈论和契约理论的发展，逐步形成了关系契约的正式化模型。

基于重复博弈的关系契约正式模型从激励和治理两个方向展开，并进一步朝治理方向融合。其中一个方向是关系激励契约（Relational Incentive Contract），关注法律健全环境下的关系契约的作用，如 Baker（1992），Gibbons，Murphy 和 Baker（1994，2001，2002），Levin（2002，2003），MacLeod（2003）研究了客观绩效度量带来的激励扭曲，由于代理人只关心客观绩效考核指标，这会出现代理人行为绩效与委托人关注的经济利润不一致的扭曲情况。这些文献的研究表明，基于关系契约的主观绩效度量可以用来缓解这种激励扭曲。Gibbons，Murphy 和 Baker（2011）进一步把注意力转向适应和事后治理问题，指出当治理框架保持不变时，关系契约比一次性交易对环境的适应能力要好。另一个建模方向是关系治理（Relational Governance），关注法律制度不健全条件下关系契约的治理作用及条件，如栗树和（Li，2003）研究了东亚经济中的关系社会对治理效率的影响，分析了基于关系的治理（Relation Based Governance）在不同经济发展阶段的作用。受栗树和的启发，Dixit（2003a，2004）研究了法律缺失环境下治理制度的选择，吸收并发展了关系契约的模型，从信息和实施角度考察了双边交易关系中关系治理的有效性条件。其基本思想是，在双边交易关系中存在信息不对称导致的主观绩效度量，用长期交易收益和短期欺骗收益的权衡来分析双方行为选择，寻找双方都不欺骗的均衡条件。但是仅仅依赖双边治理也会出现一些问题，Fehr（2003）通过经济实验得出，双边治理会陷入很多双边治理的“孤岛”，难以形成接近完全竞争的市场。

（2）多边治理。多边治理是交易的多方参与者利用多边重复博弈来治理囚徒困境问题。由于地理距离和利益相关，交易参与各方会形成某种社群，利用参与者行为产生的前期交易信息的传播来实现约束机会主义行为的功能（Dixit，2009）。多边治理按照产权私有化程度可分为两种情况：一种是产权公共所有的情形，即交易各方面临公共池塘资源（Common-Pool Resources，CPRs）的多边囚徒困境的治理；另一种是在产权私有的条件下，利用多边声誉机制来治理单边或双边囚徒困境。

公共池塘资源容易导致资源的过度开发，形成公共地悲剧（Hardin，1968）。传统经济学观点认为有两种方法可以走出这种多边囚徒困境，一种是私有化，一种是政府拥有资源，并征收使用税。但是奥斯特罗姆（Ostrom，1990）挑战了这种观点，指出还存在第三种方法，即把资源仍作为公共财产，并让使用者产生属于自己的治理体系。在总结大量证据之后，她发现使用者本身设想出的规则和实施机制能够产生他们可以接受的结果；相反，中央政府的干预往往会产生更加混乱的秩序。这种自我治理的私人秩序有几个重要原则，第一个原则是监督和惩罚应该由使用者自己来执行，或者由对使用者负责任的某个人来执行。这些成本通常是私人承担的，但是利益却惠及组群整体，因此一个自利的物质主义者是不愿意从事监督和惩罚工作的。但是为什么个人愿意承担高成本的监督和惩罚？Ostrom，Walker 和 Gardner（1992）以及后来的文献得出的结论是，个人内在的互惠动机和利他惩罚偏好发挥了重要作用。第二个原则是，惩罚应该是逐级的，对初犯者要温和，对于再犯者越来越严格。还有一个原则是，使用者自治的权力应被外部权力当局明确承认。

在产权私有的情形下，多边声誉机制是市场交易活动常见的治理方式，依赖于在一个社群中传播交易行为信息来约束机会主义行为。声誉研究的早期文献较多关注企业在消费者中的声誉，Macaulay（1963）以及 Klein 和 Leffler（1981）认识到企业与顾客的重复交易中声誉的重要性；Kreps，Milgrom，Roberts 和 Wilson（KMRW，1982）的标准声誉模型证明，只要博弈重复的次数足够多，合作均衡也会在有限次博弈中出现；Allen（1984）考察了在一个产品质量不可观察的竞争性市场中，声誉可以形成高质量高价格的均衡；Tadelis（1998，2002）认为声誉是企业的一项重要的无形资产，并附着于企业的名称（Name）。这些研究表明，在消费者心中的企业声誉可以实现治理的功能。

然而，多边声誉机制与上述研究不同，关注的是企业之间的声誉机制对约束机会主义行为的作用。Macaulay（1963）也强调了企业间声誉信息的流动替代正式的契约，可以限制行为人的机会主义倾向，拓宽以市场为基础的交易范围。Milgrom，North 和 Weingast（1990）研究了欧洲中世纪早期香槟展销会的声誉信息流，好的声誉体系可以用更少的信息对商会的成员的行为形成有效约束。Greif（1989，1993）通过对地中海马格里布商人协会——商盟制度的研究得出，贸易商用声誉机制来治理海外代理人的机会主义问题，而且是一个特殊的信息流动机制支持了声誉机制的运行。Pyle（2005）也关注声誉信息在企业间的流动，并认为，基于交易伙伴可靠性的企业间信息交换支持了市场的发展，因为它缓解了信息不对称问题，并提供了关系缔约的基础。但这几个文献都是基于案例的研究，还缺少正式的基准模型。

迪克西特（2003b）基于 Salop 环型城市模型，建立了一种更具体的信息传播在长距离中衰减的声誉机制空间模型，刻画了随着距离增加，声誉信息传播的边际成本上升和交易的边际收益上升的思想，得出了多边关系治理的有效边界，并对基于关系的体系到达它的规模极限时的情况进行了讨论。Dixit（2003b）的模型得到了扩展性应用，例如，Masten 和 Prüfer（2010）用这个基准模型探讨了发展中经济背景下社团和法庭的治理机制；Prüfer（2012）在此基础上研究了商会对合作的影响；Leeson（2008）内生化了交易者在环形上的位置，他认为社会距离是个人选择内生的结果，大规模的社会异质性代理人使用信号减少社会距离来获得来自大范围贸易的收益，尽管传统的多边惩罚的声誉机制在大量的异质性代理人加入之后面临崩溃，但是事前的信号发送可以使得交易能够自我实施；原殖民地非洲的族群间交易为这种机制提供了证据。

多边治理研究的进一步扩展，是研究行为人的异质性是否有利于促进治理与合作。一个是行为人的类型异质性，另一个是间接互惠偏好的异质性。第一种考虑是关于行为人类型的异质性。Alesina 和 Ferrara（2002）的研究认为种族差别大的人群不易形成合作，但是有的研究得出相反的结论，Escobar（2008 ）研究了不可观察的参与者异质性在大型社群中的自我规制和合作的作用，参与者属于一个大的群组并自由匹配，参与者频繁互动，匹配并形成囚徒困境，研究发现，越是异质性的社群，越会维持更多的合作。Rob 和 Yang（2010）分析了一个具有异质性类型的社区中的重复的囚徒困境。研究表明，形成长期交易关系的能力有利于达成合作性的成果，而不需要信息的流动，也没有由于观测误差带来的不稳定性，更没有一个使参与者的行动同步进行的中央协调装置。研究进一步说明，参与人类型的异质性有助于治理，有利于形成合作。

第二种考虑是行为人在间接互惠偏好方面的异质性。在市场规模不断扩大的情况下，声誉机制与间接互惠的互动可能会形成有效的治理机制（Nowak 和 Sigmund，1998，2005）。公共地悲剧问题的解决也可以依靠间接互惠和声誉机制的互动，Milinski，Semmann 和 Krambeck（2002）通过实验研究表明，间接互惠——“给予，你就会得到”——建立在声誉基础上就可以维持高水平的合作，要维持数轮交替展开的公共物品和间接互惠博弈，需要维持一种声誉，即间接互惠对公共物品的贡献维持在一个非常的高水平，但是如果某一回合的间接互惠没有达到预期，对公共物品的贡献就会迅速跌到零。这个研究说明，前期的间接互惠偏好促进合作的声誉会影响以后的合作，以及间接互惠偏好的延续，这种声誉一旦低于某个阈值，治理制度就会崩溃，“公共地悲剧”就会再现。

在私有产权情况下，基于声誉的间接互惠可以形成有效的治理机制。如果缺少间接互惠，评估一个人的声誉不仅需要关于他以前声誉的一阶信息［这些信息被用于印象评分（Image Scoring）］，而且需要代价高昂的高阶信息（关于他的交易对象及交易对象的对象的以前声誉的信息）。但是 Berger（2011）的研究表明，基于间接互惠的宽容评分（Tolerant Scoring），即在一阶评估中植入对单次欺骗的宽容就能够导致稳定的合作。这个结论给我们的启示是，从行为经济学角度，非理性的宽容或宽恕与声誉机制相结合能够起到较好的治理作用，而不是仅仅依赖于睚眦必报的惩罚。

3. 第三方治理体系

第三方治理体系提供了一种外部人的治理，外部人不是这一类交易的直接参与者，这与第一方、第二方治理不同。Dixit（2009）提出，这种制度起作用的几种方式是：一是正式法律庇护下的私人仲裁和执行；二是提供信息并变成第二方执行的一种投入（分工细致到一定程度，会出现专门从事声誉机制认证的企业，从非正式的声誉机制转向正式的声誉机制）；三是第三方为了获利而执行。按照迪克西特的这一逻辑，还有第四，正式的政府或法庭治理可以看作是第三方治理的一种形式。至此，这种三方体系的划分方法可以涵盖绝大部分治理方式。

迪克西特（Dixit，2003b）的环形城市模型假设没有第三方中介机构，行为人都是交易的参与者，需要依靠多边声誉机制来治理。按照这一逻辑，如果交易市场范围或者商人社群不断扩大，则可能出现迪克西特所谓的市场范围超出诚实边界问题，多边声誉机制将面临危机。但是，现实中会出现另一种机制来治理机会主义行为——第三方治理。在社群中的一些消息灵通、有一定信誉的商人会分化出来形成第三方，专门提供法律商人的中介角色，而不直接从事商业买卖活动。Milgrom，North 和 Weingast（1990）就研究了这种没有正式执行权力的私人第三方，探索他们如何通过仲裁纠纷和传播欺骗信息来促进维持一个有利可图的交易社区。研究发现，由于信息成本的问题，在一个大的社区中，商人们不可能完全了解其他商人的信息，但是会出现一些机构用不是很广泛的信息来重建声誉系统的有效性。Dixit（2003a）指出，私人中介可以通过提供信息和执行两种服务，来支持客户的经济活动。Greif（1993，2006）用历史经验和理论模型说明，这种社区的第三方执行有利于诚实交易，也是欧洲贸易兴起的原因之一。与 Greif 研究中世纪欧洲的兴起相对应，Fafchamps（2004）研究了非洲制度失败的原因，认为撒哈拉以南非洲由于缺乏大型科层组织（企业或者政府）而受到影响，相比于发达国家，它们需要在很大程度上依赖于社会网络和社会信用，这限制了市场的扩大。

信息条件是第三方治理的关键，Takahashi（2010）在模型中可将信息划分为一阶、二阶和高阶，并定义一阶信息是交易伙伴的历史信息记录，二阶信息就是现任交易伙伴的交易伙伴的历史信息记录，三阶信息就是现任交易伙伴的交易伙伴的交易伙伴的历史信息纪录，依此类推。Takahashi（2010）研究了在欺骗者不是被受害者惩罚，而是被第三方惩罚的重复的囚徒困境下，考察一个社区能否维持合作。他的模型把无信念均衡用于具有随机匹配的重复博弈中，研究发现，如果一阶和二阶信息是可获得的，则一个一般的无信念均衡在具有随机匹配的重复博弈中是可以实现的；当且仅当参与者的行为不依赖于其过去的行为，一个具有一阶信息的无信念均衡是可以实现的。但是由于第三方缺少交易双方关心的信息，社区执行只有信息在社区内很好传播的情况下才能有效。

第三方惩罚能力的异质性也是一个重要变量。Gizatulina（2007）为这种第三方惩罚体系建立模型，代理人在惩罚不良行为的能力方面具有异质性。研究表明，相对于没有惩罚来讲，即使是这种非对称的惩罚也可以提高每一个代理人的收益。他还研究了面向集体的对称的惩罚体系（一个排他的公共物品）时贡献个人资源的激励，这时每一个人次优的选择是在非对称体系下的互动，对称和不对称惩罚体系在均衡中是不能共存的。Fehr 和 Fischbacher（2004）在一系列实验中考察了第三方惩罚的相对强度，研究发现几乎 2/3 的第三方确实惩罚了违反规则的人，违反规则越多，惩罚越会增加，这个结果表明，强互惠的观念影响到第三方的惩罚行为；进一步的实验表明，如果第二方的经济收益因对方违反社会规范而减少，则他们惩罚违反者要比第三方更严厉。

沿着第三方惩罚的行为偏好角度，Chassang 和 Zehnde（2011）研究了基于社会偏好的非正式仲裁，构建了非正式缔约的一个实证模型。模型考虑了一个委托人和一个代理人受到第三方仲裁者协调，来决定事后收益在交易双方之间进行转移。由于正式的契约是不可获得的，仲裁者依靠自己的社会偏好和公平意识来选择如何转移权益。研究发现，这种仲裁者意愿会根据仲裁者事后（分配）的公平和事前（程序）公平之间分配的比例而变化，也就是说，仲裁的结果要依赖于仲裁者的道德情操。Chassang 和 Zehnde（2014）还发现这种隐形激励框架满足了非常稳健的效率特征，这意味着社会偏好可以作为探索契约设计的一个工具。

根据 Dixit（2004）对黑社会的分析，无论是非正式的还是正式的第三方治理，都会面临一个问题，就是自身逐利性和仲裁的公正性要求相背离。关键是，谁来治理治理者？解决这个问题可能还需要治理者的社会偏好和道德情操，以及社会层面针对治理者的声誉机制、竞争机制和惩罚机制，也就是对治理者的第一方、第二方和第三方治理。

2.3.4　经济治理方式之间的关系及选择条件：超越资产专用性

面对不同类型的治理方式，参与各方应该如何选择呢？经济治理方式的选择是内生的，是交易参与者根据具体制度环境和条件，权衡成本和收益之后的理性选择。如果条件出现变化，则治理制度的选择也需要作出相应调整，因此问题的关键就是提炼治理制度选择的条件。而且，如果在一个制度体系中，有两种或两种以上的治理制度并存，它们之间会是互补关系还是替代关系，也是治理制度研究的一个焦点问题。这部分首先比较一下不同文献对这一问题的看法，分替代和互补两种观点进行梳理，然后提炼影响治理方式选择的条件。

1. 经济治理方式之间的关系：替代还是互补

不同治理方式之间是什么样的关系，互补、替代还是其他？原因又是什么？第一方治理会促进信任和交易，因此对第二方治理和第三方治理的需求会降低，即使在第二方和第三方治理过程中，第一方治理也能起到促进治理的作用，这个关系比较容易理解。目前的制度研究文献讨论的焦点是，非正式的第二方治理与正式的第三方治理之间是什么关系？是替代关系还是互补关系，在各种治理方式内部又是什么关系？

多数文献认为，随着经济发展和市场扩张，正式的第三方治理将会替代非正式的第二方治理。在一个大的组群，或者拥有庞大地理或社会范围的组群中，成功的治理最终需要治理转向更加正式的方法（Li，2003；Dixit，2004）。Dixit（2003b，2004，2009）指出正式法律体系在市场扩张时的价值会上升，私人秩序会面临衰落，其原因是，私立秩序最严重的局限性来源于对两方面的依赖：良好的私人沟通网络和逐出圈子的威胁，仅仅在小的圈子里，私立秩序可以维持可信的契约绩效，这会分割资本市场甚至是劳动市场，与圈子之外的人做生意的高生产率的机会无法实现，这种长期关系限制了参与人的流动性，参与人将陷入陈旧的关系，而不是开始一个能获得更多收益的新的关系。因此，当组群规模扩大时，私立秩序就变得难以维持。La Porta 和 Shleifer（2014）基于发展中国家的 5 个案例支持了上述观点，认为随着国家经济的增长和发展，非正式经济最终会衰落，正式经济会主导经济生活。

但是也有文献指出，替代可能是不完全的，因为这个替代过程是有成本的，会损失非正式治理的一些好处。Macaulay（1963）发现，求助于正式法律会因为缺少诚信信号的发送而干扰商务合作。Benabou 和 Tirole（2006）的分析表明显性激励削弱了声誉机制，因为人们怀疑好的行为在多大程度上是对激励的反应而不是个人道德品质的反应。Baker，Gibbons 和 Murphy（1994）提出，如果充分有效的显性契约容易获得，就会通过减少对欺骗的双边惩罚来削弱有效的自我实施的契约。Brown，Falk 和 Fehr（2004）通过实验提供的证据表明，没有第三方执行，大量的交易被私人提供者发起，参与者平均分享交易的收益；如果契约是由第三方执行，租金分享和长期关系就没有了。Sobel（2006）提出，参与者面临着是要更有效还是要更长久的两难权衡，法律体系可以导致有效的缔约，但是缺少长期合作，而非正式的关系缔约则倾向于使得合作关系持续时间更长，而不是更有效。

还有文献认为，随着经济发展，二者的关系会从互补关系转向替代关系。Kali（2002）提出，随着制度和市场中介的发展，从关系缔约向保持距离的显性缔约的转型过程便开始了。在开始阶段，关系契约和显性契约是互补的。商业集团开始扩张它们的规模、范围，并增加联系纽带的强度。在这一发展过程中，当商业集团开始解体时，一个阈值或者转折点就到来了。

也有很多文献认为第二方治理和第三方治理是互补的关系，但是同时存在一些冲突域。Masten 和 Prüfer（2014）基于 Dixit（2003b）的模型比较了社区（或者社会网络）和法庭在保护交易者之间合作方面的能力，研究发现，社区和法庭在支持不同类型的交易方面是互补的，但是法庭的存在削弱了社区执行的有效性。欧洲中世纪、中国和印度的案例也支持了文章的结论。Chakraborty，Mukherjee 和 Saha（2015）从理论和经验上考察了正式的法律体系和非正式的贷款网络如何影响一个家庭的决策。研究发现，正式和非正式制度互动并相互构成，但是正式制度的发展对非正式制度具有不利的影响，当正式法律体系比较弱时，非正式信贷网络的扩张会导致一个商务活动的繁荣；然而，在一个充分强大的法庭体系下，信贷活动的扩张对商务活动的前景具有负效应。当正式制度比较强大时，在大型非正式网络做生意的概率下降了，如果强加一个迅速扩张的正式契约体系就会危及商务扩张的可能性。

在第二方治理内部，多边非正式网络与商业协会之间表现为显著的互补关系。Pyle（2005）研究了正式和非正式机制互动中的信息流动问题，发现商业协会的功能是非正式网络无法替代的。基于 5 个转型经济的数据发现，即使控制了已经存在非正式的沟通水平，商业协会的角色在统计上和经济上也都是显著的。当缔约方在不同城市的时候，商业协会的边际价值是特别重要的，在这种情况下，一个企业与客户纠纷的信息被其他客户得知的概率提高了 18%。而且商业协会的角色在促进关系性信息流动方面，对于协会成员构成的市场的局部竞争比较敏感。研究进一步指出，当声誉流动对于市场结构高度敏感时，使用交易协会作为声誉流动的渠道比使用无中介的沟通更具有战略性。

在契约理论研究中，很多学者注意到，即使在一个交易的契约内部，这种正式治理与非正式治理的互补性也已经在现实经常被使用。关系契约的代表性文献，如 Baker（1992），Gibbons，Murphy，和 Baker（1994，2001，2002），Levin（2002，2003），MacLeod（2003），Dixit（2003a，2004），Malcomson（2013）都认为契约包含客观度量部分和主观度量部分，主观度量部分是关系契约的核心。显然，客观度量部分的证据易于获取，属于正式治理的范围，而主观度量部分第三方不可观察、不可证实，属于非正式的关系治理范围。这种互补性的原因可以归于交易活动的信息获取的差异性，第三方可以获取信息的部分就利用第三方治理，而只有交易双方可以获取的信息部分，就留给第二方来治理。如果第三方治理的实施成本较高，也可能由第二方治理来补充完成这一部分的治理功能。

在契约制定方面，除内在的信息差异之外，外部环境也会影响两种治理机制的互动关系。Gilson，Sabel 和 Scott（2010）发现，在不确定性上升的情况下，交易各方的反应是制定正式和非正式机制相互缠绕的合同——编织（Braiding），这些参与方同意用正式契约交换他们联合行动的进程和前景的信息，这种信息分享机制“编织”了契约的正式和非正式因素，并内生出了信任。在这种编织契约中，正式治理结构伴随着低力度执行，这是互补的关系，是通过低力度惩罚来保护正式契约的初步行动，而不是挤出能增加信用水平的非正式机制。Fehr，Hart 和 Zehnder（2015）利用实验研究了外部环境不确定下的契约修订问题，由于人的有限理性和外部环境变化，初始契约只是一个参照点，利用非正式协议可以缓解刚性和灵活性之间的权衡，但是不能完全解决参照点对不准的问题。实验说明，有时候制定一个简单（刚性）的合同对于各方来说更好，事后可以根据需要修订，而不是在一个（灵活的）契约中写进或者包括未来一些意外的情况。他们的研究可以认为是正式治理和非正式治理在时间轴上实现互补。

2. 经济治理方式选择的条件

总的来说，现有的文献已经给我们提供了一个基本的认识，在不同的条件下，不同治理方式有自己的最合适边界，如果利用恰当，就能形成很好的互补关系，如果强制推行某一种治理，就会形成有损失的替代关系。因此，问题的关键还是寻找不同治理方式的选择条件。

通过以上文献梳理，可以提炼治理方式选择的条件。经济治理方式的选择至少要受到以下因素的影响：信息成本和实施成本（Dixit，2004）、制度环境（Brown，Falk 和 Fehr，2004；Chakraborty，Mukherjee 和 Saha，2015）、发展阶段（Li，2003；Dixit，2004；La Porta 和 Shleifer，2014）、交易或市场规模（Dixit，2003b）、地理范围（Pyle，2005）、行为偏好（Chassang 和 Zehnde，2011，2014）、不确定性（Gilson，Sabel 和 Scott，2010；Fehr，Hart 和 Zehnder，2015）、市场结构（Pyle，2005）等。通过进一步分析可以发现，核心还是信息和实施成本（Dixit，2004）两个基本

因素，其他条件都是间接影响因素，会通过影响信息和实施成本来影响治理方式的选择。需要注意的是，这种选择并不是简单替代的，例如，即使在同一个交易中，各方对交易过程的信息了解也是不同的，也会根据信息成本的差异在一个交易中同时采取多种治理机制。

2.3.5　新经济治理理论的应用

经济治理理论涉及如何制止或减少具有负外部性的行为，在很多领域均具有较大的应用潜力。不同于前文着力于治理的基本原理探讨，这部分要关注治理理论的实际应用背景，结合对 Dixit（2003a，2003b，2004，2009）的引用文献，以及治理经济学在应用经济学和政策层面的研究，从制度转型和设计、产业组织、发展经济学、环境与创新等角度进行梳理。

1. 制度变革：演化、转型与制度设计

制度变革问题争论的核心是自然演化和人为干预的边界条件。对于治理制度能否自然成长和演化，学者们表达了相互矛盾的观点。威廉姆森（Williamson，1996）的“差别匹配假说”认为，与治理结构相符合的交易能最小化交易成本。换言之，存在一个走向更有效率的治理结构的自然趋势，这个结构能把制度与治理的需要相匹配。但是这种微观的匹配规律并不能自然累积到国家制度的层面，诺斯（North，1990）认为，这种匹配可能不会发生，他强调政治改革的进程中会出现许多障碍。这些政治进程出现障碍的原因主要是政府的租金最大化和交易成本最小化的内在矛盾，这被称作国家制度发展的诺斯悖论。诺斯悖论与 Dixit（2004）的思想是相通的，他提出的非正式第三方治理（如黑社会）很难避免自身的利益最大化安排，而失去了仲裁者的公正性，最后导致私人秩序的衰落。

从关系契约治理的自我锁定角度，Huang（2006）研究了契约执行制度的转型。文章指出，比较普遍的关系契约、低的法律质量、强的人际关系文化偏好、低的社会流动性，以及高的不平等的禀赋形成了一系列阻碍制度发展的多重强化的制度。文化因素会减缓法律的发展，但它本身并不必然降低社会福利，然而真实的问题在于禀赋的不平等性和低的社会流动性。因此一个更加平等的资源分配对于解开相互锁定的制度也许至关重要。与此相联系，Huang（2013）研究发现，相比于社会最优水平，在精英治理之下法律投资太少，在民众治理下法律投资又太多。进一步，在精英治理下，低的法律质量和高的收入不平等会形成一个自我保持的怪圈，并阻碍经济的发展。不同于传统的观点，这篇文章的启示是，经常可以观察到的严重依赖关系契约和经济欠发达之间的联系，其原因更可能是精英治理的出现，而不是一种集体主义导向的文化本身，因为对使用关系契约的社会来讲，开始法律的投资相对较晚，以及具有低质量的法律执行是最优的选择。

在转型过程中，国家或政府角色是一个重要的考虑因素，Aldashev 和 Zanarone（2013）把国家看作自我实施契约上增加了暴力，有权力的个人惩罚契约和产权的违反者，如果他们卸责或者滥用权力，社会就会回到低水平生产的"无政府"状态。文章提供了一个框架来研究最优的改革顺序，他们应该首先收紧自我实施的约束（惩罚或者征收），然后当原来的收紧的约束变得松弛的时候，就转向其他的约束。

从更加一般的意义上来研究制度转型的过程，Brousseaua，Garrousteb 和 Raynaudc（2011）考察了制度的出现和演化的可选择路径，发展了一个框架来抓住制度转型要考虑的稳定和变化两个特征，进一步识别了制度改革的长期驱动力和短期政治障碍。在制度转型中，政治经济的稳定性和制度的变化是一对权衡，这是这篇文献的主要贡献。Brousseaua 和 Raynaud（2011）提出一个制度框架分析制度出现和演化，解释了制度演化的原因、过程和效果。文章首先把制度框架描述为一个多层次系统，在最底层是少数"局部和灵活"的制度用于社会的子集，在顶部是应用于所有人的单一的"一般的和刚性的"制度。由于对普通的秩序不满，局部秩序的推动者试图设计更符合他们需要的集体治理方案。如果代理人是异质性的，那么协调需要有差异，也需要一个不同秩序发起人之间的竞争性过程。为了获取效率带来的收益，局部秩序的推动者鼓动坚持他们偏爱的规则。这种竞争的结果解释了为什么"局部的自愿的"制度可以转化为"普遍的和强制的”制度。文章建立了在契约治理机制和制度之间的一个逻辑框架，接着分析了不同制度发起者之间的战略互动，不仅考虑了制度之间在同一时间的横向竞争，而且考虑了新规则的推动者、建立规则的发起者，以及更多的普遍规则之间的纵向竞争。

制度转型是一个演化的过程，一旦我们掌握了一些转型规律，制度设计（Klijn 和 Koppenjan，2006）就具有了可行性。奥斯特罗姆（2005）的案例研究的经验是，大规模合作可以从低到高累积。拨款、供应、监督、执行、冲突解决和治理活动都可以在嵌套的很多企业中进行多层面组织。没有先形成小的组群，刚开始就形成大的组群会更加困难。Dixit（2009）对改革者的建议是，在理论和其他案例的启发下研究自身的情况，再作出他们自己的决定。他还结合两个案例说明，做一些扎实的准备工作，虚心学习和研究其中的规律，而不是过度自信，仅依据自身经验。这对于中国的改革进程具有重要参考意义，在改革中既要尊重基层的首创精神和自身改革经验，又要借鉴历史成功经验和理论研究成果来设计中国改革的路径，是一个重要的问题。

2. 产业组织与互联网平台

在产业组织方面，治理理论主要有两方面的应用，一是结合具体的产业组织结构变化来研究经济治理问题；二是针对电子商务网络平台的兴起做一些理论检验和拓展。

Oexl（2010）的模型引入产业组织上下游契约结构变化来缓解囚徒困境问题。考虑一家公司向两个买方销售同质的产品，这两个买方都有兴趣来引诱卖方在提升质量方面进行投资。研究表明，一个三边契约会提供正确的激励来缓解套牢问题，并重建最优的效率。这种契约导致了一个防共谋纳什均衡，而且在完全信息和不完全信息条件下都能成立。这个原理可以扩展到超过两个买方的情况。这篇文章的启示是，产业组织的交易结构具有丰富的治理含义，值得进一步挖掘。

互联网电子商务平台的声誉问题是一个讨论的焦点。基于网络购物的评价体系，可以比较容易获取声誉的数据。Melnik 和 Alm（2002）研究了

eBay 的拍卖市场中卖家的声誉对投标的买家意愿产生的影响，经验研究表明，卖家的声誉对价格具有一个正的但是显著性比较小的影响。但是 Resnick，Zeckhauser，Swanson 和 Lockwood（2006）针对 eBay 展开了关于网络声誉机制的一个随机化的可控的田野实验，说明声誉机制的作用比较明显。特别是已经建立起来高声誉的商家销售会更好。买家支付意愿的差异体现在价格上为 8.1%。而且，一两个负面反馈意见并不影响买家的支付意愿。

Nosko 和 Tadelis（2015）也是基于 eBay 网络平台数据，通过一个大规模可控实验研究了平台市场上声誉的局限性，研究发现，平台市场使用声誉机制面临两个问题：第一，购买者从一次交易来对平台的质量做出结论，导致一种声誉的外部性；第二，声誉的度量也许是粗糙的和有偏见的，阻碍购买者做出合适的推断。尽管如此，研究的结论仍然认为声誉机制是有效的，这些平台能够从识别和推进高质量卖家方面获益。这种更为科学的观察有助于为未来产生更为贴近现实的平台市场模型做好铺垫。

3. 经济发展与技术冲击

从发展的角度看，除了上文讨论的交易规模和市场范围扩大对治理带来的影响，还有更广泛的因素在发展过程中出现变化，这都有待于挖掘。Dhillon，Rigolini（2010）研究了发展和执行制度的互动问题，正式和非正式执行机制不是必然相互替代的，高水平的法律部门效率降低了消费者相互拉关系的激励，高水平的消费者相互联系导致高水平的法律部门效率，正式执行机制和非正式执行机制形成了一种混合的制度均衡，这种混合的制度均衡演化会受到经济发展水平的影响。研究表明，在欠发达经济背景下，一个新的物质的渠道的出现，如频繁的不利的生产率的冲击会影响企业欺骗的激励。

这一文献对于治理制度研究有很重要的启发意义，就是在经济发展过程中的技术变迁或技术冲击会带来治理制度的变化，甚至打破某种均衡状态。例如，网络平台的电子商务技术会突然放大市场规模，把以前的交易关系打破，用新的方式重构交易关系，产生新的治理制度。

4. 反腐败与商业协会

反腐败问题在政治学、法学和经济学中都有大量文献研究。大多数专家同意政府应该这样处理腐败问题，即加强执法，严厉惩罚。要把这些法律执行得更好，或许要通过新的独立的组织。Dixit（2013）主张还有另外一种途径来应对腐败，即商业协会可以作为政府反腐败行为的有益补充。如果第三方治理的正式法律体系是腐败的、有偏见的和没有经验的，或者欺骗性的，他们就需要一个可选择的契约执行机制，否则担心对手的欺骗会妨碍人们第一次进入一个交易，导致很多多方有利的机会得不到开发，商务活动也趋于停滞。因此商业协会作为一个整体，具有强烈的动机来建立和维持一个高质量的契约执行制度。文章还从腐败的供给方和需求方两个角度建立了一个分析框架。

Dixit（2014）进一步考察了商业协会的集体行动在政府的执照奖励和获取合同方面对抗腐败的可能性。在这个背景下的制度包括了无贿赂规范，检测犯规的社区体系，以及在社区法庭对犯罪一个多边排斥的惩罚。社区制度运行在贿赂的供给一方，他不会自己消失或者甚至显著地降低，但是这个制度可以加强政府正式体系在监测和惩罚方面的有效性，这是主要运行在需求一方的。如果私人制度不是足够好，那么与国家正式的机制相联系，它减少了贿赂的水平，但是增加了赢得执照或者通过贿赂获得合同的概率。假设私人制度不变，政府正式反腐败机制的提升既降低了贿赂的水平，也减少了通过贿赂成功的概率；而且协会和政府两个制度一起比单独任何一个能够达到实质性的更好的绩效。这项研究给我们的启示是，第三方治理存在腐败的问题，也可以通过第二方治理对反腐败活动进行补充制约，也就是要发挥政府治理之外的其他方式，形成制度的互补结构，达到较好的治理效果，而不是仅仅依赖于政府单方面的努力。

5. 可持续发展与碳治理

环境问题是外部性非常明显的领域，很容易滋生机会主义行为，并需要合适的治理机制。Lockwood，Kuzemko，Mitchell 和 Hoggett（2013）研究了英国在可持续能源转型中的治理和创新，他们认为英国转型到一个可持续的能源体系的能力受制于制度体系和政策模式的性质，正因为如此，英国增加创新的一个关键的先决条件就是合适的治理体系的运行，因此需要理解“如何以及为什么”这些治理政策能够被执行，需要识别政治家、行为者和机构与能源政策执行之间的联系，并把这些与实践和绩效的变化联系起来。Lockwood（2013）进一步研究了英国的可持续能源创新治理问题，文章认为大部分关于低碳能源创新的争论都聚焦于非常狭窄的创新政策，需要从制度等角度来理解可持续能源创新的差异的相对绩效，以及如何加速英国的创新。

Fuhr 和 Lederer（2009）研究发现，目前在巴西、中国、印度建立起来的碳治理体系是非常不同的。由于新兴经济体都通过同样的清洁发展机制（CDM）加入了碳治理，出现这种差异是令人惊奇的。作为对 CDM 的反应，人们期望在这些国家里会有相同的制度和绩效，因为这种市场工具主要是由西方公司发起，并被国际主管的 CDM 执行委员会规制。然而，详细观察巴西、中国和印度的 CDM 市场发展特征，有很多高度不一致的证据。从理论观点来看，这种碳治理的多样性是有趣的，同时，我们对于发展中和新兴经济体的环境治理模式仍然缺乏理解。

本节梳理了以迪克西特为代表的新经济治理理论的发展脉络以及扩展应用，基于这些文献可以得到以下认识：经济治理是为了走出单边、双边和多边囚徒困境而建立的克服负外部性和制约机会主义行为的结构和功能体系。按照治理的主体，经济治理可以划分为第一方治理、第二方治理和第三方治理。经济治理方式的选择是内生的，不同治理制度都有其存在的边界条件，它们之间的互补性要大于替代性，人们选择治理制度考虑的基本因素是信息成本和实施成本，其他间接影响因素包括制度环境、发展阶段、市场规模、地理范围、行为偏好、不确定性、市场结构等，条件一旦变化，制度就需要作出相应改变。经济治理理论在制度转型与改革、产业组织与网络平台、经济发展与技术冲击、反腐败、可持续发展与碳治理等方面都有重要的应用。

2.4　新近研究进展与未来研究展望

2.4.1　新近研究进展

新近研究进展体现在经济治理理论得到更新和中国背景的现实问题得到关注上。经济治理理论新近的进展主要是迪克西特经济治理理论模型有了较大推进，为后续研究提供了基准；中国经济背景中比较集中讨论的问题一是集群中的创新平台治理问题，二是国有企业为主导的产业集群发展与治理的相关问题。

1. 经济治理理论的进展

迪克西特（Dixit，2003a，2003b，2004，2009）的经济治理理论——法律缺失与经济学（Lawlessness 和 Economics，LLE）突出了法制不健全条件下的经济治理，并强调各种治理模式都是当事人自我选择的结果，既没有放弃经济学的基本逻辑，又拓展了主流经济学的视野，很好地包容了上述两大理论依据，同时吸收了 Olson（1965），Ostrom（1990）和 Greif（2006）关于集体行动的分析思想，也引入了行为经济学和试验经济学的最新成果，阐述了第一、二、三方治理的概念体系。这是集群治理的很有希望的理论来源。基于 Salop 环型城市，Dixit（2003b，2009）提供了一个基准模型并得到了扩展性应用。例如，Masten 和 Prüfer（2010）用这个基准模型探讨了发展中经济背景下社团和法庭的治理机制；Baron（2010）考虑行为人的异质性，在环形城市上探讨了 Dixit（2009）提出的第一方治理——道德驱动的自我规制。

迪克西特认为，商业交往中的机会主义行为很少能够通过正式法律系统而得到抑制，即使在西方社会，也是只有在私人调解失败后才求助于法庭，私立的秩序承担了大部分的经济治理功能。因此它的理论起点是法律完全消失，这实际上是放松了契约理论的成熟法律体系的假设，同时又把法律内生化，可以研究从法律缺失到健全过程中的治理现象，并为研究政府的作用和私立的治理制度之间的关系提供了良好的视角，这一视角对于中国尤其适用。另外，LLE 关注个体交易治理的微观层面的问题，是一般性的经济治理理论，而且构建了一套基于博弈论工具的分析框架，对于产业集群治理的研究来说既有理论高度，又有建模基础。

郑江淮，江静（2007），魏江，周泯非（2009）等人已经尝试从迪克西特、格雷夫的理论中寻求产业集群治理的思想来源，但这方面的研究值得关注，迪克西特的治理思想也正在形成，需要跟踪研究。孔小磊（2013）将治理理论引入专有性规制研究，指出集群治理不仅包括制度层面，还包括执行层面，保证契约履行，企业可以运用自身的权力构建保护知识资产的规制，保护成员企业的知识资产及其商业化利益，同时可以利用自身的威望，调节集群企业之间的侵权纠纷。

2. 公共服务平台及创新问题

如前所述，集群的升级和创新问题是集群治理的宏观目标之一。在中国这个制造业大国，多数集群仍处于价值链低端，迫切需要进行技术创新来提高其在价值链中的位置。由于技术投入具有外部性，单个企业进行技术投入的积极性会受到影响。集群内搭建各种平台可以促进集群的技术升级。这就涉及很多关于平台治理的问题，如平台由谁来搭建，以什么方式运营，其战略定位如何，如何实现集群治理的功能等。

针对上述问题，部分文献对集群内各主体在技术创新问题中的角色进行了研究。符正平，陈焰明（2008）运用供求均衡模型和博弈论等分析工具研究集群内企业、大学、研究机构、中介组织之间的技术创新行为，也提出寻找通过引入以地方政府为主导的创新中心这样一种技术中介机构，促进集群创新与创业行为，避免集群出现衰退、实现集群可持续发展的可行性。周泯非，魏江（2009）认为集群的网络结构特征是促进集群知识流动和交互式创新的关键潜在因素，并且包括龙头企业、地方政府和公共机构、行业协会在内的集群战略主体的相关行为应受到更多的关注。龚丽敏，江诗松，魏江（2012）基于浙江绍兴纺织产业集群和织里童装产业集群两个案例的分析，发现当集群规模越大、多样性程度越高、开放性程度越高且经历间断平衡的过程时，集群平台更倾向于采用混合式而非政府主导式治理模式；而政府主导的平台治理模式更倾向于通用性的功能定位，混合式的平台治理模式更倾向于专有性功能定位。陈波（2012）将产业集群创新平台的治理模式归纳为内部治理模式和外部治理模式，结合两种治理模式的特征及典型应用案例，发现决定采用何种治理模式应考虑的因素包括产业创新平台的成员数量及结构、平台目标、成员之间的信任程度及成员之间在产品市场上的竞争程度。彭禄斌，刘仲英（2010）也指出，平台要充分发挥正式契约和非正式关系的互补作用，缺一不可，且有必要根据产业集群的特点来选择创新平台的治理模式。

关于技术创新平台的研究，虽然已有文献提到应该关注集群中其他行为者如龙头企业的作用，但侧重于研究政府在其间扮演的角色。现有研究大多只关注了技术创新平台，关于集群中其他的公共服务平台及其治理的研究不多，这有待进一步研究。

3. 国企主导的集群发展与治理研究

以国有企业为主导的企业集群的治理问题还缺少研究。国有企业具有独特的性质，其行为模式与其他类型企业有很大差异。因此，企业行为异质性会使得集群治理机制出现不同于经典企业假设的均衡结果。这对于集群治理理论研究和政策制定均具有一定意义。在中国经济的现实背景下，国有企业存在于产业集群是常见的现象，特别是在装备制造业集群中，国企往往还是主导者和正外部性的提供者。

国内理论界对产业集群的研究主要集中于江浙地区、珠江三角洲等地的在市场经济下由中小企业集聚形成的产业集群，而对以国企为核心的集群的研究并不多。例如，东北装备制造业集群与南方中小企业产业集群有很大的不同。首先，装备制造业的网络结构是由产业网络层和区域社会网络层组成的内外双层结构，以核心制造企业为中心（李凯，2004）；其次，东北地区装备制造业集群的发展从历史上来说就不是由市场力量带动的，政府在计划经济时期兴建或扩建的国有企业是东北地区产业集群发展初期的核心力量，并在整个产业集群的发展和治理过程中扮演着重要角色。

关于装备制造业集群的形成、升级和治理逻辑，刘淑茹，冯云廷（2004）认为在市场经济条件下，衍生是东北产业集群区别于南方产业集群的必然形成途径，衍生过程依赖于转包中契约关系的确立。张米尔（2007）通过对瓦房店轴承产业集群的案例研究，理清了产业集群萌芽、发展和成熟的演进过程，研究了制度变迁对产业集群演进的作用机制：技术外溢提供初始条件，市场化进程提供广阔市场需求，大企业优化重组推动周边中小企业发展，并与周边企业互动发展。王德鲁，宋学锋（2009）将装备制造业集群分为大企业为核心的以价值链分工为主导的垂直形态的产业集群和以市场竞争互补为主导的水平形态的产业集群两种类型，并探究出集群结构升级与产业集聚的互动机理：前者通过内部成员之间的集体学习，核心企业带动各级供应商技术能力的提高，推动集群的结构升级；后者通过大企业的“拉动效应”和小企业的“挤压效应”的交互作用推动整个集群技术能力螺旋式上升。娄玉东，綦良群（2010）对区域装备制造业集群演化机理进行了分析，大企业衍生中小企业是区域装备制造业集群演化的最直接动因，而产业集群的知识信息的溢出则加速了企业的模仿性和技术的快速传播，加剧了集群内的竞争，在创新—模仿—再创新—再模仿的机制下推动产业的发展和市场的扩张，促进了集群的分工合作，形成了更加紧密的产业链条，企业在这种“共生网络”中“共同优胜”。

这些文献揭示了装备制造业集群发展升级的演化机制和过程，为集群发展的一般路径指明了方向，但是对于国企的特征以及集群中国企和民营企业的治理角色并没有做出具体的阐述，尤其是对国有企业主导的集群的治理问题缺少专门研究。

2.4.2 未来研究展望

基于以上文献，展望后续经济治理的研究，以下几个方面值得进一步关注：

1. 第一方治理是治理经济学比较重要的进展

第一方治理容易被治理经济学研究所忽视。从第一方治理的角度，就很容易理解企业的自我治理行为，如企业社会责任、对外捐赠、企业文化塑造、企业员工培训等，都是通过自我约束建立声誉、获得市场的认可，并扩大企业的运作空间；也容易理解个人的自我约束行为，如个人的道德观、价值观塑造与儿童教育，以及国家层面对道德的引导等，第一方治理展现出较强的解释力，并且找到了这一类行为的经济学基础。而且进一步，对于思想教育、宗教信仰的经济治理功能的理解也有所启发。因此着眼于第一方治理的研究有望出现新的突破。

2. 行为经济学渗透到经济治理理论的各个方面

行为经济学结合实验经济学的研究优势，已经渗透到经济治理理论的各个方面。如上文所述，不仅是第一方治理，在第二方治理和第三方治理的研究中，都有文献考虑了人的行为类型和社会偏好特征，如行为异质性、亲社会偏好、利他偏好、强互惠偏好、宽恕等，得出了更为贴近现实的结论，这一研究趋势目前还在加强。

3. 治理制度的选择以及转型问题对中国改革具有借鉴意义

随着经济发展和技术进步，治理制度正式化的趋势不可阻挡，但是研究文献表明，制度并无高级和低级之分，治理制度的选择取决于诸多条件，即使在成熟的市场经济国家，多种治理方式并存也是常态。因此转型问题并不是抛弃第二方治理，抛弃关系契约，一切依靠政府和法庭，而是根据社会和经济条件的变化，不断探索最有利的治理方式。这涉及对转型的基本认识，如中国目前环境污染、食品安全、交通安全等方面问题比较多，有些舆论倾向于把改革的责任推到政府身上，延续计划经济“等、靠、要”的思维模式，一味埋怨政府或者他人，而不是自主推动制度变革。从经济治理的角度，第三方治理需要透明的信息条件，而且实施成本比较高昂，对大多数治理活动都力所不及，因此推动社区治理、基层自治、行业协会治理等多样化的治理方式仍是目前改革的主要着力点。如何从理论研究层面阐明这些规律，还需要很多研究工作。

4. 网络平台与电子商务研究是经济治理的新兴领域

互联网的普及和电子商务的兴起，带来了交易模式和生活模式的巨大变化，这改变了经济治理方式存在的诸多条件，也带来了很多需要治理的新问题。近年来网络诈骗、假货、刷单行为、内部腐败等欺骗性手段层出不穷，政府和几个大型网站多次出手治理，仍然屡禁不止，网络平台的治理模式还在摸索和建构之中。这样，理论研究的需求就产生了。目前的经济治理理论，结合产业组织理论、网络经济学、实验经济学和计量经济学工具，在国际上已经出现了一些很好的研究成果，期待还有更多的结合中国情况的文献出现。

5. 关系社会的黑箱仍然没有完全打开

社会关系与经济交易关系是不同的，人们一出生就存在于社会关系之中，如血缘、地缘关系；同时自身又在努力构建社会关系，如各种朋友圈。一方面，社会关系给人们带来安全感、便利或者经济机会，另一方面人们的行为又要受到社会关系的约束，还需要投入精力来维护关系，在成本和收益之间会出现一个权衡。经济交易关系是市场关系，以货币来计算成本收益，以物品和服务买卖为标的。在关系社会中，经济交易关系难免受到社会关系的影响，例如，有人因为朋友关系获得了一个重要合同，但是在合同执行中出现了道德风险，伤害了朋友的声誉，朋友关系能否治理这种行为，“杀熟”为什么会出现？目前的关系契约理论和经济治理理论只回答了交易关系内生的长期交易关系存在的条件，还没有回答外生的社会关系如何治理市场中的机会主义行为，这个黑箱仍然没有打开。作为对于经济社会学“嵌入”概念的回应，青木昌彦（Aoki，2007）提出使用互联博弈可以解开社会关系与经济交易之间的互相影响机制，也许是一条可选择的道路。

6. 私立秩序的衰落与网络时代

私立秩序产生的原因是人们之间社会距离和地理距离比较近，具有重复博弈的条件。随着市场和交易规模的扩大，政府和法律体系的日益健全，这一条件渐渐消失，因此私立秩序的衰落看起来是一种必然。但是在网络时代，信息沟通成本大大下降，大数据给信息搜索提供了更大的可能，以前的关系网络可以借助网络平台迅速重建，人们每天处于网上各种朋友圈的沟通之中，地理环境的约束日益减弱，“地球村”不再是一个理想，而是现实的存在。那么在这种情况下，会形成什么样的治理模式？私立秩序会不会卷土重来？网络交流与面对面交流有什么不同？初步判断，在互联网络环境下，各种治理模式仍然可以共存，但是会形成什么样的治理结构还有待进一步观察。

第 3 章　产业集群治理制度自选择的理论框架

理论建模是本研究的核心部分，在 LLE 框架的基础上，把产业集群的相关特征考虑进来，并转化成交易的信息和实施差别，考察产业集群治理制度的选择逻辑、匹配规律与演化规律，建立产业集群治理的一般性理论基础和相关模型。

3.1　基于文献研究的问题设定

基于产业集群治理的经验研究文献，提炼归纳以案例研究为代表的，经验研究文献所体现的产业集群的特征，各种机会主义的表现形式以及各种具体治理模式，特别要关注信息差异和实施差异的具体表现。基于产业集群治理的理论研究文献，提炼关于经济治理的基本思想和建模思路，以及所面对的制度环境和适用范围，研究各种理论的局限性、互补性和对中国的适用性。研究的问题设定为研究几个大的概念之间的影响机理，具体的变量要随着研究的展开而调整（如图 3-1）。

3.2　产业集群治理制度自选择的理论与模型研究

理论建模是本研究的核心部分，在 LLE 框架的基础上，把产业集群的相关特征考虑进来，并转化成交易的信息和实施差别，考察产业集群治理制度的选择逻辑、匹配规律与演化规律，建立产业集群治理的一般性理论基础和相关模型。

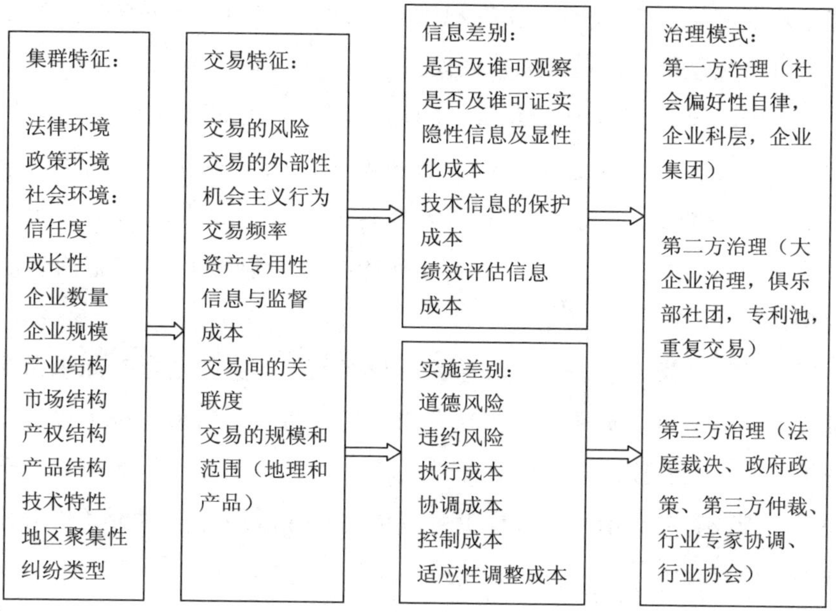

图 3-1　几个重要概念之间的影响机理

3.2.1　治理制度自我选择的基本理论与模型

依据迪克西特 LLE 的基本建模框架，从简化的静态情形开始建模。把集群企业当成一个经济人，面对另外一个企业构成有两个参与者的博弈，双方根据自己拥有的信息，在利益权衡（Trade-off）之后选择行动（如履约、违约）；基于信息不对称和治理方相对成本的差异，首先，考虑面对单边机会主义行为的治理选择；其次，考虑面对双边机会主义行为的治理选择，进一步考虑两阶段的带有放弃行动的双边囚徒困境以及动态的博弈框架来寻找均衡的治理模式，揭示治理制度自我选择的内在机理。

3.2.2　关系型治理与规则型治理的选择模型

按照 LLE 框架，大多数治理模式都可归于关系型治理和规则型治理（与第一方治理、第二方治理、第三方治理不同，其对应关系见图 3-2），这两种治理的主要差别就在于信息和实施两方面，集群企业根据信息差别和实施差别来选择关系型治理或规则型治理。在这两个基准模型的基础上，可以研究众多治理模式的扩展模型。

关系型治理模型考虑双方信息的可观察但不可证实的情形。最优的制度选择是交易双方通过关系治理自我实施，或者具有信息优势的第三方中介仲裁来实施，或者通过制度互联性来治理；并专门讨论利用大企业、第三方仲裁、社会网络、俱乐部社团（联合制裁）等实施治理的扩展模型。

规则型治理模型考虑双方信息的可观察也可证实的情形。如果法律的实施成本很低，可以实现法庭或政府的规则型治理，当事人也可以选择法律庇护下的私立秩序治理；但是如果法律的实施成本较高，当事人也会选择关系治理或者放弃治理；方法上可以依据存在威胁点的讨价还价合作博弈找到均衡解。

3.2.3 产业集群特征与治理模式的匹配模型

在上述基本模型的基础上，基于威廉姆森的差别匹配思想，进一步考虑产业集群的特征与治理模式的因果关系和匹配规律。

首先，建立不同信息差别和实施差别与治理模式的差别匹配模型。随着信息和实施差异的变化，可能出现治理模式的规律性变化（如图 3-2），例如，信息差别与实施差别出现负相关的关系，也可以看出政府的作用只限于很小的部分。

其次，把集群特征转化成一般交易特征，分析影响信息差别和实施差别的程度，进而影响治理模式的选择。把逻辑链条从“交易特征——治理模式”延长为“集群特征——交易特征——治理模式”，寻找不同产业集群特征对应的最优治理模式，构建集群特征与治理模式相匹配的模型。集群特征包括社会环境、经济环境、集群结构、环境产品与技术特性等方面，具体可以用很多指标刻画，其中某几项显著影响了信息和实施成本，就可能设计出针对性的治理机制。例如，在电器制造产业，集群特征表现为具有差异化产品的技术专利需要保护和共享的垄断竞争，专利盗用行为在信息差别上可观察不可证实，存在中等的协调成本，这决定了企业间采取联盟的形式——专利池。

	第一方治理	第二方治理	第三方治理	
不可观察不可证实	基于偏好的自我规范 科层治理			内部自我治理
可观察不可证实		大企业治理 俱乐部社团 专利池 重复交易	行业专家协调 第三方仲裁 行业协会	关系型治理
可观察可证实		书面契约 共同规则下的简单交易	政府政策 法庭裁决	规则型治理
	低协调成本	中等协调成本	高协调成本	

实施差别

图 3-2　信息差别与实施差别的关系

3.3　产业集群治理机制演化模型

在上述基本模型的基础上，考虑产业集群发展与制度转型的经济背景，基于迪克西特交易范围与治理模式的基本模型，考察交易规模增加和法律不断健全背景下的治理制度向正式治理演化的过程动态，在理论上会造成对关系治理的破坏，从而引起治理质量的暂时恶化，这个过程还要考虑政府的法律和政策变量。预期的研究结果会是多重的动态均衡，政府政策可以形成促进均衡形成的聚点。随着交易规模的扩大，由关系治理向规则治理转变又要受制于信息和实施成本，因此会出现一个均衡点。这决定了治理机制多样性的共存。

第4章　基于经济治理理论的集群治理自我选择机制及其条件——双边关系模型

4.1　引言

我国目前产业集群发展的关键问题之一是摆脱恶性竞争，促进集群升级。各级政府部门在近年来掀起了新一轮的产业集群制度建设热潮，例如，行业协会和各种公共服务平台的快速发展，其目的是促进集群形成有效的治理机制。但是这个问题的理论研究还存在很多重要分歧，需要借助形式化模型澄清思路。

对于集群衰退和集群治理问题的关注至少可追溯到1980年，有些文献涉及了集群实施各种集体行为和走出衰退的条件（Cohen 和 Zysman，1987；Best，1989；Eisenschitz 和 North，1986；Scott，1993）。但是，对集群治理问题的集中研究是从2000年才开始的。几位研究产业集群治理的开拓者 Gilsing（2000），Brown（2000），Enright（2000），Lagen（2004）分别对集群治理的内涵、特征、类型进行了探讨。

在2004年之后，国内对产业集群治理的研究也开始大量出现，而且在理论上也深入了很多。很多研究文献主要有两个理论依据，一个主要的理论依据是交易费用经济学和不完全契约的治理机制基本框架（Grandori，Soda，2006，喻卫斌2005，马中东2005，唐晓华、王丹2005，王珺2008，赵晶、关鑫2008；赵海山2007）。另一个主要的理论依据是借助格兰诺维特（Granovetter，1985）等创建的新经济社会学，从关系网络角度，基于嵌入、社会资本等核心概念展开产业集群网络治理的研究（Raja，2003，朱华晟 2003，陈艳莹、原毅军 2006）。有的分析是综合使用这两个理论来源（Jones，Hesterly 和 Borgatti，1997；孟韬，2006；李凯、李世杰，2007）。由于两个理论来源本身有很多分歧，导致各种文献在产业集群治理的基本内涵、行为主体、机制上分歧较大。为了进一步澄清分歧，本书试图从经济治理的角度阐述治理制度的自我选择机制，并将其模型化，也为后续研究提供一个基础。

集群治理机制是集群主体为了克服集群中其他企业行为产生的负外部性，在约束条件下自主选择出的一种制度。根据威廉姆森和奥斯特罗姆等人的经济治理理论，只有自我选择的治理机制才是有生命力的，有效率的（Economic Sciences Prize Committee of the Royal Swedish Academy of Sciences，2009）。主要原因是，自我选择出的制度具有信息成本和实施成本的优势（Dixit，2004）。这一点常常被政策制定者所忽视。但是政策制定者或者社会网络对于治理制度不是没有影响，而是可以改变约束条件和制度选择集，影响相关制度环境的成本。

经济治理理论（Williamson，1985，1996；Ostrom，1990）获得 2009 年纪念诺贝尔经济科学奖，该理论积累了大量学者对治理制度丰富的理解，并在管理学、政治学、社会学等领域产生广泛的影响。经济治理理论近年来获得较大发展，Dixit（2003，2009）建立了以法律缺失为考察起点的经济治理研究框架，建立了处理多维行动的建模工具，超越了处理一维行动的委托代理框架。但是将这一理论框架应用于产业集群治理研究的文献还不多。产业集群符合经济治理理论研究的大部分特征，具有丰富的经济关系，各种治理方式并存。因此，这个理论方法应用于产业集群是可行的。

在模型建构上，本章首先关注集群内两个企业之间的双边关系，考察双边的负外部性行为及治理制度选择。借鉴 Baker，Gibbons，和 Murphy（1994，2002），Dixit（2004）的建模思路，但是本章与这些文献所关注雇用情形不同，本章把环境置于产业集群内的外包决策情形，委托方企业从代理方企业购买生产最终产品所需投入的一种要素。委托方企业的最终目的是赢利，但是代理企业行为的信息，在总体上是各企业内部的隐藏信息，而且不能够被法庭所观察和证实，例如，代理企业所生产的投入要素对最终产品的贡献，最终产品对委托方企业赢利的贡献，以及代理企业有没有欺骗、偷工减料、技术流出，委托企业有没有支付回报偏低等机会主义行为的信息都是第三方难以得到的；而类似于数量和交货时间的安排可以记录下来，并很容易被第三方证实。那些很容易被法庭证实的信息可以写入正式契约，其他不可证实行为则要依赖在内部信息基础上的自我实施的默示的关系型契约。因此两个企业选择的治理制度安排取决于信息结构（哪些信息是可以观察和证实的）以及各种备择治理制度的实施成本。

其次，关注集群内多个企业之间的多边关系，考察欺骗信息的传播和多边惩罚机制，以及多边治理的限度及制度选择机制。基于环形城市模型，以及 Dixit（2003，2009），企业相遇的机会与距离相关，如果某一个企业采取了机会主义行为，对集群企业产生负外部性，这个信息很快就会在集群内传播，但是信息传播的强度随距离而递减；得知这个消息的企业就不会与他进行交易，这样就形成一个多边惩罚机制，但是这种非正式的治理与集群的规模相关，集群自我治理会遇到自己的极限，这时就有必要选择其他较为正式的治理方式。

本章后续内容安排为，第 2 节建立产业集群中的双边关系治理制度选择模型；第 3 节建立产业集群中的多边关系治理制度选择模型，每个模型都得出相关结论；第 4 节进行总结性讨论。

4.2 双边关系模型

4.2.1 基本假设

沿用 Baker，Gibbons，和 Murphy（1994，2002），Dixit（2004）的基本设定，代理方的行动是一个 n 维列向量 $a=(a_1, a_2, \cdots a_n)'$，其他任何

人观察不到。标准化设定 $\sum_{i=1}^{n} a_i^2 \leqslant 1$。代理方采取行动的成本设为

$$C(a) = \frac{1}{2}a'a = \frac{1}{2}\sum_{i=1}^{n} a_i^2$$

代理方的外部选择利润（在这个委托契约之外选择的预期利润）是 π_0，委托方的外部机会（利润）标准化为 0。

委托方对代理方行动的主观评价是 y，它只取 0，1 两个值。例如，代理方在项目中存在机会主义行为，结果不好，是失败的，则 y 取 0；或者代理方在项目中不存在机会主义，产品质量完全达到了委托方的要求，结果很好，是成功的，则 y 取 1。结果很好（$y=1$）的概率是代理方行为的线性函数：

$$p\{y = 1 | a\} = y'a = \sum_{i=1}^{n} y_i a_i$$

y 与 a 都是 n 维列向量。y 向量元素的含义是代理方行动对成功的边际贡献。y 的值是内部信息，只能被委托方和代理方观察到，但是不能被第三方所证实。

代理方行动的显性绩效为 x，可以由外部公共机构所证实，例如，交货量。它也标准化为 0 或 1，而且

$$p\{x = 1 | a\} = x'a = \sum_{i=1}^{n} x_i a_i$$

x 与 a 都是 n 维列向量。x 向量元素的含义是代理方行动对显性绩效的边际贡献，如边际产量。

遵循 Baker，Gibbons，和 Murphy（1994，2002），Dixit（2004），我们假定所有的参数取值都保证相关层次行为的概率都在（0，1）范围之内。假定交易双方是风险中性的，但是他们的合作有一个较好的收益预期，因此合作是重要的。委托方不能简单地支付一笔固定费用就把整个任务委托给代理方，信息结构决定了支付结构是复杂的，而且合理的支付结构还可起到治理代理方机会主义行为的作用。

在现有的信息约束下，代理方的收益由三部分组成：

（1）一笔固定支付 s，由委托方在契约签订之后就要无条件支付，例如，先期支付的定金（大宗交易一般在订单下达之后，必须支付一笔定金，如果委托方单方面撤单，定金也不能退还，这确保委托方一般不会撤单，其余部分款项视任务完成的情况再支付）或作为信誉承诺的抵押金（Williamson，1983），便于契约开始进行。这部分收益的信息可以被第三方获得，因此必要时可求助法律手段执行。

（2）如果 $x=1$，即代理方的行动产生了契约要求的产量。委托方按照契约规定支付 ξ，这部分信息也可由第三方公共机构所证实，必要时也可借助法律手段来执行。

（3）如果 $y=1$，即代理方的行动不存在机会主义，绩效完全达到了委托方的要求，委托方的主观评价是很好（因为是主观评价，这时委托方为减少支付，其机会主义选择是评价为不好，即 $y=0$）。然后委托方按照主观评价向代理方支付 η，这部分信息不可由第三方公共机构所证实，只可由交易双方观察到。这笔支付在交易双方的重复博弈中，可以自我实施。该重复博弈的贴现率是 r。

4.2.2 代理方的最优反应

按照假设，交易和每一部分收益都是可以实施的，则代理方的三部分收益减去成本就构成预期利润

$$\Pi_1 = s + \xi x'a + \eta y'a - \frac{1}{2}a'a \tag{4-1}$$

代理方选择行动 a 使利润最大化，式（4-1）可表达为非向量形式

$$\Pi_1 = s + \xi \sum_{i=1}^{n} x_i a_i + \eta \sum_{i=1}^{n} y_i a_i - \frac{1}{2} \sum_{i=1}^{n} (a_i^2) \tag{4-2}$$

上述目标函数对任意一个 a_j 求导，可得一个一阶条件：

$$\frac{\partial \Pi_1}{\partial a_j} = \xi x_j + \eta y_j - a_j = 0 \text{ , } j = 1, 2, \cdots, n$$

从利润最大化的一阶条件易得一个解：

$$a_j = \xi x_j + \eta y_j,\ j = 1, 2, \cdots, n$$

也可写成向量形式

$$a = \xi x + \eta y \tag{4-3}$$

代理方的利润对 a_j 的二阶偏导都是负值：

$$\frac{\partial^2 \Pi_1}{\partial a_j^2} = -1,\ j = 1, 2, \cdots, n$$

交叉项的二阶偏导都等于零，因此，代理人利润最大化的二阶条件可以满足。

把代理方的最优行动 a 的表达式（4-3）代入利润表达式（4-1），可以得到最大利润的表达式

$$\begin{aligned}\Pi_1 &= s + \xi x'a + \eta y'a - \frac{1}{2}a'a \\ &= s + \frac{1}{2}a'a \\ &= s + \frac{1}{2}(\xi x' + \eta y')(x\xi + y\eta) \\ &= s + \frac{1}{2}(\xi^2 x'x + 2\xi\eta x'y + \eta^2 y'y)\end{aligned} \tag{4-4}$$

此时，在不损失公式的基本含义的情况下，不妨作一些简化，选择

$$x'x = 1 = y'y$$

同时定义参数 K

$$K = x'y$$

在几何意义上，如果把 x 和 y 视为 n 维欧式空间中的单位向量，那么 K 就是它们之间夹角的余弦值，因此 $|K| \leqslant 1$。由柯西—施瓦茨不等式，$K^2 \leqslant 1$。K^2 越接近于 1，x 与 y 的夹角越小，两个向量越趋同，反之两个向量差别越大。因此，这里的 K^2 衡量的是客观评价 x 和主观评价 y 的相关关系。一般来说，主观评价包含只可意会的非公开信息，信息含量更大，而客观评价要基于显性的可公开信息。所以，在委托方不采取欺骗行为的情

况下，主观评价更准确，则 K^2 可被视为对客观评价 x 的准确性的度量。

根据上述定义，代理方的最大化利润（4-4）式可简化为

$$\Pi_1 = s + \frac{1}{2}(\xi^2 + 2K\xi\eta + \eta^2) \tag{4-5}$$

4.2.3 委托方的最优反应

根据以上讨论及式（4-5），因为代理方可接受的最低利润为外部选择利润 π_0，委托方发现通过确定固定支付

$$s = \pi_0 - \frac{1}{2}(\xi^2 + 2K\xi\eta + \eta^2) \tag{4-6}$$

来满足代理方的参与约束 $U \geqslant u_0$ 是最优的。则委托方的预期利润将是

$$\Pi_2 = y'a - \pi_0 = y'a - s - \xi x'a - \eta y'a \tag{4-7}$$

将式（4-3）和式（4-6）代入式（4-7），并依据上述定义进行化简，可以得到

$$\begin{aligned}\Pi_2(\xi,\ \eta) &= y'(\xi x + \eta y) - \pi_0 + \frac{1}{2}(\xi^2 + 2K\xi\eta + \eta^2) \\ &\quad - (\xi x' + \eta y')(\xi x + \eta y) \\ &= (K\xi + \eta) - \frac{1}{2}(\xi^2 + 2K\xi\eta + \eta^2) - \pi_0 \end{aligned} \tag{4-8}$$

继续假定交易是可以实施的。委托方选择 ξ 和 η 来最大化目标函数式（4-8），式中已经包含了激励相容条件和参与约束条件。分别对 ξ 和 η 求导，易得委托方利润最大化的一阶条件

$$K - \xi + K\eta = 0$$

$$1 - K\xi - \eta = 0$$

二阶条件要求海赛矩阵

$$\begin{pmatrix} -1 & -K \\ -K & -1 \end{pmatrix}$$

是负半定的，即 $1 - K^2 \leqslant 0$，也即 $K^2 \leqslant 1$。这与上述讨论相吻合。下面

讨论解的情况：

如果 $K^2=1$ 时，客观评价很准确，可以和主观评价相互补充。具体要分两种情况，当 $K=1$ 时，最优解是 $\xi+\eta=1$，客观评价很准确，可以和主观评价相替换，只要总和为 1 即可；当 $K=-1$ 时，最优解是 $\eta-\xi=1$，客观评价与主观评价相反，但是信息价值的绝对值仍为最大，委托方能够激励代理方进行减少客观评价指标但能增加真实绩效的活动，可以在减少客观评价的同时辅之以主观激励的超额补偿，使总和为 1 即可。

如果 $K^2\neq 1$ 时，客观评价不准确，要依赖主观评价，由一阶条件可得最优解是 $\xi=0$，$\eta=1$。主观评价成了唯一的准确指标。在这个情况下，由（4-8）式可得，在纯粹的关系契约（relational contract）治理下，委托方的利润为

$$\Pi^{RC}=\frac{1}{2}-\pi_0 \tag{4-9}$$

总的社会剩余是

$$W^{RC}=\Pi^{RC}+\pi_0 \tag{4-10}$$

由基本假设，委托方的外部机会（利润）为 0，因此 $\Pi^{RC}>0$。由（4-9）式易得，$2\pi_0<1$。

上述内容讨论了纯关系契约治理的情况，提供了一种契约选择的基准。为了便于构造治理制度的选择空间，需要讨论另一种极端的情况——纯粹正式契约（Formal Contract）。现在假定代理人的收益只能以客观评价为基础，例如，政府施加了某种规制，或者正式法律系统足够完备等。双方不选择关系契约，只依赖正式契约，委托方使得 $\eta\equiv 0$，并选择 ξ 使（4-8）式中的 Π 最大化，易得一阶条件为

$$\frac{\partial\ \Pi_2}{\partial\ \xi}=K-\xi=0\text{，即 }\xi=K$$

把 $\eta\equiv 0$ 和 $\xi=K$ 带入（4-8），可得委托方依赖正式契约的利润为

$$\Pi^{FC}=\frac{1}{2}K^2-\pi_0 \tag{4-11}$$

这时总的社会剩余是

$$W^{FC} = \Pi^{FC} + \pi_0 = \frac{1}{2}K^2 \tag{4-12}$$

由基本假设，委托方的外部机会（利润）为 0，因此由式（4-11）易得 $\frac{1}{2}K^2 - \pi_0 > 0$，即 $K^2 > 2\pi_0$ 是选择正式契约的必要条件。

4.2.4 委托人的机会主义行为与契约自我实施的条件

上述内容讨论的是委托方选择什么样的支付方式（契约）来治理代理方的机会主义行为，委托人还没有出现违背承诺的机会主义行为，然而事实上委托方同样存在机会主义倾向。下面讨论委托方的机会主义行为在什么情况下可以得到治理，使得契约可以自我实施。

这里要放松基于主观评价 y 的契约的可实施性的假定。当 $y=1$ 时，委托方试图违背支付 η 的承诺。在这种情况下，由于客观绩效评价可观察可证实，双方放弃关系契约，转而依赖正式契约仍有利可图，因此断绝关系的威胁是不可置信的，因此会形成一个重复博弈。在产业集群的环境中，双方企业处于接近的地理空间，重复见面的概率较大，这一情况更易实现。

一般地，委托方欺骗的收益是 η，未来每一期的损失是 $\Pi_2(\xi,\ \eta) - \Pi^{FC}$。已知重复博弈的贴现率是 r。因此，委托方不欺骗的条件是

$$\eta \leqslant \frac{\Pi_2(\xi,\ \eta) - \Pi^{FC}}{r}$$

或者

$$\Pi_2(\xi,\ \eta) - r\eta - \Pi^{FC} \geqslant 0 \tag{4-13}$$

在这个约束下，委托方选择 ξ 和 η，达到利润最大化，结合式（4-8）和式（4-13），构造拉格朗日函数

$$\begin{aligned} L &= \Pi_2(\xi,\ \eta) + \lambda[\Pi_2(\xi,\ \eta) - r\eta - \Pi^{FC}] \\ &= (1+\lambda)\Pi_2(\xi,\ \eta) - \lambda r\eta - \lambda\Pi^{FC} \\ &= (1+\lambda)[\Pi_2(\xi,\ \eta) - \mu r\eta - \mu\Pi^{FC}] \end{aligned} \tag{4-14}$$

其中，$\mu = \lambda/(1+\lambda)$ 。由约束条件式（4-13）的不等号的方向可知，拉格朗日乘子 λ 必须是非负的。因此可推出，$0 \leqslant \mu \leqslant 1$。

式（4-14）分别对 ξ 和 η 求导，委托方利润最大化的一阶条件进一步变为

$$K - \xi + K\eta = 0$$

$$1 - K\xi - \eta - \mu r = 0$$

由此导出 ξ 和 η

$$\begin{aligned} \xi &= \mu r K/(1-K^2) \\ \eta &= (1-K^2-\mu r)/(1-K^2) \end{aligned} \tag{4-15}$$

把式（4-15）代入式（4-13），得出使用 μ 表示的约束条件

$$\frac{(1-2r)(1-K^2)+(2\mu-\mu^2)r^2}{2(1-K^2)} - \frac{K^2}{2} \geqslant 0 \tag{4-16}$$

式（4-16）左边对 μ 求导可得 $r^2(1-\mu)/(1-K^2) \geqslant 0$，因此，左式是在 μ 取值范围上的增函数。

当 $\mu=0$ 时，式（4-16）变成 $(1-2r-K^2)/2 \geqslant 0$，即 $1-K^2 \geqslant 2r$ 。$\mu=0$ 时 $\lambda=0$，库恩塔克条件自动满足，这个约束条件不是紧的。由式（4-15）易知，这时 $\xi=0$ 和 $\eta=1$。其经济含义是，满足 $1-K^2 \geqslant 2r$ 的情况就是纯粹关系契约可以自我实施的情况。进一步，当 $1-K^2 < 2r$ 时，纯粹关系契约无法自动满足，而且式（4-16）左边小于 0。

当 $\mu=1$ 时，式（4-16）变成 $(r+K^2-1)^2/(1-K^2) \geqslant 0$，此式必然成立，只有当 $1-K^2=r$ 时取等号。因此，当 $1-K^2=r$ 时，约束条件只在 $\mu=1$ 处被满足。由式（4-15）易知，$1-K^2=r$ 时，$\xi=K$ 和 $\eta=0$，对应的是只依赖于正式契约的情况，关系契约在这一点开始不被考虑。

由于式（4-16）左边是关于 μ 的增函数，当 $\mu=0$ 时可出现小于 0，当 $\mu=1$ 时总是大于等于 0，因此在 $0<\mu<1$ 时，存在式（4-16）左边等于 0 的情况。这时约束方程可以写成

$$\frac{(1-2r)(1-K^2)+(2\mu-\mu^2)r^2}{2(1-K^2)} - \frac{K^2}{2} = 0$$

可化简为

$$r^2(\mu^2-2\mu)=(1-K^2)^2-2r(1-K^2)$$

两边同时加上 r^2，构成完全平方形式：

$$r^2(\mu-1)^2=(1-K^2-r)^2$$

考虑到 $0<\mu<1$，则去掉平方号后 μ 的取值为

$$\mu=\begin{cases}(2r+K^2-1)/r & r<1-K^2<2r\\(1-K^2)/r & 1-K^2<r\end{cases}\qquad(4-17)$$

当 $r<1-K^2<2r$ 时，把 μ 的表达式带入式（4-15），得到 ξ 和 η 的解

$$\begin{aligned}\xi&=K(2r+K^2-1)/(1-K^2)\\\eta&=2(1-K^2-r)/(1-K^2)\end{aligned}\qquad(4-18)$$

4.2.5 双边关系下治理方式的选择及条件

把上述讨论结果进行总结，RC 表示只选择关系契约的区域，FC 表示只选择正式契约的区域，HC 表示选择两种契约组合的区域。如表 4-1 所示。

表 4-1 三种治理模式的参数与福利比较

区域 / 取值	RC	HC	FC
ξ	K	$K(2r+K^2-1)/(1-K^2)$	0
η	0	$2(1-K^2-r)/(1-K^2)$	1
W	1/2	$((K^2+4r)(1-K^2)-4r^2)/(2(1-K^2))$	$K^2/2$

利用 Matlab 软件对三种情形的社会福利进行了画图，如图 4-1。

以横轴为贴现率 r，纵轴为客观评价的不准确性 $1-K^2$，建立坐标系，把各种治理方式的选择条件画图表示，如图 4-2。

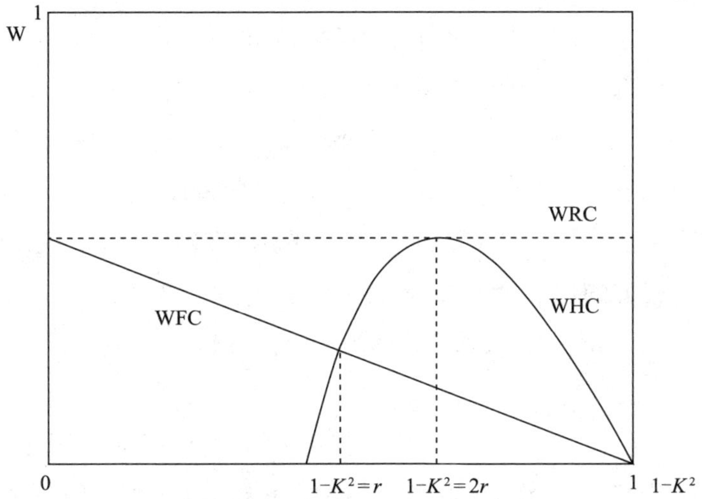

图 4-1　各种治理方式的福利比较

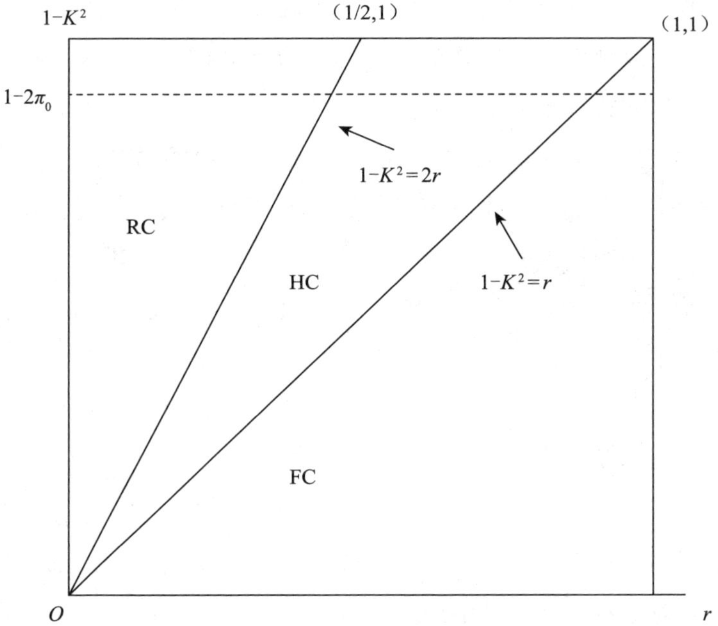

图 4-2　各种治理方式的选择及条件

注：纵轴的最大值是 1，贴现率 r 表示是否看重未来，r 越大，越不看重未来；$1-K^2$ 表示相对于主观评价，客观评价的不准确性。

结合上述讨论和表 4-1，图 4-1、图 4-2，可以得出几点结论：

结论 1：当 $1-K^2 \geqslant 2r$ 时，客观评价的准确性较低，交易者较看重未来，委托方的选择处于纯粹关系契约治理的 RC 区域。

结论 2：当 $1-K^2 \leqslant r$ 时，客观评价的准确性较高，交易者不看重未来，委托方的选择处于纯粹正式契约治理的 FC 区域。

结论 3：当 $r<1-K^2<2r$ 时，客观评价的准确性适中，交易者不很看重未来，委托方的选择处于两种契约混合治理的 HC 区域。在该区域中，当 $1-K^2 \to r$ 时，$\eta \to 0$，关系契约逐渐失效；当 $1-K^2 \to 2r$ 时，$\xi \to 0$，正式契约逐渐失效。

结论 4：当 $1-K^2<1-2\pi_0$ 时，正式契约才会被采用。因此，当 $\pi_0=0$ 时，上述结论都成立，但是随着 π_0 增加，并趋于 1/2 时，图中虚线向下移动，关系契约被选择的概率越来越小，最终被正式契约所替代。也就是说，代理方的外部选择利润越高，选择正式契约治理的机会越大；代理方的外部选择利润越低，选择关系契约治理的机会越大。外部选择利润增加会对关系治理方式产生冲击。

结论 5：当客观评价准确的时候，正式契约和关系契约治理的社会福利是一样的，这颠覆了正式契约优于关系契约的观点。随着客观评价变得不准确，正式契约治理的社会福利会不断下降，直到趋于零。

结论 6：混合治理的社会福利在大部分时间里并没有达到理想的状况，总是小于等于关系治理的社会福利水平。

4.3 本章小结

本章强调的核心观点是，产业集群治理的主体是受到外部性损害的集群企业，政府治理、社会网络治理是被选择的方式，而且是集群中的企业自己去选择治理方式，集群治理制度是集群企业在各种具体条件下自我选择的结果，是集群系统内生的；外部提供的制度仅仅提供了制度环境，或者扩大了企业的选择集，只有在成本较低的集群内部治理失效的时候，集群企业才会去选择外部治理。这一点在很多集群研究文献中常常被忽视。这一观点对于政府在集群治理中承担什么样的角色提出了不同的看法，对于政府更好地培育产业集群，寻求成本更低的治理方式具有一定的启发。

另外，对于关系契约治理的优势需要进一步理解，在大多数情况下，关系契约治理具有更好的信息优势。这也是重视交易者自我选择的理论依据之一。如果交易者利用私人秩序治理可行的话，尽量不用外部治理参与。

本章也有一些不足之处。受限于建模技术，很多问题没有得到深入讨论。例如，正式治理替代关系治理存在着极限，例如，有些私人信息是通过第三方无法获取的，正式治理在这方面无能为力，因此结论中所阐述的并不是正式治理完全替代关系治理。现实的情况往往是，基于不同的信息约束和实施约束，各种治理方式和谐并存，而且会存在一个均衡点，本章还没能在多边交易的情形下对此进行探讨，留作以后进一步研究。

另外，行会、商会、公共服务平台等中介组织的信息和实施功能还需要建模，而且可以在本章的框架上继续展开。笔者将在以后的研究中继续深入，并用专门的文章讨论。

第5章　企业异质性、多边匹配与集群治理机制选择——多边关系模型[①]

5.1　引言

目前，中国各地产业集群得到快速发展，但是在集群的多边交易框架下，普遍面临机会主义盛行、产业升级困难和创新激励不足的囚徒困境，并得不到有效治理。其中，需要研究的问题之一是产业集群的多边治理机制中各主体的有效行动边界，以及治理机制的选择过程。特别需要研究的是中国产业集群中的企业行为异质性问题，例如，国有企业为主导的企业集群的治理问题，国有企业具有独特的性质，其行为模式与其他类型企业有很大差异。因此，企业行为异质性会使得集群治理机制出现不同于经典企业假设的均衡结果。这对于集群治理理论研究和政策制定均具有一定意义。

对于集群衰退和集群治理问题的关注至少可追溯到1980年，有些文献涉及了集群实施各种集体行为和走出衰退的条件（Cohen 和 Zysman，1987；Best，1989；Eisenschitz and North，1986；Scott，1993）。但是，对集群治理问题的集中研究是2000年才开始的。几位研究产业集群治理的开拓者 Gilsing（2000），Brown（2000），Enright（2000），Lagen（2004）分别对集群治理的内涵、特征、类型进行了探讨，Bell，Tracey，和 Heide（2009）则从路径依赖和组织间治理的角度研究了集群治理选择的逻辑，但是正式的经济学模型还有待发展。

① 本章内容入选2012年第12届中国经济学年会交流，题目为“集群企业的异质性、多边匹配与治理机制选择”。

从治理经济学（Williamson，1985，1996；Ostrom，1990；Dixit，2003，2009）的角度进行集群治理模型化的思路有两个，一是沿着威廉姆森的思路研究双边治理问题，二是沿着奥斯特罗姆的思路研究多边治理问题。双边治理问题讨论的是在一个地理空间上，两家企业如何选择克服机会主义的治理方式及其条件。双边治理模型构建的思路经过 Baker，Gibbons，和 Murphy（1994，2002），Dixit（2004）发展，已经比较完善，进一步可以发展出多供应商等复杂情形。多边治理模型一般基于 Salop 环型城市，Dixit（2003b）提供了一个基准模型并得到了扩展性应用。例如，Masten，和 Prüfer（2010）用这个基准模型探讨了发展中经济背景下社团和法庭的治理机制；Baron（2010）考虑行为人的异质性，在环形城市上探讨了 Dixit（2009）提出的第一方治理——道德驱动的自我规制。

双边治理模型的局限在于对企业随机匹配、信息传播以及产业集群的地理空间不断扩大不易建模，而这正是环型城市多边治理模型的优势。Dixit（2003b）的多边治理基准模型已经得到应用，但是还没有看到有文献正式应用于产业集群治理问题。在中国经济的现实背景下，国有企业存在于产业集群是常见的现象，特别是在装备制造业集群中，国企往往还是主导者和正外部性的提供者。这就提出了一个企业异质性的问题，必须考虑像国有企业这样的企业行为特点。Dixit（2004），Baron（2010）已经提供了在环形城市上处理行为异质性的思路。为我们的研究提供了可行性。可以考察企业有多种行为类型时，在较大的集群地理空间上，机会主义行为的信息如何传播，并且交易各方选择什么样的多边治理方式及其条件。

本章是基于 Dixit（2003b）的模型，引入新的行为人来研究治理机制的选择问题。Dixit（2003b）的环形城市上分布着两种类型的交易人：最普通的机会主义者 N 和拥有特殊技能的骗子 M。根据这一假设得出了相应的结论：政府可以通过搭建一个信息平台，来促进诚实交易规模的扩张。而本章则在此基础上引入了另一种类型的交易者：信誉良好的大型国有企业 H。这就可以研究集群企业规模结构对治理机制的影响机制，即研究 H 或 M 类型企业的比例变动对诚实交易规模和治理模式的影响。这也是本章的创新点。研究结论对政策层面的启发是，要提高集群治理的质量，一方面可以搭建和促进各种信息平台建设，促进集群信息的传播速度；另一方面可以通过某种招商引资政策调整集群企业的规模和所有制结构。

本章的结构安排如下，在引言之后的第二部分是模型的基本假设，第三部分是企业行为分析，第四部分是求解均衡治理范围，第五部分是比较静态分析和结论，第六部分是结束语。

5.2 模型假设

这里部分假设仍沿用 Dixit（2003b）的基本假设，而最后一个假设则是本章考虑企业行为异质性而新引入的：

A1：企业均匀地分布在周长为 $2S$ 的圆环上；两个企业之间的距离由他们之间较短的一段圆弧来决定；如果圆环代表了某个集群，那么，半圆周长 S 就度量了该集群的规模。

A2：交易分为两个时期：第一期交易与第二期交易，各企业在两个时期是否相遇是相互独立的。如果两个企业之间的距离为 x，那么二者相遇的概率为 $\dfrac{e^{-\alpha x}}{2(1-e^{-\alpha S})/\alpha}$。其中，$\alpha$ 为相遇的衰减率，且有 $\alpha>0$。

A3：如果在第一期交易中，一个企业欺骗了他的贸易伙伴，该贸易伙伴就会把欺骗信息传递给其他企业。那么，在第二期交易中，距离第一期交易的受害者为 y 的第三个企业收到欺骗信息的概率为 $e^{-\beta y}$。其中，β 为信息传递的衰减率，且 $\beta>0$。①

---

① 在这里大家可能会有一个疑问：上面提到的信息传播概率中似乎隐含了一个假设，即信息是单边传播的；但在现实生活中，情况似乎不是这样的，即使是在本章引用的环形城市集群中信息也应该是双向传播才对。那在这里为什么要用一个单边传播概率呢？在环形城市模型中，信息的双向传播是符合现实的。我们假设有三个企业 1、2、3 分布在环形城市上。企业 1 和 2 之间的距离为 x，企业 2 和 3 之间的距离为 y。在第一期，企业 1 和企业 2 相遇并进行了交易，企业 1 欺骗了企业 2。企业 2 受骗后，就会把企业 1 骗人的行为告诉其他企业。我们设企业 2 通过单边传播能够把欺骗信息传递给企业 3 的概率为 $e^{-\beta y}$，那么通过双边传播企业 3 收到该信息的概率则为：$1-(1-e^{-\beta y})(1-e^{-\beta(2S-y)})$。根据假设 1 可知 S 为集群的规模。当集群规模很小，如 $S=0$ 时，上式 $=e^{-\beta y}+e^{\beta y}-1>e^{-\beta y}$。说明集群规模很小时双向传播会增加企业 3 收到欺骗信息的概率，这就抑制了欺骗行为，使得实际的诚实交易范围比理论确定的诚实交易范围更大。所以如果本章确定了一个诚实范围，那么它在实际生活中一定也是诚实的，所以当集群规模 S 很小时，本章引用单向传播途径是合理的。当集群规模很大，如 $S\to+\infty$ 时，上式 $\to e^{-\beta y}$，说明信息的双向传播与单向传播是无差别的。综上可知：模型中引用单向传播的概率是合理的。

A4：由于存在比较优势，两个企业距离越远，交易的收益率就会越大。一个企业与距离自己 x 的企业进行交易时，其收益率被设为 $e^{\theta x}$ 。其中，$\theta > 0$。

A5：$\alpha \approx \beta > \theta$, $\lambda = \alpha - \theta$ 。该假设符合现实情况，并保证当 S 很大时预期值的收敛。①

A6：参与人类型。假定环形城市上均匀分布着三种类型的企业：N、M、H，他们的数量在环形城市上所占的比例分别是 $1 - \varepsilon_1 - \varepsilon_2$, ε_1, ε_2。其中，N 代表规范类型的企业（一般民营企业），即最普通的机会主义者；M 代表马基雅弗利类型的企业，即拥有特设技能的骗子；H 是本文新引入的企业类型，它代表信誉良好的大型国有企业。

5.3　企业行为

模型假设中提出了三种类型的企业，下面分析各类型企业分别相遇时的支付矩阵及其在不同时期的行为选择。

---

① 在现实生活下，相遇和交流往往具有内在的联系，所以 α 和 β 的值相似。我们仍引用假设 3 中提到的例子来解释假设 5。有三个企业 1、2、3，企业 1 与企业 2 的距离为 x，企业 2 与企业 3 的距离为 y，企业 1 与企业 3 的距离为 z。在第一期交易中，企业 1 与企业 2 相遇，在第二期交易中企业 1 将与企业 3 相遇。如果在第一期交易中企业 1 欺骗了企业 2，企业 2 就会将欺骗信息进行传播。当企业 3 收到欺骗信息时，就不会与企业 1 进行交易，企业 3 收到该信息的概率为 $e^{-\beta y}$；当企业 3 未收到该欺骗信息时，就会和企业 1 进行交易，且交易的收益率为 $e^{\theta z}$。我们来看一下企业 1 在第一期交易中采取欺骗行为所需承担的成本：失去与企业 3 进行交易的收益。当 β 很大时，由概率 $e^{-\beta y}$ 可知，企业 3 更不容易收到欺骗信息，换句话说就是企业 1 与企业 3 进行交易的机会还是很大的。所以 β 越大，欺骗的成本越低。当 θ 很大时，根据收益率 $e^{\theta z}$ 可知，企业 1 与企业 3 保持交易的收益还是很大的，一旦与企业 3 的交易被取消了，那么企业 1 的损失是很大的。所以 θ 越大，欺骗的成本越高。综上可知，β 的增大会促进欺骗行为，θ 的增大会抑制欺骗行为。当 $\beta>\theta$ 时，欺骗是有利的；当 $\beta>\theta$ 时，欺骗是不利的。所以只有当 $\beta>\theta$ 时才会有欺骗的激励，本模型才会存在欺骗行为，本文的研究才会有意义。而由 α 和 β 的实际含义可知二者是很相近的，即 $\alpha\approx\beta$。所以 $\alpha>\theta$ 的假设是合理的。大家还应注意到：当 β 值太大时，欺骗行为将有极大的吸引力，这个时候可能会使诚实行为消失，在以后的讨论中我们还会提到这个问题。

5.3.1 支付矩阵

1. 支付矩阵的具体形式

表 5-1 集群中三类企业的支付矩阵

	N_2		H	M
	履约	违约	履约	违约
履约	(C, C)	(L, W)	(E, B)	(L, R)
违约	(W, L)	(D, D)	(F, L)	(L, Q)

说明：(1) N 类型与不同类型的企业交易时的支付矩阵如上表；
(2) H 类型企业与 H 类型企业交易时都获得一个大的正的收益；
(3) M 类型企业与 M 类型交易时也均获得小的正的收益；
(4) H 类型企业与 M 类型企业交易时，H 类型企业得到 L。

2. 支付矩阵中各收益参数的界定

(1) 每个企业的外部机会标准化为 0，即保证各企业不参与博弈时的收益为 0；

(2) $F > E$，$F \gg D$。$W > C > D > L$ 说明两个 N 类型企业之间进行的是囚徒困境博弈；$F > E$ 说明 N 类型企业与 H 类型企业进行博弈时有违约的激励，即欺骗行为有存在的可能性；$F \gg D$，可以保证 $\frac{F - E}{F} < \frac{W - C}{D}$；

(3) $(1 - \varepsilon_1 - \varepsilon_2) D + \varepsilon_1 L + \varepsilon_2 E > 0$。说明当 N 类型的企业选择参与博弈时有正的预期收益，即保证 N 类型企业有参与博弈的可能性；

(4) $L < 0$。说明当一个 N 或 H 类型的企业已知其交易伙伴为 M 类型时，就不会参与博弈；

(5) $(1 - \varepsilon_1 - \varepsilon_2)(W - C) + \varepsilon_2(F - E) < (1 - \varepsilon_1 - \varepsilon_2)D + \varepsilon_2 F$。说明在零距离的交易环境中（即交易双方之间的距离 $x = 0$），当一个 N 类型的企业相信对方将参与博弈且履约时，他采取违约行为所带来的现时收益小于预期成本。

5.3.2 不同时期的行为选择

我们把博弈分为两个时期进行。第一期代表现在，第二期代表未来。

为了计算方便，我们假设每个时期中的数值均取现值，不必再进行折现。下面我们来看一下各类型企业在两个时期分别是如何行动的。

（1）M 型企业。M 型企业是具有特殊技能的骗子，在时期 1 和时期 2 中总是选择“参与且违约”。

（2）N 型企业。在时期 1，根据支付矩阵的参数约束（3），他会选择参与博弈。此时他对其交易对象会有一个主观概率的判断，如果他主观上认为其交易对象更可能“违约”时，根据支付矩阵和博弈理论可知其最优选择也应当是“违约”；如果他主观上认为其交易对象更可能“履约”时，其行为是不确定的，此时需要通过下面的计算来确定是否选择违约以及选择违约的条件。

在时期 2，若得知其交易对象在时期 1 中的交易伙伴所获得的收入为 L 时，由逆概定理可判定其交易对象为 M 型企业。①根据支付矩阵的参数约束（4）可知，此时该 N 类型企业不会与其进行交易。若未得知此信息，则其行为仍与时期 1 相同，为处理简便本文只考虑两期，故 N 型企业将采取违约行为。

（3）H 型企业。H 型企业是大型国有企业，信誉良好，不会选择“违约”。但同时国有企业内部关系比较复杂，市场运作规范化程度不高，所以可能在发现对方是 M 型企业后仍会选择“参与且履约”。

在时期 1，选择“参与且履约”。

在时期 2，若得知上述欺骗信息，p 的概率选择“不参与”，$1-p$ 的概率选择“参与且履约”；若未得知此欺骗信息时，选择“参与且履约”。

---

① 假设有两个企业 A 和 B 进行交易，且已知 B 的收益为 L。那么，根据 2 中的支付矩阵可知 A、B 的类型及采取的行动有以下几种情况：（A 是 N 类型违约，B 是 N 类型履约）、（A 是 N 类型违约，B 是 H 类型履约）、（A 是 M 类型，B 是 N 类型履约）、（A 是 M 类型，B 是 N 类型违约）、（A 是 M 类型，B 是 H 类型履约）、（A 是 M 类型，B 是 H 类型违约），根据逆概定理可知 A 有 2/3 的概率是 M 类型企业。所以当已知 B 的收益为 L 时，人们觉得 A 更可能是 M 类型企业，而不和他进行交易。

5.4 均衡

从上一节的行为选择中可以看出 M 和 H 类型企业的行为都是确定的，只有 N 类型企业当面对更可能“履约”的交易对象时，其行为是不确定的。下面我们就针对这一博弈环境进行讨论，即当一个 N 类型企业面对“履约”的交易对象时，在什么条件下该 N 类型企业也选择“履约”，在什么条件下转而采取“违约”策略，并在此基础上进一步讨论很大贸易规模中诚实的范围 X^* 以及自我治理的最大集群规模 S^* 。

假设在环形城市的 O 点存在一个 N 类型的企业甲。在时期 1，他遇到了一个距离自己 X 的交易对象乙，且此时乙的行动是“参与博弈且履约”。在时期 2，企业甲将会遇到另一个企业丙。企业丙的位置是不确定的，他可能位于以下四个区间——（$O\sim X$），（$X\sim S$），（$O\sim S-X$），（$S-X\sim S$）——的任意一个区间上。如此划分区间是为了得到企业乙与企业丙之间的距离 Y，以便计算欺骗信息传播的概率 $e^{-\beta Y}$。如下图 5-1 所示：

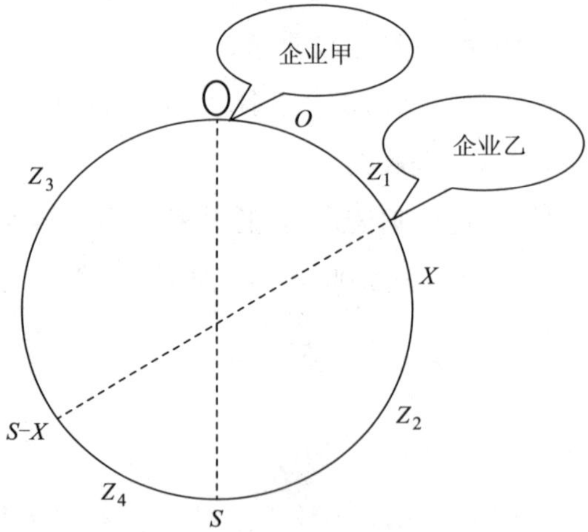

图 5-1　环形城市中企业的空间位置

说明：图中 Z_1、Z_2、Z_3、Z_4、X、S、$S-X$ 均为该点到 O 点的距离。相应的可以表示出 Z_1、Z_2、Z_3、Z_4 到 X 点的距离分别为：（$X-Z_1$）、（Z_2-X）、（$X+Z_3$）、（$2S-$（$X+Z_4$））。这些距离的表达式在后文计算欺骗成本的时候会用到。

接下来，我们来计算企业甲采取欺骗行为时的收益和成本，比较之后企业甲就会发现自己是否应该采取“违约”行为。

5.4.1　“违约”的现时收益

违约行为的收益即为支付矩阵的参数约束（5）中计算的期望收益 $(1-\varepsilon_1-\varepsilon_2)(W-C)+\varepsilon_2(F-E)$ 乘以收益率 $e^{\theta X}$：

$$[(1-\varepsilon_1-\varepsilon_2)(W-C)+\varepsilon_2(F-E)]\,e^{\theta X} \tag{5-1}$$

5.4.2　“违约”的预期成本

在第一期交易中，企业甲一旦采取“违约”行为致使企业乙的收益为 L，则在第二期交易中，若丙得知乙在第一期的交易结果，就会根据逆概定理判定企业甲为M型企业而不和企业甲进行交易。这就使得企业甲失去了在第二期本应该有的收益，而这部分损失的收益即为企业甲在第一期采取“违约”行为所付出的成本。所以违约成本的计算由下式给出：

违约成本＝支付矩阵的参数约束（5）中的期望成本 $[(1-\varepsilon_1-\varepsilon_2)D+\varepsilon_2 pF]\times$［（相遇的概率×收益率×企业丙收到欺骗信息的概率）的期望］

上式由两部分组成，一部分是支付矩阵值的期望，另一部分是概率的期望。由于企业丙的类型不确定，所以前一部分需要取期望；由于企业丙在环形城市上的位置不确定，所以概率需要取期望。

因此，“违约”的预期成本的具体表达式如下：

$$\frac{[(1-\varepsilon_1-\varepsilon_2)D+\varepsilon_2 pF]}{(1-e^{-\alpha S})/\alpha}\left[\frac{\beta e^{-\lambda X}-\lambda e^{-\beta X}}{\beta^2-\lambda^2}+e^{-(\beta+\lambda)S}\frac{(\lambda e^{\beta X}-\beta e^{\lambda X})}{\beta^2-\lambda^2}\right] \tag{5-2}$$

具体计算见本章附录部分。

5.4.3　成本与收益的比较

由以上分析可知，“违约”的成本为表达式（5-2），“违约”的收益为表达式（5-1）。若（5-2）-（5-1）≥0，说明“违约”的成本大于收益，企业 1 将对企业 2 采取“履约”策略；若（5-2）-（5-1）<0，说明此时“违约”的成本小于收益，企业 1 将对企业 2 采取“违约”策略。下面我们就来看一下（5-2）-（5-1）的具体表达式究竟是什么。

$$(5-2)-(5-1)=$$

$$\frac{[(1-\varepsilon_1-\varepsilon_2)D+\varepsilon_2 pF]}{(1-e^{-\alpha S})/\alpha}\left[\frac{\beta e^{-\lambda X}-\lambda e^{-\beta X}}{\beta^2-\lambda^2}+e^{-(\beta+\lambda)S}\frac{(\lambda e^{\beta X}-\beta e^{\lambda X})}{\beta^2-\lambda^2}\right]-$$

$$[(1-\varepsilon_1-\varepsilon_2)(W-C)+\varepsilon_2(F-E)]e^{\theta X}$$

方程两边同时乘以 $\frac{(1-e^{-\alpha S})/\alpha}{(1-\varepsilon_1-\varepsilon_2)D+\varepsilon_2 pF}$，得

$$\frac{((5-2)-(5-1))(1-e^{-\alpha S})/\alpha}{(1-\varepsilon_1-\varepsilon_2)D+\varepsilon_2 pF}=\frac{\beta e^{-\lambda X}-\lambda e^{-\beta X}}{\beta^2-\lambda^2}+e^{-(\beta+\lambda)S}\frac{(\lambda e^{\beta X}-\beta e^{\lambda X})}{\beta^2-\lambda^2}-$$

$$\frac{[(1-\varepsilon_1-\varepsilon_2)(W-C)+\varepsilon_2(F-E)]e^{\theta X}}{(1-\varepsilon_1-\varepsilon_2)D+\varepsilon_2 pF}\times\frac{(1-e^{-\alpha S})}{\alpha}$$

我们记 $F(X, S)=\frac{[(5-2)-(5-1)](1-e^{-\alpha S})/\alpha}{(1-\varepsilon_1-\varepsilon_2)D+\varepsilon_2 pF}$；记 $k=\frac{[(1-\varepsilon_1-\varepsilon_2)(W-C)+\varepsilon_2(F-E)]}{(1-\varepsilon_1-\varepsilon_2)D+\varepsilon_2 pF}$。所以上式可以变形为

$$F(X, S)=\frac{\beta e^{-\lambda X}-\lambda e^{-\beta X}}{\beta^2-\lambda^2}+e^{-(\beta+\lambda)S}\frac{(\lambda e^{\beta X}-\beta e^{\lambda X})}{\beta^2-\lambda^2}-ke^{\theta X}\frac{1-e^{-\alpha S}}{\alpha} \tag{5-3}$$

因为 $\frac{(1-e^{-\alpha S})/\alpha}{(1-\varepsilon_1-\varepsilon_2)D+\varepsilon_2 pX}>0$，所以 $F(X, S)$ 与（5-2）~（5-1）式同号。从而得出以下结论：当 $F(X, S)\geqslant 0$ 时，“违约”的成本大于收益，企业 1 将对企业 2 采取“履约”策略；当 $F(X, S)<0$ 时，“违约”的成本小于收益，企业 1 将对企业 2 采取“违约”策略。以下讨论都是基于（5-3）式展开的。

定理 1 对每个 S，有唯一的 $X_0(S)$，使得在 $0\leqslant X\leqslant X_0(S)$ 时，N 类型商人选择“履约”；在 $X>X_0(S)$ 时，N 类型商人选择“违约”。

定理 1 的证明：　对（5-3）式两边微分得

$$\frac{\partial F}{\partial X}=\frac{\beta\lambda}{\beta^2-\lambda^2}[e^{-\beta X}-e^{-\lambda X}+e^{-(\beta+\lambda)S}(e^{\beta X}-e^{\lambda X})]-k\theta e^{\theta X}\frac{1-e^{-\alpha S}}{\alpha}$$

$$=-\frac{\beta\lambda(e^{\beta X}-e^{\lambda X})}{\beta^2-\lambda^2}\left[\frac{e^{-\lambda X}-e^{-\beta X}}{e^{\beta X}-e^{\lambda X}}-e^{-(\beta+\lambda)S}\right]-k\theta e^{\theta X}\frac{1-e^{-\alpha S}}{\alpha}$$

将 $\frac{e^{-\lambda X}-e^{-\beta X}}{e^{\beta X}-e^{\lambda X}}$ 上下同时乘以 $e^{(\beta+\lambda)X}$，上式即可化为

$$\frac{\partial F}{\partial X}=-\frac{\beta\lambda(e^{\beta X}-e^{\lambda X})}{\beta^2-\lambda^2}[e^{-(\beta+\lambda)X}-e^{-(\beta+\lambda)S}]-k\theta e^{\theta X}\frac{1-e^{-\alpha S}}{\alpha}$$

由假设 5 可知 $\lambda>0$；又根据模型中 X 的实际含义可知 $X\in[0, S]$。根据这两个条件可知上式 <0，即 $F(X, S)$ 是 X 的减函数。在此基础上引入了以下讨论：

（1）当 $F(0, S)<0$ 时，$\because$ F 是 X 的减函数，$\therefore$ $\forall X\in[0, S]$，有 $F(X, S)<0$。因此，对整个环形城市 S 上的任意伙伴，企业甲都将采取欺骗行为，所以此时有 $X(S)=0$。

（2）当 $F(S, S)>0$ 时，$\because$ F 是 X 的减函数，$\therefore$ $\forall X\in[0, S]$，有 $F(X, S)>0$。因此，对整个环形城市 S 上的任意伙伴，企业甲都将采取诚实行为，所以此时有 $X(S)=S$。

（3）当 $F(S, S)<0<F(0, S)$ 时，存在唯一的 X_0，使得 $F(X_0, S)=0$。即企业甲将对位于 $0\sim X_0$ 范围内的企业履约，而对位于 $X_0\sim S$ 范围内的企业违约。

上述讨论给出了 N 型企业甲在面对既定的“履约”企业乙时的行为规范。即存在一个诚实范围 $X_0(S)$，当企业乙位于 $0\sim X_0(S)$ 上时，企业甲也“履约”；当企业乙位于 $X_0(S)\sim S$ 上时，企业甲“违约”。

定理 2　存在一个最优规模 S^*，使得当集群规模 S 小于 S^* 时，整个集群上的交易均为诚实交易；当集群规模超过 S^* 时，欺骗行为开始出现，各企业的诚实交易只发生在一定的诚实交易范围 $X(S)$ 内，$X(S)<S$ 且 $X(S)<S^*$。

定理 2 的证明：　根据（5-3）式可得

$$F(S,\ S)=\frac{e^{-\lambda S}-e^{-\beta S}}{\beta-\lambda}-ke^{-\lambda S}\frac{e^{\alpha S-1}}{\alpha}=e^{-\lambda S}\left[\frac{1-e^{-(\beta-\lambda)\ S}}{\beta-\lambda}-k\frac{e^{\alpha S}-1}{\alpha}\right]$$

若 $F(S,\ S)\geqslant 0$，N 型企业在整个集群规模上的交易都是诚实交易；若 $F(S,\ S)<0$，N 类型企业与一定距离之外的企业交易时会采取“欺骗”策略。

我们令 $\varphi(S)=\frac{1-e^{-(\beta-\lambda)\ S}}{\beta-\lambda}-k\frac{e^{\alpha S}-1}{\alpha}$。由于 $e^{-\lambda S}>0$，所以若要使得 $F(S,\ S)>0$，只需 $\varphi(S)>0$。把 $S=0$ 带入 φ 中，可得 $\varphi(0)=0$，将 $S\rightarrow\infty$ 带入 φ 中，可得 $\lim_{S\rightarrow\infty}\varphi(S)<0$，又：

$$\varphi'(S)=e^{-(\beta-\lambda)\ S}-ke^{\alpha S}=e^{\alpha S}[e^{-(\beta+\theta)\ S}-k]=\begin{cases}>0, & S<\frac{\ln k}{-(\beta+\theta)}\\ <0, & S>\frac{\ln k}{-(\beta+\theta)}\end{cases}$$

因此我们可以把 $\varphi(S)$ 描绘如下图 5-2

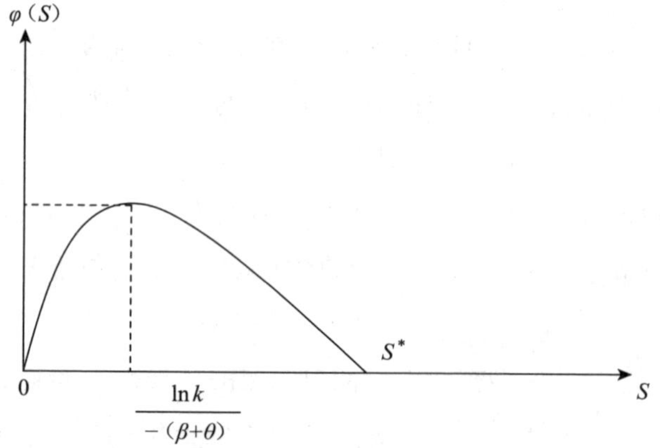

图 5-2　集群规模 S 与 $\varphi(S)$ 的关系

从图中可以看出，当 $0<S<S^*$ 时，所以 $F(S,\ S)>0$，所以 $X(S)=S$。即，当由上图可知，$0<S<S^*$ 时，$X(S)=S$；当 $S>S^*$ 时，$X(S)<S$。

我们仍根据（5-3）式来讨论 $S>S^*$ 时，$X(S)$ 的变化情况。由于 $\alpha-\theta=\lambda$，且 $\theta>0$。所以 $\alpha>\lambda$，又 $\beta\approx\alpha$，所以 $\beta>\lambda$。根据 $\beta>\lambda$ 这一条

件，可知（5-3）式中的 $\frac{\lambda e^{\beta X}-\beta e^{\lambda X}}{\beta^2-\lambda^2}>0$，所以 $F(X, S)$ 也是 S 的减函数。又由图 5－2 可知 $\varphi(S^*)=0$，即 $F(S^*, S^*)=0$。所以对于 $\forall S\in(S^*, +\infty)$ 都有 $F(S^*, S)<0$，所以当环形城市的规模超过 S^* 时，企业 1 将会欺骗位于 S^* 位置上的企业 2，说明此时的诚实范围 $X<S^*$。

定理 3　当 $S>S^*$ 时，随着 S 的增大，$X_0(S)$ 越来越小，最终趋近于一个值 X^*。

定理 3 的证明：　由前文的分析可知 $F(X, S)$ 既是 X 的减函数也是 S 的减函数，所以当 $S>S^*$ 时，随着 S 的扩大 F 会越来越小，所以保证 $F=0$ 的诚实边界也会越来越小。即当 $S>S^*$ 时，$X(S)$ 是 S 的减函数。由（3）式可知，当集群规模趋于无穷大时，

$$F(X, +\infty)=\lim_{S\to+\infty}\frac{\beta e^{-\lambda X}-\lambda e^{-\beta X}}{\beta^2-\lambda^2}+e^{-(\beta+\lambda)S}\frac{\lambda e^{\beta X}-\beta e^{\lambda X}}{\beta^2-\lambda^2}-ke^{\theta X}\frac{1-e^{-\alpha S}}{\alpha}$$

$$=\frac{\beta e^{-\lambda X}-\lambda e^{-\beta X}}{\beta^2-\lambda^2}-ke^{\theta X}\frac{1}{\alpha}$$

令 $F(X, +\infty)=0$ 即可求出 X^* 的值。但是要注意：令 $F(X, +\infty)=0$，首先要保证 $F(X, +\infty)$ 可以取到 0。由于 F 是 X 的减函数，所以必须保证 $F(0, +\infty)=\frac{1}{\beta+\lambda}-\frac{k}{\alpha}>0$，即 $\beta<\frac{\alpha}{k}-\lambda$，只有这个条件成立时 $F(X, +\infty)$ 才可以取到 0 值。当该条件不满足时，对于 $\forall X\in[0, S]$ 都有 $F(X, +\infty)<0$，所以此时的诚实范围 $X(S)=0$，这也验证了前文所提到的 β 的值不能太大，否则整个环形城市上就不再存在诚实交易。

综上所述，可知：

$$X(S)=\begin{cases}S, & 0<S<S^*\\ \text{递减并趋于 }X^*, & S>S^*\\ 0, & \beta\text{ 太大}\end{cases}$$

当 β 较小时，我们把 $X(S)$ 绘制成如图 5-3 中的粗线部分：

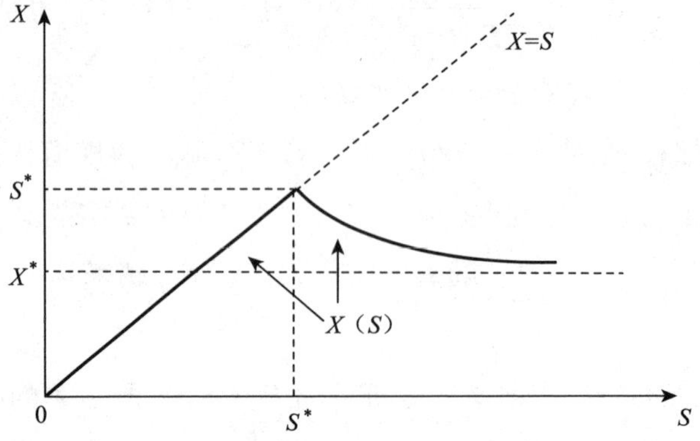

图 5-3　集群规模与集群诚实范围

5.5　比较静态分析

5.5.1　诚实交易的规模分析

S^* 和 X^* 描述了环形城市上诚实交易的规模，在诚实交易规模内该集群完全可以进行自我治理，而无须外部治理介入。参数 β 刻画的是信息传递的强度，而 k 则与 M 型和 H 型企业所占的比例有关。因此我们在这里研究自我治理的范围和两类参数的相互依存关系是非常有意义的，因为企业可以制定相应的政策来改变两个参数从而改变集群自我治理的范围。有利于集群的优化。

1. S^* 与 β，k 的关系

在讨论之前，我们需要回忆 S^* 的含义：S^* 是使得 $F(S, S)=0$ 的 S 值。而与 $F(S, S)$ 密切相关的一个函数就是 $\varphi(S)$ 。所以我们这里的分析是从 $\varphi(S)$ 着手的。

描述两个变量之间的关系最常用的办法就是找二者之间的导数关系。我们这里的讨论也不例外，需要找到 $\frac{\partial S^*}{\partial \beta}$ 和 $\frac{\partial S^*}{\partial k}$ 的正负符号。

由图 5-2 可知 $\varphi(S^*)=0$，∴ $\frac{\partial\varphi(S^*)}{\partial k}=0$。根据定义可直接得

$$\frac{\partial\varphi(S^*)}{\partial k}=\varphi'(S^*)\frac{\partial S^*}{\partial k}=0 \tag{5-4}$$

此时，我们引入一个假设，即 S 与 k 是相互独立的。则 $\frac{\partial\varphi(S^*)}{\partial k}$ 还可以用另一种方式来表达：

$$\frac{\partial\varphi(S^*)}{\partial k}=\left.\frac{\partial\varphi(S)}{\partial k}\right|_{S=S^*}=0 \tag{5-5}$$

我们将(5 - 4) 式和(5 - 5) 式进行加和得

$$\varphi'(S^*)\frac{\partial S^*}{\partial k}+\left.\frac{\partial\varphi(S)}{\partial k}\right|_{S=S^*}=0 \tag{5-6}$$

由图 5-2 可知 $\varphi'(S^*)<0$，所以根据（5-6）式可知 $\frac{\partial S^*}{\partial k}$ 与 $\left.\frac{\partial\varphi(S)}{\partial k}\right|_{S=S^*}$ 的符号相同。而要想找到 $\left.\frac{\partial\varphi(S)}{\partial k}\right|_{S=S^*}$ 的符号，我们首先需要知道 $\varphi(S)$ 的表达式。由上面的讨论我们知道 $\varphi(S)=\frac{1-e^{-(\beta-\lambda)S}}{\beta-\lambda}-k\frac{e^{\alpha S}-1}{\alpha}$，但为了具体操作的简便，我们将 $\varphi(S)$ 变形为如下形式：

$$\varphi(S)=\int_0^S e^{(\alpha-\beta-\theta)z}dz-k\int_0^S e^{\alpha z}dz \tag{5-7}$$

因此，

$$\left.\frac{\partial\varphi(S)}{\partial k}\right|_{S=S^*}=-\int_0^{S^*}e^{\alpha z}dz<0$$

所以，$\frac{\partial S^*}{\partial k}<0$

同理，由于

$$\left.\frac{\partial\varphi(S)}{\partial\beta}\right|_{S=S^*}=-\int_0^{S}ze^{(\alpha-\beta-\theta)z}dz<0$$

所以，$\frac{\partial S^*}{\partial \beta} < 0$。

综上所述，S^* 既是 β 的减函数也是 k 的减函数。

2. X^* 与 β，k 的关系

回顾 X^* 的含义：X^* 是使得 $F(X, +\infty) = 0$ 的 X 值。所以我们这里的分析是从 $F(X, +\infty)$ 着手的。

描述两个变量之间的关系最常用的办法就是找二者之间的导数关系。我们这里的讨论也不例外，需要找到 $\frac{\partial X^*}{\partial \beta}$ 和 $\frac{\partial X^*}{\partial k}$ 的正负符号。

由定义可知 $F(X^*, +\infty) = 0$，$\therefore \frac{\partial F(X^*, +\infty)}{\partial k} = 0$。根据定义可直接得：

$$\frac{\partial F(X^*, +\infty)}{\partial k} = F_X(X^*, +\infty)\frac{\partial X^*}{\partial k} = 0 \tag{5-8}$$

同前文一样，我们引入一个假设，即 X 与 k 是相互独立的。则 $\frac{\partial F(X^*, +\infty)}{\partial k}$ 还可以用另一种方式来表达：

$$\frac{\partial F(X^*, +\infty)}{\partial k} = \left.\frac{\partial F(X, +\infty)}{\partial k}\right|_{X=X^*} = 0 \tag{5-9}$$

将（5-8）式和（5-9）式进行加和得

$$F_X(X^*, +\infty)\frac{\partial X^*}{\partial k} + \left.\frac{\partial F(X, +\infty)}{\partial k}\right|_{X=X^*} = 0 \tag{5-10}$$

前文已经讨论过 F 是 X 的减函数，所以 $F_X(X^*, +\infty) < 0$。所以根据（5-10）式可知 $\frac{\partial X^*}{\partial k}$ 与 $\left.\frac{\partial F(X, +\infty)}{\partial k}\right|_{X=X^*}$ 的符号相同。而要想找到 $\left.\frac{\partial F(X, +\infty)}{\partial k}\right|_{X=X^*}$ 的符号，我们首先需要知道 $F(X, +\infty)$ 的表达式。前文已经给出 $F(X, +\infty) = \frac{\beta e^{-\lambda X} - \lambda e^{-\beta X}}{\beta^2 - \lambda^2} - ke^{\theta X}\frac{1}{\alpha}$，但为了具体操作的简便，我们将 $F(X, +\infty)$ 变形为如下形式（此种变形是由 $F(X, S)$ 的推导

过程得来的，即把推导过程中的 S 均替换为 $+\infty$）：

$$F(X,\ +\infty)=\frac{1}{2}\left(\int_0^X e^{-\alpha Z_1}e^{-\beta(X-Z_1)}\ e^{\theta Z_1}dZ_1+\int_X^{+\infty} e^{-\alpha Z_2}e^{-\beta(Z_2-X)}\ e^{\theta Z_2}dZ_2+\int_0^{+\infty} e^{-\alpha Z_3}e^{-\beta(X+Z_3)}\ e^{\theta Z_3}dZ_3\right)-ke^{\theta X}\int_0^{+\infty} e^{-\alpha Z}dZ$$

因此，

$$\left.\frac{\partial F(X,\ +\infty)}{\partial k}\right|_{X=X^*}=-e^{\theta X^*}\int_0^{+\infty} e^{-\alpha Z}dZ<0$$

所以，$\dfrac{\partial X^*}{\partial k}<0$。

同理，由于

$$\left.\frac{\partial F(X,\ +\infty)}{\partial \beta}\right|_{X=X^*}=-\frac{1}{2}\left(\int_0^X (X-Z_1)\ e^{-\alpha Z_1}e^{-\beta(X-Z_1)}\ e^{\theta Z_1}dZ_1+\int_X^{+\infty}(Z_2-X)\ e^{-\alpha Z_2}e^{-\beta(Z_2-X)}\ e^{\theta Z_2}dZ_2+\int_0^{+\infty}(X+Z_3)\ e^{-\alpha Z_3}e^{-\beta(X+Z_3)}\ e^{\theta Z_3}dZ_3\right)<0$$

所以，$\dfrac{\partial X^*}{\partial \beta}<0$。

综上所述，X^* 是既是 β 的减函数也是 k 的减函数。

5.5.2　信息传递强度与国企比例的影响因素

1. 影响参数 β 的因素

我们已经说过，β 刻画的是信息传递的强度，β 越小信息传递就越充分。因此，政府可以搭建一个信息平台，加快信息传递的速度，即降低 β 值。根据（1）中的分析可知，β 的减小会使得诚实交易的规模 S^* 和 X^* 增大，从而促进了集群的有效扩张。

2. 影响参数 k 的因素

$k=\dfrac{[(1-\varepsilon_1-\varepsilon_2)(W-C)+\varepsilon_2(F-E)]}{(1-\varepsilon_1-\varepsilon_2)D+\varepsilon_2 pF}$，分子是当与交易对象距离为零时 N 型企业采取“欺骗”策略所得现时收益，分母是 N 型企业采取

“欺骗”策略被第二期交易对象获知后的预期损失。所以 k 是 N 型企业采取“欺骗”策略的相对收益，刻画了对 N 型企业“欺骗”策略的鼓励程度。k 受三个变量影响，分别为 H 型企业比例 ε_2、M 型企业比例 ε_1 有关和 H 型企业市场运作规范化程度。

$$\frac{\partial k}{\partial \varepsilon_1} = \frac{\varepsilon_2[D(F-E) - p(W-C)F]}{[(1-\varepsilon_1-\varepsilon_2)D + \varepsilon_2 pF]^2}$$

$$\frac{\partial k}{\partial \varepsilon_2} = \frac{(1-\varepsilon_1)[D(F-E) - p(W-C)F]}{[(1-\varepsilon_1-\varepsilon_2)D + \varepsilon_2 pF]^2}$$

$$\frac{\partial k}{\partial p} = -\frac{[(1-\varepsilon_1-\varepsilon_2)(W-C) + \varepsilon_2(F-E)]\varepsilon_2 F}{[(1-\varepsilon_1-\varepsilon_2)D + \varepsilon_2 pF]^2} < 0$$

可见，k 是 p 的减函数，又 X^* 和 S^* 均为 k 的减函数，故 X^* 和 S^* 均为 p 的增函数。p 是 H 型企业在第二期得知对方上一期违约的信息后不参与交易的概率，刻画了国企内部运作规范化程度。国企内部运作规范化程度越高，裙带关系越少，p 越大，X^* 和 S^* 越大。

ε_1 和 ε_2 对 k 的影响方向是相同的。这里主要分析大型国有企业的数量比重 ε_2 对 X^* 和 S^* 的影响。

由支付矩阵的参数约束（2）可知，$0 < \frac{F-E}{W-C} * \frac{D}{X} < 1$

当 $p < \frac{F-E}{W-C} * \frac{D}{X}$ 时，$\frac{\partial k}{\partial \varepsilon_2} > 0$，$k$ 是 ε_2 的增函数，又 X^* 和 S^* 均为 k 的减函数，故 X^* 和 S^* 均为 k 的减函数。

当 $p > \frac{F-E}{W-C} * \frac{D}{X}$ 时，$\frac{\partial k}{\partial \varepsilon_2} < 0$，$k$ 是 ε_2 的减函数，又 X^* 和 S^* 均为 k 的减函数，故 X^* 和 S^* 均为 ε_2 的增函数。

当 $p = \frac{F-E}{W-C} * \frac{D}{X}$ 时，$\frac{\partial k}{\partial \varepsilon_2} = 0$，$k$ 不受 ε_2 的影响，故 X^* 和 S^* 的变化不受 ε_2 的影响。

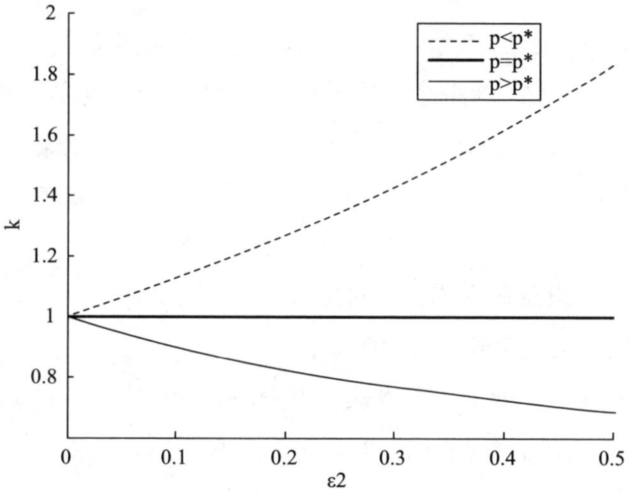

图 5-4　国企比例 ε_2 与 k 的关系

综上所述，国企数量比例对诚实规模的影响与国企内部运作规范化程度有很大关系。当规范化程度低于临界值时，诚实规模是国企数量比例的减函数，国企比例越高，诚实规模越小；反之，当国企比例高于某一数值时，诚实规模是国企数量比例的增函数，国企比例越高，诚实规模越大。

综合上述讨论，可以得出几点结论：

结论 1：环形城市上诚实交易规模的大小与信息传递强度有关。信息传递速度越快，传递越充分，诚实规模越大。

结论 2：环形城市上诚实交易规模的大小与国企内部规范化运作程度有关。国企内部运作越规范，裙带关系越少，N 型企业“欺骗”所受激励越弱，诚实规模越大。

结论 3：环形城市上诚实交易规模的大小与国企数量在集群中所占比例有关，而该关系取决于国企内部规范化运作程度。国企内部运作规范化程度低于某一程度时，国企比例越大，N 型企业“欺骗”所受激励越强，诚实规模越小。反之，当国企内部规范化运作达到一定程度后，国企比例越大，诚实规模越大。

在现实集群中，H 型企业和 M 型企业在集群中所占比例很小，绝大多数都是 N 型企业，所以 N 型企业在环形集群上的诚实交易规模代表了整个集群的健康运营状况。N 型企业的诚实交易规模越大，集群的发展越健康，集群自我治理的效益也越好。根据上文得出结论，为了使集群发展更加健康，降低公共治理成本，政府可以采取一些措施扩大集群的自我治理范围，例如：

（1）通过建设交通设施、互联网络和其他公共服务平台，促进民间社会网络的建设，提高信息的传递效率；

（2）通过国有企业上市等方式，减少国有企业内部裙带关系，增强运作规范化程度。在国企规范化程度高于一定水平后，适当增加国企在集群中的数量比例。

我国特殊的历史背景，使得国内很多地区尤其是东北地区形成了很多以大中型国有企业为核心的产业集群，这些集群的发展与上述研究结果相符。国企剥离非核心部门，将非核心业务外包给周围企业，从而精简国企内部结构，增强国企内部运作规范化程度。同时，国企纷纷上市，企业经营不只由政府掌控，而是由市场大众监督，加强了国企的规范化运作。此外，政府提供了公共服务如建设沟通信息平台、完善交通设施、品牌宣传等，加强了集群企业间联系，促进企业间进行交易和信息互通。集群自我治理范围扩大，集群规模壮大，效益变好，这种现实情况验证了我们之前的结论。

但是，由于现实条件的限制，集群最优诚实规模不可能无限扩大，必然存在一个界限。在最优集群规模内，集群自我治理可以保证整个集群范围内的诚实交易。一旦超出该界限，集群自我治理将失效，这时则需要引入外部治理。

5.6 本章小结

本章主要围绕集群企业异质性这一集群特征，探讨了不同集群规模下集群治理的多边机制的选择问题。当集群规模小于临界值 S^* 时，选择自我治理机制就能保证整个集群上的交易都是诚实的，外部治理无须介入；当集群规模进一步扩大时自我治理开始失效，因为集群中出现了欺骗行为，但是引入外部治理成本又太高，所以此时的治理处于一个混乱期；当集群规模进一步扩大超过另一个临界值 S_2 时，如果外部治理的成本较小，那么直接进行外部治理比直接进行自我治理是更优的，如果外部治理成本太高，那么将该集群拆分为几个规模为 S^* 的小集群并让他们进行自我治理将比直接对该集群进行外部治理要好。而且信息传递的强度和各类型企业比例的变动都会影响临界值 S^*，临界值越大，一个特定的集群能够进行自我治理的几率也就更大。因此相关部门可以搭建一个信息平台或者调整集群中各类型企业的比例来促进集群有效的自我治理，减少政府外部治理的成本。

在目前的模型框架下，集群还有很多特点我们都还未考虑。如集群的的产品特性，不同的产品的信息度对称程度不同，对治理机制的选择也会不同；再如集群的技术密集度，即该集群是一个劳动密集型集群还是一个技术密集型集群或者是一个知识密集型集群，不同特色的集群的治理机制是有差异的。另外，以民营大型企业或者以大型跨国公司为主导的集群治理问题如何从企业异质性方面加以讨论。这些都可以作为以后研究的方向。

5.7 本章附录

"违约"成本表达式（5-2）的计算

根据第四节中"违约成本"的含义可知其表达式如下。

$$\frac{[(1-\varepsilon_1-\varepsilon_2)D+\varepsilon_2 W]}{2(1-e^{-\alpha S})/\alpha}\left(\begin{array}{l}\int_0^X e^{-\alpha Z_1}e^{-\beta(X-Z_1)}e^{\theta Z_1}dZ_1+\int_X^S e^{-\alpha Z_2}e^{-\beta(Z_2-X)}e^{\theta Z_2}dZ_2\\+\int_0^{S-X}e^{-\alpha Z_3}e^{-\beta(X+Z_3)}e^{\theta Z_3}dZ_3+\int_{S-X}^S e^{-\alpha Z_4}e^{-\beta(2S-(X+Z_4))}e^{\theta Z_4}dZ_4\end{array}\right)$$

令 $\alpha-\theta=\lambda$ $\frac{[(1-\varepsilon_1-\varepsilon_2)D+\varepsilon_2 W]}{2(1-e^{-\alpha S})/\alpha}\left(\begin{array}{l}e^{-\beta X}\int_0^X e^{(\beta-\lambda)Z_1}dZ_1+e^{\beta X}\int_X^S e^{-(\beta+\lambda)Z_2}dZ_2\\+e^{-\beta X}\int_0^{S-X}e^{-(\beta+\lambda)Z_3}dZ_3+e^{-\beta(2S-X)}\int_{S-X}^S e^{(\beta-\lambda)Z_4}dZ_4\end{array}\right)$

积分得 $\frac{[(1-\varepsilon_1-\varepsilon_2)D+\varepsilon_2 W]}{2(1-e^{-\alpha S})/\alpha}\left(\begin{array}{l}\frac{e^{-\lambda X}-e^{-\beta X}}{\beta-\lambda}+\frac{e^{-\lambda X}-e^{\beta X}e^{-(\beta+\lambda)S}}{\beta+\lambda}\\+\frac{e^{-\beta X}-e^{\lambda X}e^{-(\beta+\lambda)S}}{\beta+\lambda}+\frac{e^{-(\beta+\lambda)S}(e^{\beta X}-e^{\lambda X})}{\beta-\lambda}\end{array}\right)$

整理得 $\frac{[(1-\varepsilon_1-\varepsilon_2)D+\varepsilon_2 W]}{2(1-e^{-\alpha S})/\alpha}\left(\frac{\beta e^{-\lambda X}-\lambda e^{-\beta X}}{\beta^2-\lambda^2}+e^{-(\beta+\lambda)S}\frac{\lambda e^{\beta X}-\beta e^{\lambda X}}{\beta^2-\lambda^2}\right)$

第6章　产业集群与治理模式的匹配关系——基于中外集群的案例分析

6.1　引言

6.1.1　研究背景

随着经济全球化趋势的不断加深，各种区域贸易或双边贸易发展迅速，通过自由贸易等模式，不同经济体之间开始形成了各种形式的区域性经济合作，而在这些区域经济合作区中，产业集群已经成为工业化进程中十分普遍的现象。区域产业竞争力的强弱越来越取决于该地区产业集群化发展的程度，诸如美国的硅谷、英国剑桥工业园、班加罗尔高技术产业开发区、中国台北的新竹科技园等，已成为拉动当地经济增长的动力源泉。产业发展已经进入了一个新的时代——产业集群决定产业竞争力，因此，探讨产业集群的发展策略对产业集群未来走向起着至关重要的作用，对推动区域的经济发展是十分必要的。而在讨论产业集群发展策略时，首当其冲的便是产业集群的治理问题。

已经有许多文献对集群的分类和集群治理的分类进行了相当深入的研究，但仍然很少有人将集群的特征和治理模式结合起来分析。笔者认为，将这两者结合起来，并从诸如集群的结构不同、核心竞争力不同、国际化程度不同等具体细致的特征来讨论集群的分类，从诸如政府、领导公司、行业协会或自然治理的维度及公共设施、资金援助、人力资源或信息平台等不同维度来讨论集群治理方式的分类，将更加明显地显示出集群特征和治理模式之间或明显或隐含的关系，并很有可能得出集群特征与集群治理方式之间最一般的或大概率最佳的匹配关系，从而能够更加直接有效地对现实治理模式提供指导。所以，笔者将试图以四个各具特征的集群为例，将其特征和治理模式提炼出并加以归类，并结合所能得到的所有数据，找出其中的匹配关系，尝试探究其匹配关系的由来、原因。笔者将力图以简单明了的方式，按照特定的并且合理的逻辑顺序，分析每个案例的共性和异质性。

6.1.2 研究目的和意义

1. 研究目的

（1）探索集群本身及形成模式中的共性和异质性。近几十年，集群化的趋势在世界范围内越来越明显，研究集群形成过程和集群治理成为了经济学家的热门话题。很明显，研究的意义在于解释过去的现象和指导将来的行为。研究集群形成模式的共性可以帮助解释这种现象出现的原因，并很有可能构建出一个建立集群的模板；而异质性的研究则根据每个集群的结构、大小、产业类别，每种环境的交通条件、政府政策、周边经济发展状况来补充这个模板，根据不同的“个性”来为每个集群打造最佳的发展、升级或治理的模式。

（2）探索集群不同发展阶段的特征及集群的一般演化规律。事实上，不光不同集群的特征是不同的，即使是相同集群在集群发展的不同阶段的特征也是不同的，所需求的治理模式也是不同的。因此，探索集群在不同发展阶段的特征就具有很高的意义，而如果能得出集群发展的一般规律将具有普遍意义。

（3）提出一些标准来从不同层次对集群和治理方式进行分类。对集群和治理方式的共性和异质性的探索，可以为集群和治理方式的分类提供依据。作者将据此，以一个或多个框架或表格的形式，将这些共性和异质性作为分类匹配的标准来提出一个分类的方式，并力图通过对案例更深一步的分析使其完善。

2. 研究意义

从案例中入手，研究其中体现出的集群特性和治理模式。在理论层面上，总结匹配规律，寻找原因，增强对集群治理的认识；而在实践层面上，能够为政策的制定提供参考意见。

6.1.3　可能创新点

（1）集群种类和治理方法之间的匹配。利用指标对两者之间进行偏好程度划分，探讨哪两种集群种类与治理方式搭配产生最佳效果的可能性最高。这里的最佳效果依据要求不同又分为最快效果和最大效果等多种。

（2）提出一个在一定的分类维度上适用的治理方式的框架。依据企业的大小、企业的多少、企业的核心竞争力、出口或内销趋向的程度、企业之间的相互关系等集群分类维度，与内部自我治理、关系型治理。

6.2　研究设计与假设

6.2.1　研究设计

笔者根据对文献的阅读和自己的理解提出了如图 6-1 中所示的框架，并做出了以下假设：

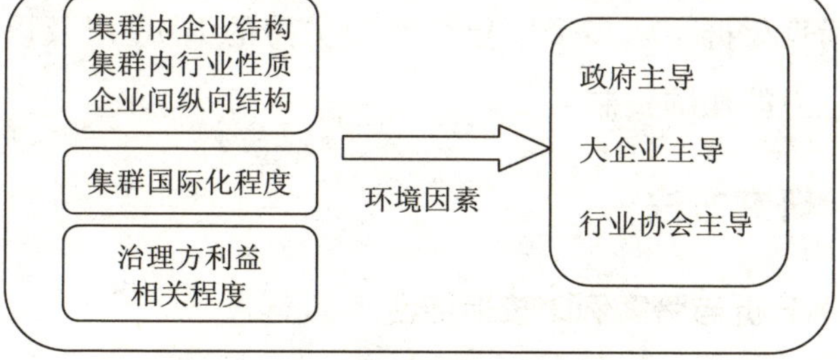

图 6-1　集群特征与治理模式关系

假设 1：以中小企业为主的集群性质会把治理模式引向政府主导，而集群中大企业占优势的特性会把治理引向领导企业主导的模式。

理由：中小企业为主的集群中缺乏领导力，需要第三方协调；而有核心大企业存在的集群领导力相对集中，大企业由于受集群影响更大也有动机进行治理。

假设 2：集群中行业集中度的大小会对治理模式产生影响。

理由：行业集中度大的集群中企业间的相互了解会加深，利于领导企业威信的传播和治理的进行。

假设 3：纵向关系的强度对治理模式有影响，纵向关系越强越倾向于领导企业主导的治理模式。

理由：纵向关系影响集群中企业的紧密度，在纵向关系中占优势的企业具有领导力。

假设 4：国际化程度高的集群倾向于领导企业主导的治理模式。

理由：因为往往由大企业起领头作用，国际化程度高的集群中大企业威信更高，同时大企业为了获得国际竞争力，有动机做出利于相关中小企业创新和国际化的行为，释放正外部性。

6.2.2 案例选择

为了以有限的案例尽量证明作者假设的普遍性，作者在选择案例是就进行了一次初步筛选，尽量涉及到作者假设中的特性，并且尽量做到在这些特性上具有差别，同时也能涉及中外不同状况。笔者选取了以中小企业为主力的巴斯克集群、以多个领导企业为主力的 DMC 以及以政府政策和特大企业为主力的瓦轴集群。

6.2.3 研究方法

1. 单案例分析与跨案例比较相结合

笔者首先进行了单案例研究，探究笔者对于集群特征与治理模式匹配关系的假设能不能在单独的案例中得到支持。在分析时，为了最大程度验证这些假设的普遍性，笔者在第 6 节又将 3 个案例中分别得出的结论进行比较，验证笔者的假设在不同案例之间是否具有普遍性。为了使结构更清晰和案例之间的比较更加容易，笔者在分析单个案例中尽量采取相互平行的结构，以便类似的特征之间进行比较。

2. 数据采集与分析

由于进行调查的空间和时间的限制，笔者的数据主要来自其他学者和一些官方组织的统计，不同数据之间可能在时间上稍有差异，但这些统计数据都非常珍贵，对笔者的分析起到了很大的帮助。

6.2.4　本章内容安排

本章在第 1 节介绍了研究的背景，阐述了笔者的研究目的和可能的创新点；第 2 节介绍了笔者选取案例的依据和研究方法，并提出假设；第 3 节到第 5 节分别为笔者用来分析的 3 个案例，包括两个国外案例（巴斯克集群和 DMC）和一个中国案例（瓦轴集群），每个案例结尾的小结都总结了分析该案例所得的结果；在第 6 节，三个案例的分析结果将被比较以确定之前提出的假设是否成立，并尝试描述其关系；第 7 节为结束语。

6.3　案例一：西班牙巴斯克集群

6.3.1　案例概况

1. 集群的背景及概况

在过去几十年里，集群化现象已经在发达和发展中国家里成为越来越明显的趋势，越来越多的地区都采用了这种模式，力图促进区域内的经济健康稳定地发展。如同每个企业一样，每个地区也有自己的特点，相对应的发展方式也有可能是不同的。

中小企业在社会中所扮演的的角色已经从 20 世纪 70 年代末开始发生

了剧烈的变化（Loveman 和 Sengenberger，1991；Acs 和 Audretsch，1993）。根据国际调查显示（Audretsch 和 Thurik，2001）中小企业似乎渐渐转移到一个更注重创新，灵活和动态模式的经营概念上来。然而，由于他们缺乏内部和外部的资源，他们将不得不重新思考在市场经济升级换代标签下自己的角色要如何来变得更有竞争力。在这方面，近年来政策制定者作为引导者的核心角色作用已经开始推动网络化和集群策动。

当上述特征与科技的改变相结合时，就导致了目前卖方市场被大幅度改变的现象。在这种情况下，中小企业必须做出相应的产业和服务转移。大公司的外包合同为小公司创造了商业机会。在某些情况下，这样可以促进那些少数大企业作为终端生产者和中小企业产品的买家的集群的发展。例如，从合同关系的改变中可以发现，他们需要更高的技术水平，更大的浮动性并需要供应商提供更有竞争力的产品。中小企业在此就可以通过为大企业提供他们的产品来为区域的竞争力做出贡献，并通过他们具有活力的性质以及与大企业之间微妙的关系来促进区域创新能力的提升。这就是与其他公司的合作和网络的产生可以提供的：①学习和创新专业知识更多的途径；②规模经济；③范围经济；④更强的灵活性和风险的共同分担（De la Maza，2009）。

关于中小企业必须要考虑的一个重要方面是他们构成了一种异质性很强的集合，而在制定政策来提升他们的竞争力时，考虑这些异质性就显得尤为重要（Arangurenet al.，2006）。中小企业竞争的能力在很大程度上依赖于公司内部资源的数量和质量（包括人力资源、物资和财政资源）同时也依赖于经济环境提供的外部资源（合作网络，科技、市场的获得，有效的供应商和先进的服务）

然而，中小企业在其内部资源以及其他们从经济环境中获得利益的能力是不同的。这也是为什么政策考虑到这些异质性显得尤为重要。所以，规模的大小影响了中小企业的需求（Smallbone et al.，2003）。

西班牙巴斯克自治区位于比利牛斯山脉以西，西班牙和法国的交界处，是欧洲较早尝试实施集群政策和集群策动的一个地区之一。在欧盟创新排行榜上，西班牙在大多数指标上的得分都低于平均值。西班牙平均每周的工作时数在欧盟中属于偏高水平，但其生产率却比欧洲的平均水平还要低 20%。企业平均规模小，知识密集型企业数量较少，相应地，创新型企业也相对较少。

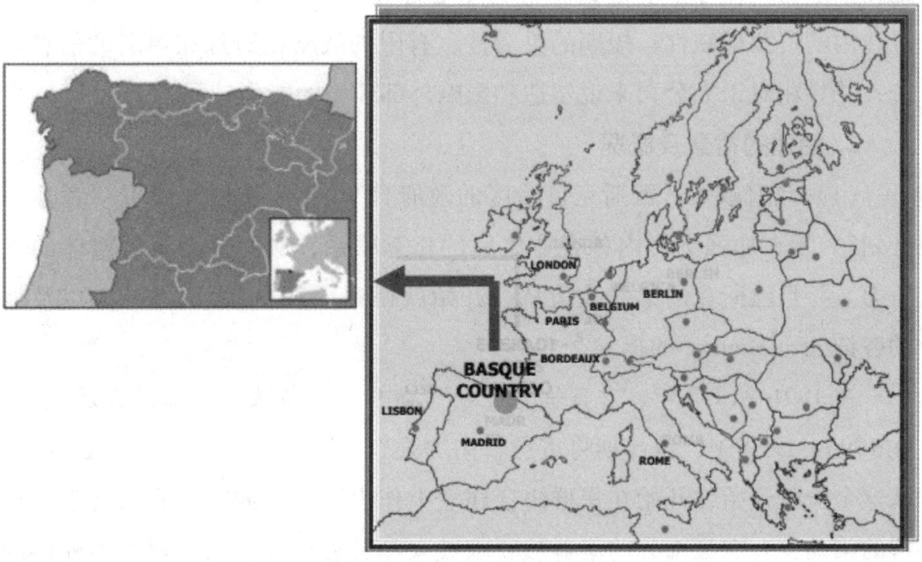

图 6-2　巴斯克区地理位置

资料来源：从巴斯克政府网站上整理。

西班牙的巴斯克自治区的经济水平在全国处于中等水平。该地区有 210 万居民，工业 GDP 高于全国水平。由于政府支持研发的投资较高，虽然外商投资和跨国企业进入较少，该地区的人均专利却高于全国平均水平，处于全国第三位。80 年代中期的政府的产业政策集中于成熟和区域衰退的产业，因为这些产业的就业人数占很大一部分，并且这些产业内包含很多国有企业。80 年代该区域的科技政策方向开始发生改变，逐渐转向高新技术产业，提出了若干个发展高新技术公司的计划。科技园区开始出现增长的趋势，并逐渐形成了一个系统。各类政策的目标逐渐从成熟产业转向多元化的产业。1990 年开始，该自治区政府开始采用集群政策解决竞争力问题，并雇佣了咨询公司。1991 年，基于调研，Porter 的 Monitor 咨询公司指出该自治区存在以下两个竞争力缺陷：缺乏有效营销产品的能力，因此导致外国公司从该区域的技术知识和生产效率获益；缺乏公司与其他机构之间的协调（俞培果，2009）。这些研究为“竞争力计划”的实施提供了理论基础。

更准确地说，根据 OECD（1994）和其他领先的学者，中小企业的特征被描绘为“基于所有者的形态为中心建立的组织文化”；包括人力和资金在内的资源稀缺性；短期的灵活性；有限的战略视野和相对弱的信息系统；并且相对于大公司来说塑造和影响外部环境的能力较弱。

2. 治理的背景及概况

（1）政府政策。巴斯克自治区的政府自 90 年代初便开展了“竞争力计划”，旨在加强集群内各企业之间的相互联系，从而提高集群整体的竞争力。并且巴斯克的集群政策从一开始就得到了 Michael E. Porter 以及他的咨询公司 Monitor 的指导。

在 1991—1995 年，“竞争力计划”在 9 个预备优先发展的领域展开。在 1996—1999 年，该计划将重点转向增强企业与政府和大学之间的合作。从这个阶段开始，开始在集群协会建立上作出要求。同时也开始着手跨集群的策动，有交叉部分的集群被要求成立相关委员会，来负责组织和协调跨集群的活动。在 2000—2003 年，调整“竞争力计划”至区域层面，将重点转移到集群发展的战略性挑战上。这一阶段的特点是：对产业的支持转为仅限于资金上；政府内部设置了与此相关的公职人员；实施了若干个平行的战略行动计划。该阶段的目标是增强集群内部的联系，促使其更稳健、更深远地发展。“竞争力计划”涉及整个制造业 GDP 的 80%，或该区域全部 GDP 的 30—40%。

巴斯克自治区政府对于创新和研发的支持比对“竞争力计划”的支持更大。1993—1996 年实施了“工业科技计划”，1997—2000 年更名为“科技计划”作为其延续。该计划将与集群生产相关的技术性项目纳入到产业政策当中来，作为“竞争力计划”的一部分。2001—2004 年鼓励更多公司参与到“巴斯克技术网络”其中来，建立公司、大学和政府部门之间的联系，同时也包括对集群换门技术项目的投入。

“巴斯克技术网络”包括 2 个公共研究组织，4 所大学，4 个部门研究中心，4 个研究室，10 个技术中心，13 个研发型企业和 14 和中介创新组织。而其中 3 个科技园区占了巴斯克所有公司研发支出的 35%。

（2）集群协会。集群政策的目的是通过在战略项目的合作来提升公司和区域的竞争力。而集群协会的具体任务都与上述陈述一致。竞争力这一概念背后的想法在于三个关键领域，如质量管理，国际化和技术发展的显著提升。

这十二个集群协会都涉及家电（ACEDE）、汽车制造（ACICAE）、机械类（AFM）、环境（ACLIMA）、海洋、能源、造纸、Bilbao 港口、电信（GAIA）、航空（HEGAN）、视听（EIKEN）运输和物流。对预先存在的行业协会来说，如机床、通信、家电、航运和 Bilbao 港口，建立集群协会的过渡过程较短。

家电行业（Home Appliances）和机床行业（Machine-tools）的行业协会建立的最早，在 1992 年成立，随后，在政府的鼓励下，各行各业都开始成立了自己的集群协会。家电（Home Appliances）、机床（Machine-tools）、电信（Telecommunications）、Bilbao 港口，海洋（Maritime）行业之前均存在行业协会。除交通运输行业由交通运输部协调以外，其他都由工业部门协调。一些集群协会有自己的科技园区而另一些没有，所有的集群协会都集中在 Gipuzkoa 和 Bizkaia 两个省。

表 6-1　巴斯克集群协会的相关数据

集群协会	创立年份	行业协会	由该组织协调	总部位置	科技园	省份
家电	1992	是	工业部	Arrasate-Mondragon	是	Gipuzkoa
机床	1992	是	工业部	Donostia	是	Gipuzkoa
汽车	1993	否	工业部	Zamudio	是	Bizkaia
环境	1995	否	工业部	Bilbao	否	Bizkaia
能源	1996	否	工业部	Bilbao	否	Bizkaia
电信	1996	是	工业部	Donostia	否	Gipuzkoa
Bilba 港口	1997	是	工业部	Bilbao	否	Bizkaia

续表

集群协会	创立年份	行业协会	由该组织协调	总部位置	科技园	省份
海洋	1997	是	工业部	Bilbao	否	Bizkaia
航空	1997	否	工业部	Zamudio	是	Bizkaia
造纸	1998	不确定	工业部	Donostia	是	Gipuzkoa
视听	2004	否	工业部	Zamudio	是	Bizkaia
运输	2005	否	交通运输部	Donostia	否	Gipuzkoa

资料来源：De La Maza（2009）。

表 6-2 集群协会中不同机构的分布

集群协会	成员数	机构				其他
		政府	教育中心	研究中心	合作机构	
汽车	未回答					
海洋	27	8	2	5	10	2
运输	23	5	7	5	5	1
Bilbao 港口	18	10	1		7	
环境	17	7	4	2	4	
视听	5		2	2	1	
能源	4	1		1	2	
航空	3			3		
电信	3		1	1	1	
机床	3		1	1	1	
造纸	1	1				
家电	0					

资料来源：De La Maza（2009）。

6.3.2 集群与相应治理模式的特征

1. 集群特征

（1）集群内部以中小企业为主，有少部分大企业，中小企业影响力较小

如表 6-3 中所描绘，据有回应的统计，12 个集群协会的 937 个成员企业中有 117 家雇员超过 250 名，约占 12.5%。超过 250 名雇员的企业百分

比最高的是家电行业，（Home Appliances）其次是能源（Energy）和汽车制造业（Automotive）；最少的是电信（Telecommunications）和机床行业（Machine-tools）。

表 6-3　各集群协会中雇员的分布（成员数总和为 937）　　单位：%

集群协会	成员数	公司雇员数				未回答
		0 到 9	10 到 49	50 到 249	超过 250	
Bilbao 港口	146	13	19	27	13	27
海洋	145	21	29	17	6	28
环境	91	10	22	18	11	40
能源	78	12	19	23	31	15
视听	34	38	50	6	6	
航空	33	18	59	15	9	
汽车	58	3	12	58	26	
家电	11	0	9	18	73	
电信	164	36	40	20	4	
运输	62	8	10	16	18	48
造纸业	22	6	47	24	24	
机床	93	14	56	26	4	

资料来源：De La Maza（2009）。

集群中没有出现垄断性企业，市场偏向自由竞争型，各企业依靠自己的技术、价格、服务、品牌等优势进行竞争。因此，单个企业对于市场的影响力是十分有限的。在表 6-4 中，一个大企业的影响力在大多数时间远远不如一群大企业，可以肯定，其他中小企业的影响力会更小。

表 6-4　集群协会创建过程中各机构影响力的变化（多选）　　单位：%

机构	集群协会诞生	定义目标	定义核心经济活动	激活	最初成员选定
产业部	71	36	21	14	14
单个大企业	43	29	29	21	36
大企业联盟	50	71	79	86	57

续表

机构	集群协会诞生	定义目标	定义核心经济活动	激活	最初成员选定
外部顾问	7	21	21	14	14
其他	7	14	14	7	7

资料来源：De La Maza（2009）。

（2）集群行业性质与比较优势。集群内企业以从事制造业为主，包括航空、汽车制造、家电、机床等明显的制造业以及包含一部分制造业的海洋产业，但也有其他一些比较分散的产业，如运输、港口、环境、视听、能源、电信、造纸等。鉴于其制造业为主的集群性质，其比较优势为工艺，技术，专利等。

（3）各企业之间联系紧密，存在较强的内部需求，互相提供产品。机床行业（Machine-tools）等基础机械类行业与家电（Home Appliances）、汽车制造业（Automotive）、海洋（Maritime）和 Bilbao 港口这些行业之间是紧密相连的，可以为这些行业提供生产线和零部件。而相反这些作为顾客的行业也会为机械类行业创造稳定的需求，并可以提出自己独特的技术要求、加工特点，这在一定程度上促进了双方的进步和发展。

（4）集群内具有治理功能的机构的现状。很显然，集群内具有治理功能的机构的现状一定会影响到治理模式。如果之前就一直存在着行业协会，那么行业协会，或者在本案例中后来演变成的集群协会参与治理的可能性就非常大。

（5）利益相关程度。利益相关程度是治理发起的非常重要的一点。利益相关程度越高，他们参与到集群治理的积极性也就越高。

2. 治理模式特征

（1）政府引导式。政府没有直接参与企业的内部，而是通过一系列"竞争力计划""工业科技计划""科技计划"等鼓励和带动企业自主创新，提供资金支持或资金奖励，提高企业、整个行业以至整个集群的竞争力。帮助企业构建"巴斯克技术网络"，为企业的技术交流提供一个平台，起到了桥梁作用。

政务提出了集群策动组织及其性质、权利和工作方式的基本制度框架，但却不参与和干涉集策动的具体决策与活动。

（2）集群协会影响力。从“竞争力计划”开始，就要求每个集群策动建立集群协会，并要求各个协会制定自己的集群策动计划。同时成立跨集群委员会用于协调集群间相互有交叉的事宜。每个集群协会有 2~3 个常务工作人员，协会的性质为私有性非盈利实体。政府要求这些集群策动对所有有关公司都开放，但很多集群协会从集群效率考虑，对会员是有限制的。集群协会要求其所有成员都必须参与能够为集群产生效益的活动项目（俞培果，2009）。

Iturrioz 等（2005）和 Aranguren（2007）等利用一个衡量集群协会关于产量（网络，社会资本和战略合作项目）和结果（提高企业竞争力能够达到的程度）的认识的评估工具得出了一下结果（详细信息可在两位作者的著作中查询）：

虽然 80%的协会成员表示，协会内产生的活动已经影响了他们的竞争力，但只有 10%的人表示这种影响是高或非常高，60%的人说，它一直很低甚至是没有。在另一方面，成员中 70%的人表示，该协会促进了合作，产生信任和帮助，分享知识和经验。似乎协会协助开发社会资本，但对成员的竞争力影响不大。紧接着产生了两种可能的解释。第一个观点认为，集群协会的使命并没有完成。第二种认为，任务只能从长远来完成，并正在采取以社会资本形式的措施来达到这样的目标。

6.3.3　个案分析

1. 匹配分析

（1）中小企业特征对治理方式的影响。关于集群特征 1“集群内部以中小企业为主，有少部分大企业，中小企业影响力较小”，我们参照表 6-3，只有在家电行业中，雇员数为 250 人以上的企业才占到了 79%，但家电行业本身成员数只有 11 个，相对于集群协会 937 的总成员数来说是一个非常小的数字。反观成员数多的集群协会，Bilbao 港口、海洋和电信（成员数均在 150 左右），它们当中雇员数在 250 人以上的成员数依次为 13%、6%和 4%（其中不包括未回答的，并且，在调查成员数不大可能涉及企业的机密文件的前提下，我们推断规模大的企业在调查中被忽略的可能性和不做出回答的可能性非常小，反而规模越小的企业在调查中越是有可能被忽略，因此未回答的成员中规模大的企业应当很少，对大企业的统计结果影响会很小)，均只是很小的一部分。而对于集群中所有的成员，雇员数超过 250 人的只占 12.5%（保留 1 位数），不超过 117 个成员。所有集群中雇员数在 250 人以下成员数为 820 家，达到了 87.5%，而雇员数在 50 人以下的小企业的数量达到了 450（48.0%），因此在巴斯克集群中中小企业占到了非常大的比例。

从表 6-4 中我们可以看出，在集群协会诞生、定义目标、定义核心经济活动、激活和最初成员选定这些集群创建过程中的不同阶段的不同活动中单个大企业的影响力逊于大企业联盟很多，政府在集群协会诞生时发挥了非常大的影响力，而对于集群协会具体的经济活动的干预程度明显降低，这也恰恰符合了巴斯克集群政府以引导为主，不干预集群内部的治理政策。

而以中小企业为主的集群当中，大部分企业对整个集群的治理和发展的影响都是非常有限的。中小企业的影响力在表 6-4 中被归为了其他类，即它们对集群创建过程产生的影响只占其他当中的一部分。其他部分本身在整个过程中的影响都已经甚是微小了，那么中小企业的影响也许只能用极其微弱来描述了。这样，中小企业在集群协会对整个集群的治理过程中就会处于弱势的地位，这就需要一个个体利益不直接与集群的治理发展的倾向挂钩，而是追求整个集群利益，并且从一定程度上来说是长远利益的组织来进行协调。当地政府作为一个次于集群内部的企业，但也相对了解集群内部状况现存的非盈利性组织，就成了一个很好的选项。而行业协会虽然在某些方面会比政府对集群更了解（这一点未必成立，但不成立并不影响结论），但相比政府而言它不是现成的，不大可能在集群的初始阶段就成立或者甚至已经发展完善，它需要或者是政府、大企业牵头，或者是企业群体意识到有需要而自发组织起来，慢慢演化成行业协会。这些都需要时间和牵头者作为，而且不一定是必然成功的。因此，在这种情况下，政府就成为治理发起方的一个较佳选项。

另一个解释是，中小企业本身的能力是有限的。影响整个集群发展或者规范集群的措施往往需要庞大的投资，中小企业不愿意也没有能力进行如此庞大的投资，而大企业的投资能力也是有限的，往往集中于与自己利益密切相关的方面，特别是对集群有潜在的正外部性的行为，政府的治理和投资就可以增强整个集群的正外部性。

所以，在根据对巴斯克集群的分析，我们推断在集群的构成以中小企业为主时，政府发起治理是一种可行的方式。

（2）行业性质与比较优势对集群治理方式的影响。关于集群特征 2“集群行业性质与比较优势”中，集群内企业以从事制造业为主，包括航空、汽车制造、家电、机床等明显的制造业以及包含一部分制造业的海洋产业，但也有其他一些比较分散的产业，如运输、港口、环境、视听、能源、电信、造纸等。鉴于其制造业为主的集群性质，其比较优势为工艺，技术等。

集群中虽然以制造业为主，但行业并不集中，分散在不同领域。这样，相近的行业之间建立起协会相对容易，而跨行业的协会或委员会建立就会相对困难，这时往往需要一个有领导力的并且有一定经济实力的中介牵线搭桥，而政府在这里正是扮演了这样一个角色。所以我们看见了每个行业都有自己的集群协会，但政府对整个集群的支持仍然是十分重要的。

De la Maza（2009）进行了一项调查，关于集群协会能否在没有巴斯克政府的支持下继续。结果显示，集群内普遍认同了政府支持的重要性。

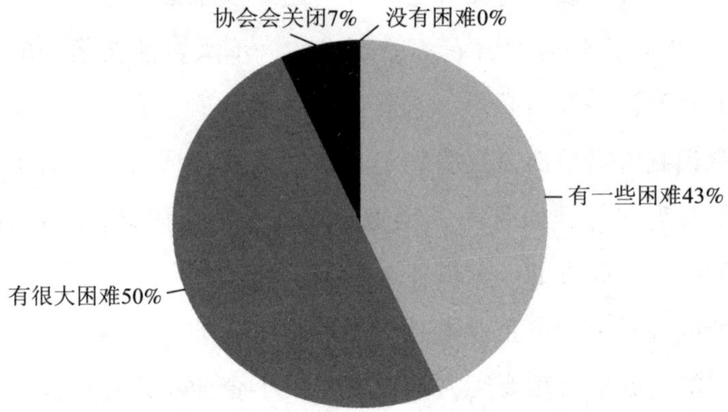

图 6-3　集群协会能否在没有巴斯克政府的支持下继续

而针对其比较优势而言，工艺，技术等对集群中的相似产业甚至是整个集群来说显然是具有很强的正外部性的，这些知识溢出有利于提高集群的整体竞争力。但单纯的知识溢出对这些拥有比较优势的企业来说并没有直接的利益，可以说没有企业会愿意将自己投入大量人力物力研发出的技术泄露出去，这样虽然保全了自己的利益，但对整个集群整体竞争力的提升来说却是不利的。集群协会在解决这方面的问题时有一定的能力，但约束力更强的政府则可以通过法律规定来保证拥有比较优势企业的利益。通过适当的专利技术使用费等手段，政府可以在保证优势企业的利益和使专利使用企业利用获得的专利技术获利之间找到一个平衡，使这种技术能够在集群内部流通，知识溢出的正外部性得到更大的发挥。

政府还可以通过构建一个共同的技术平台来解决这种问题。通过将同行业拥有不同科技背景和资源力量的企业联系在一起，同时也可以通过建立这些企业与政府、大学和各类科研机构的联系，来促进他们共同发展专利技术。当较弱势的企业通过投入一定的人力物力参与到其中之后，便可以根据它投入的额度享受到一定优惠的专利技术的使用权。这样可以避免这些弱势企业希望进行科研、技术革新，但限于自己资源有限无法单独完成研发项目的困境。本案例中的巴斯克政府的“竞争力计划”“科技计划”和其构建的巴斯克技术网络便具有这样的效果。

所以我们推断，集群中行业性质的横向跨度比较大时，政府治理是更有效的；并且在技术为比较优势的集群中，政府的平台作用可以起到很好的效果。

（3）企业间纵向结构的紧密度对治理方式的影响。关于集群特征 3“各企业之间联系紧密，存在较强的内部需求，互相提供产品”。机床行业（Machine-tools）等基础机械类行业与家电（Home Appliances）、汽车制造业（Automotive）、海洋（Maritime）和 Bilbao 港口这些行业之间是紧密相连的，可以为这些行业提供生产线和零部件。而相反这些作为顾客的行业也会为机械类行业创造稳定的需求，并可以提出自己独特的技术要求、加工特点，这在一定程度上促进了双方的进步和发展。

集群内部纵向结构上的紧密关系更容易拉近集群内企业之间的关系。当企业在原料、生产过程或产品上有交叉的时候，或者他们之间存在频繁的合同关系、外包行为时，他们就会在某些领域联系在一起，甚至有唇亡齿寒的依赖关系，相互之间也会增加了解，建立信任。作者认为这将会促进企业俱乐部的形成、集群协会的家里或大企业获得权威从而进行治理，这些将取决于企业间在纵向结构上联系的紧密程度。在本案例中，由于本身行业跨度就相对较大，虽然制造业之间的联系可以很紧密，甚至是制造业和运输业也存在很强的联系，但诸如制造业和造纸业或环境行业的交叉就不可能太多。因此巴斯克集群中的此类关系在促进相邻产业的集群建立上起到了积极作用，为集群协会的建立奠定了基础。如表 6-1 中所示，家电、机床、电信、港口、海洋等集群在建立集群协会之前都存在自己的行业协会。而很显然，机床对于海洋（包括造船、维修等），家电对于电信都存在这包含供给关系的密切联系，这也恰恰为作者的“行业纵向结构有利于集群协会的建立”的论点提供了论据。

作者针对本案例的推论是，一定范围内较强的纵向关系有利于集群协会治理形成。

（4）治理模式受集群中可用的具有治理功能的机构状态的影响。关于集群特征4“集群内具有治理功能的机构的现状”，我们根据6-5表中的数据来解释。上边方柱代表集群建立初期，而下边方柱则代表现在的状况。我们发现在集群建立初期集群的效果仍然不是很明显，政府要投入大量资金来支持集群，集群的服务项目创收也相对较少，可以说这段时间集群的功能是十分有限的。而集群发展到了现在，服务创收代替了政府的部分投入，集群协会的服务增强了，在治理上发挥的功能也增强了。这就意味着，在集群协会尚未成熟时，其他治理方发挥着很大的作用，而当集群协会渐渐成熟后，集群协会就能在很多方面代替如政府的很多治理、调控功能。

所以，集群内具有治理功能的机构的现状也从很大程度上影响着治理模式。

表6-5 不同阶段集群协会资金的来源 单位：%

	会员费	提供服务	巴斯克政府	省议会	市政府	联合机构	学术机构	科研中心	西班牙政府	国际机构	其他
最初	28.8	6	49.3	3.9	0.3	6.8	0	0	1.8	1.7	1.6
现在	27.7	25	33.7	4.2	0.4	1.6	0	0	2.6	3.1	0.7

资料来源：Langen（2003）。

2. 案例小结

（1）在集群的构成以中小企业为主时，政府发起治理是一种可行的方式。

（2）集群中行业性质的横向跨度比较大时，政府治理是更有效的；并且在技术为比较优势的集群中，政府的平台作用可以起到很好的效果。

（3）一定范围内较强的纵向关系利于集群协会治理形成。

（4）集群内具有治理功能的机构的现状也从很大程度上影响着治理模式。

6.4　案例二：荷兰海洋集群

6.4.1　案例概况

6.4.1.1　集群的背景概况

在集群的概念已经成为分析一个国家，产业和企业的竞争力水平的中心概念的同时，这个概念完全可以被应用在海洋事业的集群化研究中。海洋活动，诸如航运、造船、港口和海事服务在海洋集群中很明显是按地理要素来分布的。

欧盟的海洋产业产生的整体附加值是 700 亿欧元，而其中有 10%是来自荷兰海洋集群的。荷兰的海洋产业在国家产品中占的比例是欧盟平均水平的 2 倍（Policy research，2001），这表现出了荷兰在海洋活动方面的专业化。

荷兰海洋网络（Dutch maritime network）已经组织实施了一系列有关荷兰的海洋集群的详细分析，得出了分析报告，同时记录了很多相关数据。他们把 DMC（Dutch Maritime Cluster-荷兰海洋集群）分为 11 个海洋相关部门，具体的结构在图 6-4 中显示。

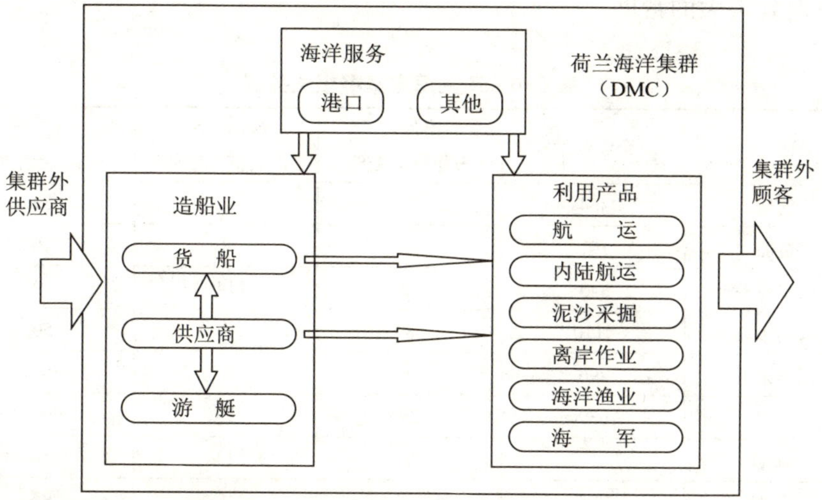

图 6-4　DMC 中所包含的部门及他们之间的关系

资料来源：Langen（2003）。

大部分研究都是由从每个集群中单独搜集数据所组成的。11 个部门中每个部门都有几到几十个大企业，作为部门的核心，整个集群的核心是造船业，也是大企业最多的行业之一。如图 6-4 所示，港口、海洋服务为造船业提供了服务，造船业作为供应商提供了货船和游艇，而航运、内陆航运、泥沙采掘、离岸作业、海洋渔业、海军这些行业则作为其顾客。其中也有来自外部的供给和顾客，但内部企业之间的行业关系非常明显。

在分析核心与周围组织联系的紧密性时，我们发现了出了一系列集群活动。并且我们用以下指标被用来判断这种联系的强弱：①与集群核心之间的经济交易；②对公用集群资源的利用；③集群协会会员之间的关系；④是否包含在区域学习系统中。理清集群核心与周边关系之后，可以划定集群的界限，包括功能上的界限和地理上的界限。集群可以是本地的，也可以是跨区域的。而那些位于区域核心的周边并且与集群核心的经济关系达到一定强度的企业就会被划入集群范围内。但鉴于集群分散有一定的随机性，找到一条精确的界限几乎是不可能的，每条界限都应有前后浮动范围。在得到一条范围界限之后，集群人口就基本确定了。分析集群的核心将有助于快速理解集群内的联系，对分析集群的性质也起到很大的帮助。

表 6-6　荷兰海洋集群相关数据

部门	企业数量	附加值（占集群总数%）	就业人数（占集群总数%）	出口量（占总产量%）
航运	364	7	4	89
造船	101	6	8	46
离岸业务	343	12	14	49
内陆水路	4110	8	10	50
泥沙采掘	296	5	4	57
港口	639	29	19	65
海军	1	9	13	0
渔业	795	3	4	84
海洋服务	728	7	7	60

续表

部门	企业数量	附加值（占集群总数%）	就业人数（占集群总数%）	出口量（占总产量%）
游艇	3851	5	8	45
海洋供应商	622	9	9	42
		共 72.82 亿美元	共 137400 人	
总体	11850	100	100	55

资料来源：langen（2002，2003）。

港口部门是海洋集群里最大的部门。29%的附加值和 19%的就业都产生于港口产业。渔业是 DMC 中最小的部门。

皇家海军（Royal Navy）是目前集群内最大的企业。其他的大企业包括 Vopak、P&Q－Nedlloyd、Boskalis，IHC－Caland，Fugro，Smit－Internationale 和 ECT。

除了皇家海军，造船业是所有部门里企业平均规模最大的。产出和就业人员都是其他任何部门的两倍。原因是皇家海军（Royal Navy）属于资金密集型性质的企业和它相对较大的“最小有效规模”（minimum efficient scale）。

造船业是一个资金密集型的行业，它的单位员工的产量最高。而内陆船运和游艇行业的特点是一大群小企业的集聚。这两个部门里的大企业的数目都非常少。

绝大部分的大企业在造船，航运和港口产业中都非常活跃。相当一部分大企业在集群中的大部分行业都很活跃。

6.4.1.2　治理的背景概况

1. 领导企业的定义、作用和确认

领导企业是凭借其大小，市场位置，知识和企业技巧，有能力和动机来做出对集群中其他企业具有正的外部性投资的企业。

Lorenzoni 和 Badenfuller（1995，页 147）把领导企业定义为，具有优势协调能力并且有能力控制改变的战略中心。领导企业对集群中的其他企业和集群整体有相对较大的影响力。Langen（2003）将领导企业定义为那些有能力和动机做出同时会为集群中的其他企业带来利益的投资企业，通常通过鼓励创新，推进国际化和提升劳动市场质量（labor pool）。

领导企业的投资鼓励创新，促进集群中其他企业的国际化并且提升劳动力市场的质量。通过这些方式，领导企业对集群内其他企业的创新能力做出了贡献，然后也因此对集群整体的的竞争力做出了贡献。

领导企业具有实际外部性的投资包括在创新和国际化方面的投资。创新和国际化两者的利益可以遍及网络的全体成员。Langen（2003）定义了 3 种具有切实网络外部性的投资：训练和教育的投资，知识和信息的基础设施的投资和共同行动的基础设施的投资。这些投资提高了集群的竞争性。图 6-5 阐明了领导企业表现对于集群竞争力的效果和伴随的正效果。

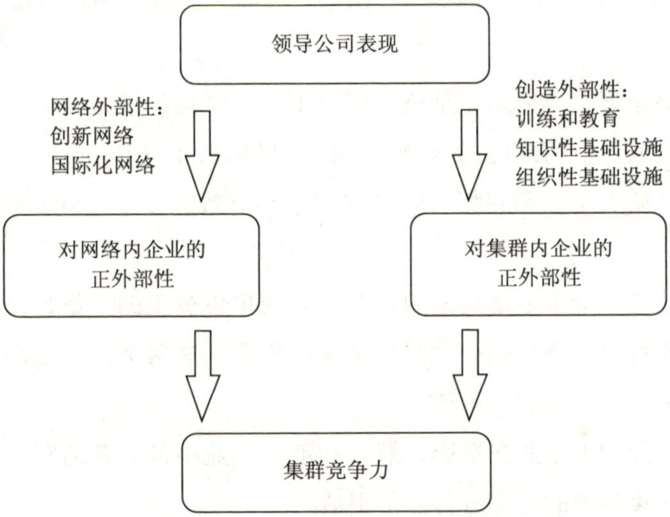

图 6-5　领导公司投资对网络和集群的外部性

正外部性在我们定义领导企业是核心部分。网络外部性的概念已经被广泛认识到了（Economides，1996），对于网络的投资对所有的网络成员都有利。所以，理论上来说所有提升网络的竞争性的投资都具有正外部性。除这些网络的外部性之外，集群外部性也是存在的。因为所有集群中的企业都能够从这些外部性获利，集群的外部性与网络的外部性是不同的。

领导企业对集群中的其他企业和集群整体有相对较大的影响力。Lorenzoni 和 Badenfuller（1995，页 147）把领导企业定义为，具有优势协调能力并且有能力控制改变的战略中心。他们分别指出了领导企业为其他企业贡献竞争力的 4 中途径：通过战略外包，知识的分享，在不同网络之间构建桥梁，和通过将竞争集中在价值链或网络的层面而不是企业的层面。Lazerson 和 Lorenzoni（1999，页 362）把本地企业定义为凭借着巨大的数量和与顾客和供应商之间关系的强度占据着战略中心位置的企业。这个位置最明显的结果是这些企业在创新中扮演的角色。领导企业可以作为领导用户（Von Hippel，1989），对他们的供应商有较高的技术要求时，会推动他们供应商的创新进程。在上面提到的关于领导企业的研究中，我们认识到了它们对集群作为整体的功效，

企业具有实际网络外部性的投资包括在创新和国际化方面的投资。创新和国际化两者的利益可以遍及网络的全体成员。我们定义了 3 种具有切实网络外部性的投资：训练和教育的投资、知识和信息的基础设施的投资和共同行动的基础设施的投资。这些投资提高了集群的竞争性。图 6-6 阐明了领导企业表现对于集群竞争力的效果和伴随的正效果。

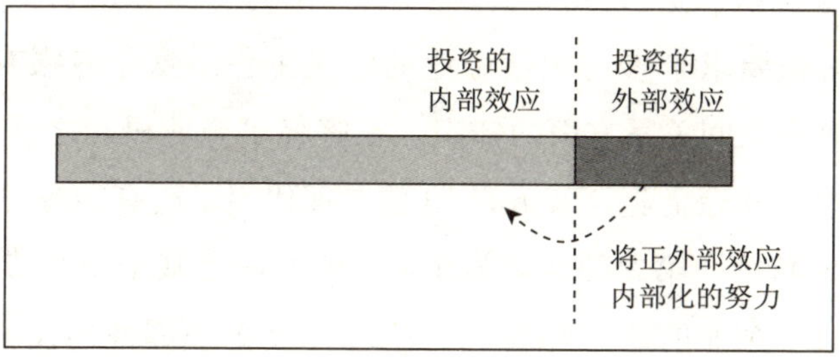

图 6-6　投资的内外部效应

资料来源：Langen（2003）

正外部性可以仅仅是大企业投资的副作用，而并非跟这些大企业的投资决定相关。尤其是当大企业的投资有大量的附带正外部性时。创造外部性也可以是大企业战略的一部分在这种情况下企业可以吧这种外部性纳入到它的决策过程中去。领导企业可以有这样一个市场定位，一大部分集群

或网络更具竞争力的利益最终落入了自己的口袋。总之，领导企业有动机去创造正的外部性。

我们区分了两种投资。第一种是内部利益足以使领导企业采取投资。对于这些投资，领导企业的目的也许是创造能使外部效果内部化的协议，但是他们的投资决定不是取决于此。

领导企业也可以有动机对共同利益进行投资，但是并不能作为他们单独投资的动机。这些投资项目，提供的共同利益高于共同投资，面临一个共同行动的问题（Olson，1971）。对于这些投资，一个分担共同利益的经济协定是有必要的。鉴于领导企业是主要获利者，他们有动机去组织修订这些协议。

领导企业是一群特殊的企业。大部分领导企业是结余传统中小企业和跨国企业之间的。与跨国企业相比，领导企业更多地嵌于他们的本土（DMC）他们在创新和生产过程网络中的本地伙伴相对较多。

对领导企业的定义基于两种方法。首先，我们寻求专家来定义领导企业。然后，我们分析企业数据。企业只有在两方面都满足要求时才会被认为是领导企业。

（1）专家确认。贸易协会的经营是 DMN 的一部分，如泥沙采掘协会和港口协会都被要求来参与领导企业的定义工作。这些专家有市场条件，企业伙伴和企业之间关系方面的知识。在解释了企业概念之后，他们则负责定义行业中的领导企业。采访的 10 位专家代表了所有的海洋部门。

（2）企业特征。第二种定义领导企业的方法是基于企业特征的，虽然并没有能够表示企业的能力和动机去做出具有正外部性的投资的指标。4 个特征与这方面有关。对于每一个特征我们都需要一个标准。

第一，企业大小通过生产量和就业人数来衡量。通常，大企业更具有动机也更具有能力去做出领导企业型的投资。超过 200 名员工和超过 500 万欧元被定为这个标准。

第二，国外子企业的数量是与之有关的。它表示促使集群中其他企业国际化的能力至少有个外国子企业的企业符合这个条件。

第三，专利的数量表示企业在知识网络中扮演的角色和他们去创新的能力。在过去 10 年里注册了至少一项专利的企业符合这个条件。

第四，与协会成员的个数相关。这表示了企业在集群的治理中的相关度。至少是两个集群协会成员的企业符合这个条件。

这样，5 个标准就被定义完了。一家企业符合的标准越多，它就越有可能是领导企业。表 6-7 描述了 DMC 中符合其中一条标准的企业的数量。

表 6-7　满足一个条件的企业数目

条件	满足的企业数量
拥有外国子企业	92
专利	27
雇员>200	91
营业额>□ 500 万	115
会员身份	140

资料来源：Langen（2003）。

在第二种方法的基础上，符合至少两条标准的企业被认为是领导企业。

企业只有在被两种方法都比较过之后才能被确定为领导企业：必须被专家认可并且符合上述企业的特征。领导企业在集群中的分布见表 6-8。

表 6-8　领导企业的确认

部门	企业特征	专家认证	包含在领导企业中
海洋供应商	15	9	8
内陆航运	8	5	5
造船业	11	5	5
海洋服务	20	3	3
离岸作业	9	10	8
泥沙采掘	14	3	3
航运（海洋）	29	6	6
港口	48	4	4
游艇业	2	3	2
渔业	2	2	2

续表

部门	企业特征	专家认证	包含在领导企业中
皇家海军	1	1	1
合计	159	51	47

资料来源：Langen（2003）。

表 6-9 表现了企业符合条件数与专家的认同度的关系是否相一致。图形表示企业特征与专家确认是一致的。

表 6-9　满足条件与满足专家意见的公司数量比较

满足企业特征	企业数目	其中被专家认可的
5 个条件	7	7
4 个条件	9	9
3 个条件	19	12
2 个条件	124	19

资料来源：Langen（2003）。

基于专家意见的定义更具有选择性：大部分满足两个标准的企业并没有被专家认为是领导企业。这是不大可信的：例如，超过 200 名员工并且营业额超过 500 万欧元的企业没有被列为领导企业。所有满足 4~5 条特征的企业同时也都被专家认可为领导企业。这表明了两种方法是互补的，提高了专家意见的准确性：他们没有错过一个种种迹象表明是领导企业的企业。

2. 集群协会的促进作用

DMC 中包括很多协会，很多都是分支机构，但是也有知识发展协会，市场主体和会议平台。

表 6-10 展现了企业对协会能够提供的各种功能重要性的排名。从中我们可以发现集群在政府和企业之间的中间作用被认为是最重要的。然而，这方面大小企业之间存在着严重的差异。对小企业来说，协会的信息功能显得尤为重要，而对于大企业而言却不是这样。数据表明小企业认为信息搜集是共同集群的一个适宜活动。鉴于小企业与协会之间相互沟通较少（一年不超过两次），集群协会是否提供了足够的信息服务是值得质疑的。

表 6-10　集群协会不同活动的重要性

活动	重要性
代表利益（Interest representation）	2.4
联系政府（Link to government）	2.8
传播发展（Diffusion developments in the sector）	2.9
传播创新（Diffusion of innovations）	2.9
会务场所（Meeting place）	3.6

资料来源：Langen（2003）。

6.4.2　集群与相应治理模式的特征

6.4.2.1　集群特征

（1）有相当数量的中小企业，但每个部门中都围绕几个领导企业，整个集群以造船业为核心。集群内部以中小企业为主，按行业分成多个部门，每个部门都存在若干个领导企业，整个集群围绕造船业为核心，造船业的领导企业地位相对其他领导企业更高。

造船业与集群中其他 10 部门都有直接的联系。它的产出差不多有 50%是提供给集群内其他企业的，还有 20%的资源是来自集群内其他企业的。皇家海军部分，离岸作业部分和渔业部分并不供给给集群内其他成员，他们只将其他企业作为供应商。对其他企业提供相对较小的百分比的产出航运和水厂（waterwork），他们的大部分客户都在集群之外。

核心与其周边通过供求关系联系在一起，构成一个相对完整的生产链，在产品上更多样化和具有竞争力。由于存在较完整的体系，对外界的技术依赖会减小，集群的独立竞争力会增强。核心产业为了在国际市场上获得较高的竞争力，会向集群内的供应商提出较高的技术和创新的要求，会无形间提升配套企业以至于整个集群的竞争力。而集群中明显的核心效应也使集群中诞生了明显的领导者，在集群中具有较高的权威，其他企业都对其有较高的依赖程度或与其有较强的合作关系。这样，如果包含多个并且能够相互联系起来，又或者只有一个核心，这些领导者就可以在集群的整体决策中发挥很大的影响力，有能力进行集群治理行为。

同时，由于本身在集群中是较大的利益团体，在集群的总体利益提升中收获最大，因此也有动机为集群的整体利益作出贡献。

（2）集群的行业性质和比较优势。集群包含航运（Shipping）、造船（Shipbuilding）、离岸业务（Offshore）、内陆水路（Inland waterways）、泥沙采掘（Dredging）、港口（Ports）、海军（Navy）、渔业（Fishery）、海洋服务（Maritime services）、游艇（Yacht industries）、海洋供应商（Maritime suppliers）11 个部门，全部都集中在海洋或内陆水路相关产业上，行业集中性很高。集群的比较优势为相关行业长期积累的技术（如造船业）、信用（如远洋运输行业）等。

行业的集中度很高，都是与海洋相关的产业，且荷兰在相关产业上拥有悠久的历史，这样 DMC 在相关行业就会拥有集中的技术，有利于该行业在国际中脱颖而出。荷兰在海运行业有不断积累下来的历史和良好信用，这一点也增加了其国际竞争力。

（3）纵向结构非常紧密，集群内部的供求关系非常强。DMC 以造船业为整个集群的核心，以每个部门中的领导企业为各部门的核心，彼此之间的纵向结构非常紧密，如前文图 4-1 所示，港口、海洋服务为造船业提供了服务，造船业作为供应商提供了货船和游艇，而航运、内陆航运、泥沙采掘、离岸作业、海洋渔业、海军这些行业则作为其顾客，可以说整个集群以造船业为中心，都被供求关系牢牢联系在一起了。

（4）国际化程度很高。DMC 的产业以海洋为依托，国际化程度非常高。其中航运（shipping）的营业额中出口量占 89%之高，同时集群中还包括出口量高达 84%的渔业。整个集群平均出口额占营业额总量达到了 55%。

6.4.2.2 治理模式特征

1. 领导企业发挥着更大的主导作用

Albino 等人（1999）强调了领导企业对集群中其他企业的重要性。领导企业可以作为集群中其他企业国际化的促进者。基于很多案例，他们声称“领导企业的国际化可以被认为是区域国际化的主要推动力”（Albino 等人，1999，页 57）。领导企业对他们供应商的国际化或对从集群中向国外市场出售产品都扮演着发起者。其他学者也认识到了小企业的发展从一定程度上是取决于有着很强协调能力的大企业的表现。

荷兰海洋集群中的 11 个部门都存在若干个大企业，其中以造船业和航运业的大企业数目最多，都达到了 37 个，而这两个部门的企业总数则分别为 101 个和 364 个，其中就包含我们所定义的领导企业。这些领导企业通过投资鼓励创新，促进集群中其他企业的国际化并且提升劳动力市场的质量。领导企业对集群内其他企业的创新能力做出了贡献，也因此对集群整体的的竞争力做出了贡献。领导公司对集群具有治理效果的行为主要表现在以下 8 点：

（1）协调生产网络。第一种领导公司的表现形式是对生产网络的协调。领导公司在网络的协调上进行投资，结果是整个网络变得更加有竞争力了。在大多数产业中，网络协调的例子都被找到了。从不同船坞造船的顺序到成员们应对特殊机会的结构。

（2）扮演领导用户。通过表达一种关键需求，一种比其他公司公家精密复杂的需求，领导公司提升了他们供应商的创新力。DMC 中一些离岸和泥沙采掘公司在世界市场上处于领头的地位。他们复杂的要求促使本地供应商去创新。结果是，相当数量的海洋集群中的供应商在国际市场占有很重要的地位，基于他们先进的系统和设备。调查显示 95%的领导企业意识到这种角色的存在并且利用它来促进创新。

（3）创造标准。领导公司创在新的标准，比如安全和污染防治。其他公司，尤其是供应商，可以在较早的阶段面对这些标准而受益。我们找到了几个新标准的例子。例如，几个领导公司在合作设置中设计的一个更加精确的动态定位系统。另一个例子是一种更加抗冲击的船体的发展。这种船体似的事故使船体漏水的风险降到最低，并且现在是新内陆油轮的标准。

（4）创造新组合。领导公司在之前没有联系在一起的科技中创造新组合扮演者一个中心作用。这些科技的组合可以产生新的产品和生产。生产网络中的其他公司会从这种产品的发展中获利。集群中一群异质性较强的公司的出现往往引领着新组合的创造。例子可以从建筑行业中找到，一家专于重型起重和一家泥沙采掘的公司协作设计了一种新方法来安装离岸风车公园。

（5）促进知识的传播。知识的快速传播和分散增加了集群的竞争力。因为他们拥有的知识和他们在知识网络中的中心角色。有些例子表明领导公司的技师通过非正式网络向其他公司的同事分享知识。其他还有一些例子，那些在集群中有中心位置的企业，他们大量的商业合作自动导致了知识的分散。这些例子主要出现于泥沙挖掘行业。

（6）鼓励和促进国际化。领导公司在国际市场上竞争。他们可以在其他不偶家开展生产并且促使或鼓励集群中的公司为了供应他们在这些国家的公司而进一步国际化。很多领导公司通过让他们的供应商使用他们的国际网络或为海外生产设施保证一个长期的合同来降低国际化的门槛。我们发现一家公司灵活地管理他们的国际销售部网络并且鼓励集群中的其他公司使用同样的机构。

（7）创造声誉。领导公司在可能的边界参加项目。这些项目在行业当中是知名的并且对集群整体的声誉有贡献作用。一个明显的例子是俄罗斯潜艇 Krusk 的打捞。这项工作发展出了一项新技术来使快速打捞成为可能。两个荷兰海洋公司的联合负责这项操作，明显提升力集群整体的声誉。

（8）提升劳动市场。劳动力市场的质量对集群的竞争力而言十分重要。领导公司投资以提升劳动力市场的质量。领导公司通常是集群中的大公司。很明显这些公司从一个更加专业化的劳动力市场中获利更多。这使得他们有动力去投资教育项目。许多被采访的领导公司投资了公共教育项目，致使领导公司可以获得受到更好教育的员工，但同时也惠及了集群中的其他公司。

2. 组织的基础设施

领导公司在集群中扮演创立和维持组织的基础设施的角色。这些基础设施对与有效的集群治理来说是重要的条件（De Langen，2002）。DMC 是组织强力的集群的典范。每个行业都有协会和集群范围的组织，所有行业协会都参加了进来。被采访的公司表示这些协会对他们维持一个广泛的网络来说是重要的。他们也通过集群组织来投资教育。

3. 集群协会的影响

VBKO 等直接作用于海洋部门的企业；SIVN、Deltalinqs 等港口协会的大部分成员也都在 DMC 中；还有 PV、HISWA 等协会虽然位于集群中，但并不专注于海洋企业；一些位于鹿特丹港口的特殊区域协会 VRMO、VRC、VRS、VRCB 也对集群起着积极的作用。这些协会不仅仅是限于 DMC 中的，还包括周边相互有交集的集群协会。

集群协会在集群中起着代表企业利益、帮助企业联系政府、传播发展、传播创新、提供会务场所等功能，作为一个中间方协调着集群内的活动。

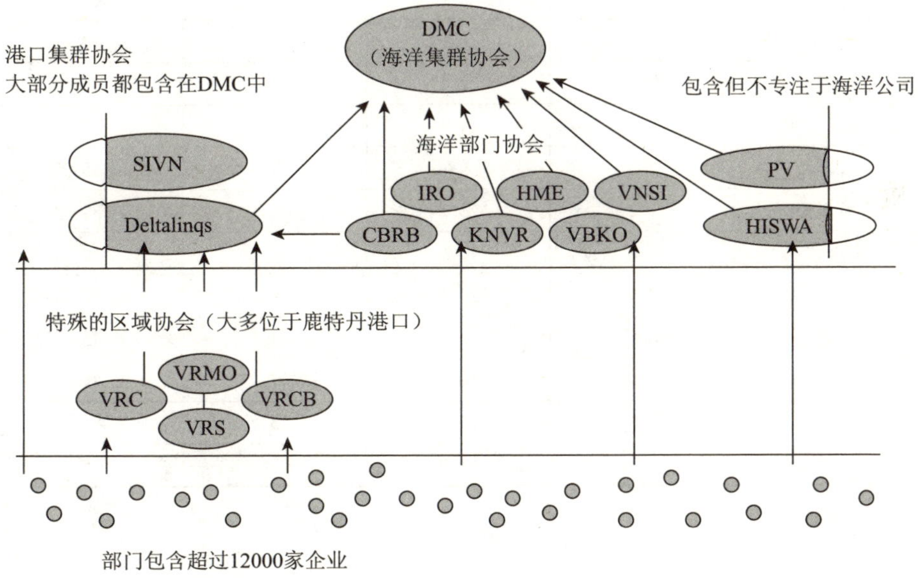

图 6-7　DMC 中的集群协会结构

资料来源：Langen（2002）。

6.4.3 个案分析

1. 匹配分析

（1）领导企业的作用对治理模式的影响。从与其他行业的联系上来说，根据表 6-11，造船业对集群的供给量占其营业额的 48.2%，对集群内其他企业的产品的需求量占其营业额的 22.1%，并且造船业是唯一一个与其他 10 个部门之间都存在联系的部门，可见其核心地位。从规模上来说，在表 6-11 中除了皇家海军外造船业的年平均营业额是最高的。但因为皇家海军是军工企业，对集群的供给为 0（表 6-11），只能算是大企业而不是领导企业，造船业就成为了集群中的核心行业。

表 6-11 DMC 中的经济联系

部门	对 DMC 的供给（占营业额%）	对 DMC 的需求（占营业额%）	相联系的部门数量	出口量（占营业额%）
海洋服务	18.0	0.3	8	60
海洋供给	50.0	0.2	9	42
造船业	48.2	22.1	10	46
泥沙采掘	5.3	24.1	8	57
港口	5.3	2.6	9	65
航运业	1.2	23.3	8	89
离岸作业	0.0	6.7	7	49
内陆航运	0.9	24.5	9	50
游艇业	0.5	2.5	4	45
皇家海军	0.0	10.9	7	0
渔业	0.0	19.4	3	84
平均	12.0	12.0	7	55

资料来源：Langen（2003）。

这些领导企业在规模相对较大，有财力对集群进行具有正外部性的投资；在集群中占比重大，利益相关程度高，因此有动机为集群的发展做出贡献；与其他中小企业关系紧密，存在强烈的供求关系，对他们的生存好坏会产生很大的影响，因此在集群中的权威和信用很高，有能力对集群中的负外部性现象进行治理。在有财力、有动机、有能力的情况下，领导企业治理模式的形成就具备了条件。

因此我们推定，集群中存在着占有核心地位、具备物质条件的领导企业时，就为领导企业为主的治理模式创造了条件。

表 6-12　DMC 中各部门的相关数据

部门	企业数目	平均年营业额（1000€）	平均职工数量	单位员工平均营业额	大企业数目
游艇业	3851	227	3	76	1
内陆航运	4110	286	3	95	4
渔业	795	540	7	77	2
海洋服务	728	1148	13	88	6
海洋供应商	622	2568	20	128	7
泥沙采掘	296	3649	19	192	7
港口	639	4992	41	122	27
航运（海洋）	364	7379	15	492	37
离岸业务	343	7824	56	140	9
造船业	101	16931	109	155	37
皇家海军	1	1256000	17862	70	1

（2）行业性质与比较优势对治理模式的影响。集群内的企业以制造业（造船业）为核心，涉及海洋供应商（Maritime suppliers）、内陆航运（Inland shipping）、造船业（shipbuilding）、海洋服务（Maritime services）、离岸作业（Offshore）、泥沙采掘（Dredging）、远洋航运（shipping）、港口（Ports）、游艇业（Yacht industry）、渔业（Fishery）、皇家海军（Royal Navy）等行业，看似种类繁多，但均没有脱离海洋集群这个范围，并且很多都存在相互的供求关系，特别是所有行业都与造船业有联系。与巴斯克集群相比，海洋集群本身的定义范围就要狭小得多，与巴斯克集群 12 个集群协会中的 Bilbao 港口和海洋的范围类似，而不包括剩下的 10 个。这样，行业的跨度在 DMC 中就比在巴斯克集群中小得多。这样会使得集群协会的

对集群的专注性更好，就不会出现像巴斯克集群那样每行每业都存在自己的集群协会，协会之间交集并不是太多，政府协调的重要性凸显出来的局面。在这里，领导企业对本身行业跨度不大的集群内部的了解已经足够到他能在这方面做出比较专业和正确的治理决定了，他们可以通过、协调生产网络、扮演领导用户、创造标准、创造新组合、促进知识的传播、鼓励和促进国际化、创造声誉、提升劳动市场、组织的基础设施来达到治理的效果。如在鼓励和促进国际化方面，他们甚至能够让他们的供应商使用他们的国际网络或为他们的海外生产保证一个长期的合同来降低供应商们的国际化门槛，这些往往很难有集群协会能够做到。

因此我们推断，在行业跨度很小的情况下，治理有可能直接跨过了政府和集群协会，而直接由领导企业发起。

（3）纵向关系紧密度对治理模式的影响。集群内部纵向结构上的紧密关系更容易拉近集群内企业之间的关系。当企业在原料、生产过程或产品上有交叉的时候，或者他们之间存在频繁的合同关系、外包行为时，他们就会在某些领域联系在一起，甚至有唇亡齿寒的依赖关系，相互之间也会增加了解，建立信任。作者认为这将会促进企业俱乐部的形成、集群协会的家里或大企业获得权威从而进行治理，这些将取决于企业间在纵向结构上联系的紧密程度。在本案例中，如表6-7，整个集群中的每个部门与其他部门的联系都是很高的。相关部门在5个（共11个）以上的9个，平均数为7。供求关系的平均值均为12，几乎所有都有来自DMC的需求，都有一小部分对DMC的供给较少或没有。表中显示的企业间纵向关系非常强的，尤其是相对于行业范围更广泛的巴斯克集群中有些（比如造纸业与其他的制造业）完全无法形成纵向关系的行业而言。

在这个案例中，很强的纵向关系直接促进了领导企业治理模式的形成。

（4）国际化程度的大小对治理模式的影响。高的国际化程度需要产品有很高的国际竞争力，通常体现在价格或技术质量上，迫使整个集群都在这个方向上作出努力。同时集群内部也会在国际化的同时吸收外部的创新成果，或者由外部的创新方向决定自己的创新途径，在意识创新的必要性时找到自己的创新方向，从而可以有组织地去探索，而领导企业在组织上起到了非常大的积极作用。任何来自政府或者协会的治理都没有办法完全获得企业的信息，因为每个企业必然都有一部分信息是不能向外界透露的，而来自大企业本身的治理一定是以自己的利益为主，充分考虑自己的条件和情况的，这样来自企业的治理就很可能比来自第三方的治理更加有效。而这种治理的关键是正外部性的大小，是不是只有大企业本身收益。

而当领导企业与其他企业的纵向关系非常紧密时，这些中小企业的创新和国际化会为与之相关的领导企业甚至整个集群带来正的外部性，这样，当领导企业能够从中小企业的进步中获利较多时，他们也就愿意做出对他们有正外部性的行为。而集群的国际化程度是其中的一个促进因子。领导企业为了在国际中获得竞争力，就必须提高与之有精密的纵向关系的企业的竞争力，这其中包括国际化程度和创新。这样，高的国际化程度就会迫使领导企业做出有利于相关中小企业国际化和创新的强正外部性行为，而我们把这种释放正外部性的行为理解为治理的一种——领导企业治理。

另一种解释从反面来说明，当领导企业与中小企业的纵向关系不紧密时他们自己的竞争力就可以通过其他途径获得，领导企业就没有必要去做出有利于提升这些中小企业的行为；而当纵向关系紧密但国际化程度不高时，领导企业自身前进的动力会小很多，因为竞争范围变小以后具有强竞争力的对手数量减少了，领导企业也没有必要去提升中小企业的竞争力，甚至没有必要快速提升自己的竞争力。

因此，纵向关系紧密且国际化程度高的集群中，领导企业有动机去做出有利于其他相关企业的行为，释放正外部性，而我们把释放正外部性看做治理的一种，这里即为领导企业治理。

2. 案例小结

（1）集群中存在着占有核心地位、具备物质条件的领导企业时，就为领导企业为主的治理模式创造了条件。

（2）在行业跨度很小的情况下，治理有可能直接跨过了政府和集群协会，而直接由领导企业来发起。

（3）很强的纵向关系直接促进了领导企业治理模式的形成。

（4）纵向关系紧密且国际化程度高的集群中，领导企业有动机去做出有利于其他相关企业的行为，释放正外部性，而我们把释放正外部性看做治理的一种，这里即为领导企业治理。

6.5 案例三：中国瓦房店轴承集群

6.5.1 案例概况

6.5.1.1 集群的背景与概况

瓦房店市位于大连市，辽东半岛中西部，距离沈阳 292 千米，距离大连 104 千米，是连接沈阳和大连的重要经济区。瓦房店市的总面积为 3793.5 平方千米，下辖 12 个街道、13 个镇、8 个乡、2 个民族乡、3 个市级工业园区和 4 个经济区。瓦房店市目前有 21 个工业园区，其中包括了 400 余家轴承、机械、化工、纺织、电子、食品加工等企业，产业集群已经在园区里形成。

瓦轴集团，新中国第一家独立生产轴承的企业，在这里诞生。2009 年 12 月底的统计结果显示，瓦承集群中共有轴承及配套企业 500 余家，其中企业集团有 9 家，销售收入 5000 万的企业 37 家，销售收入超亿元的企业达到了 10 家。集群中能够铸造的产品已经涵盖了 10 大类型，80 多个品种，畅销国内的同时也已经做到远销东南亚，东亚，北美和澳洲等地。集群中的瓦轴集团在国内拥有很高的知名度，其在 2009 年的总产值达到了 51 亿元，成为世界第七大的轴承生产销售商。集团旗下的 ZWZ 品牌已成为国内轴承第一品牌。在这些明星企业的带动下，不断有中小企业来此投资建厂，集群中涌现出一大批民营企业，发展迅速，各具特性，极大地增强了集群的多样化。

瓦轴集群按企业资产可划分为三个层次，占瓦房店内轴承产业集群中最高地位的瓦轴集团为第一梯队，瓦房店东旭非标准轴承集团有限公司、瓦房店冶金轴承集团有限公司、瓦房店景雄轴承制造有限公司、瓦房店光阳轴承有限公司、瓦房店远东轴承制造有限公司；瓦房店冶矿轴承制造有限公司和瓦房店滚动轴承有限公司为集群中的第二梯队，余下 150 多家小型轴承制造企业及配套企业为第三梯队。

瓦房店的轴承产业集群从无到有，经过了 70 多年的演化，形成了国营，民营和合资企业蓬勃发展，拥有 ZWZ 等中国驰名商标的高技术的集聚地。瓦房店的轴承产业集群经历了集群发展的孕育阶段，发展阶段，进入了成熟阶段。下一步将更多地参与到国际市场的竞争，力争能够在国际市场上争得一片土地并带动整个集群一起发展。瓦轴集群既具有资金雄厚的企业群，又有来自政府的支持创新的政策和相对稳定的环境，有利于推动集群创新的实现，推进产业集群的升级。

1. 瓦房店轴承产业集群孕育阶段（1949—1985 年）

最初为政府主导企业的形式。瓦轴集团最早在瓦房店市投资建厂，是目前中国最大的轴承生产和销售公司，其历史可以追溯到 1938 年。1949 年，在国家政策的指导下，瓦房店轴承厂恢复生产，可以视为瓦房店轴承产业集群的孕育阶段。

而此时区域中其它企业彼此之间关系杂乱无章，鲜有分工合作关系，不完全具备产业集群应有的全部特征，但确实有了发展成一个产业集群的可能性。

2. 瓦房店轴承产业集群的发育阶段（1986—1995 年）

在集群的发育阶段，其规模迅速扩大，中小企业数量激增，集群内专业化程度增强，生产成本降低，收益增加。由于企业专业化程度提升，开始出现很多专门从事生产一些中间产品的辅助性企业，从而进一步完善了集群中的企业种类，同时也完善了产业链。但这一阶段内集群中企业的创新模式依然以模仿创新为主，除少部分核心企业加大了在自主创新上的投入外，刚进入集群的中小企业仍以抢占市场份额为主，故集群的整体创新能力仍然不是很高。

3. 瓦房店轴承产业集群成熟阶段（1996—2005 年）

而在集群的成熟阶段，集群规模仍在继续扩大，但是速度明显不及发育期，这一期间的特征是，集群中开始出现大中型的明星企业，内部企业和外部的交流加强。分工逐渐细化，联系也更加频繁，集群中已形成了比较成熟的产业链。这一阶段往往存在数十家明星企业，他们一方面依靠科研机构以“产学研”的模式不断创新技术，另一方面又不断将非关键的部分外包给集群内的中小企业，互相支持与合作，共同发展。

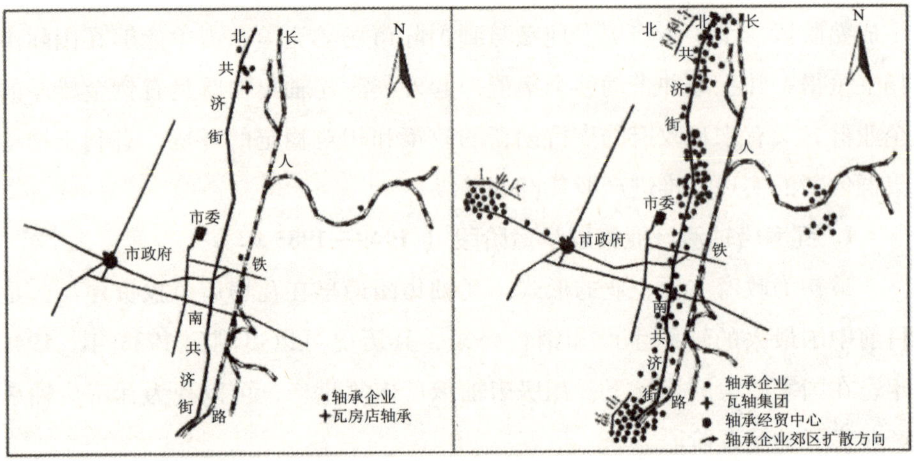

图 6-8　1985 年和 2006 年瓦轴集群中轴承企业分布

4. 瓦房店轴承产业集群升级阶段（2006 至今）

集群在经历了孕育阶段、发展阶段和成熟阶段三个阶段之后，到 2006 年时已拥有了较强的市场竞争力。但由于轴承行业的总体发展形势大好，这一阶段任然有大量企业进入瓦房店市，造成了集群内轴承企业过度拥挤，出现了假冒伪劣产品和不正当竞争，侵害了整个集群的利益。如任其发展，必将导致集群的发展停滞，甚至走向衰亡。为避免此种情况发生，一些企业通过结构性调整和与外资合作，并将投资重点由劳动密集型产品转向知识、技术密集型产品，集群中产品的技术含量也不断提升，企业因此更具有竞争力。瓦轴集群慢慢进入产业集群的升级阶段。

6.5.1.2　治理的背景及概况

历史上，东北装备制造业的核心一直是一批在计划经济时期由政府投资兴建或扩建的大中型国有企业。这些企业普遍采取“大而全”的生产方式，长期在计划经济体制下运行的所造成的路径依赖效应使集群发育滞后，阻碍了东北装备制造业的振兴。

1. 轴承产业集群的孕育阶段

1983 年，以全国乡镇企业兴起为大背景，瓦房店市出现了第一家乡镇轴承企业，随后又成立了第一批乡镇轴承企业。这些企业大都只具备基本生产能力，而缺乏产品的开发能力。它们往往模仿大中企业的成熟产品和生产工艺，凭借成本低廉的优势，生产中低档轴承。但这样的作法在当初实施计划经济、缺乏知识产权保护的时期，被视为是一种“合理”的行为。

20 世纪 80—90 年代初，中国市场还处于一种供不应求的状态，虽然当时乡镇轴承企业产品的技术含量普遍偏低，但在当时卖方市场的大前提下，乡镇轴承企业凭借低成本优势依然获得了良好的市场。同时，国家也对乡镇企业实行了“免三减二”的税收政策，经过 5 年的减免之后，大多数企业将按照销售额的 1%继续纳税。这些优惠直到 1994 年实施分税制后才逐渐取消，它们为乡镇轴承企业的早期成长提供了有利的条件。随着中小企业数量的增多，瓦轴集群的雏形基本形成。

2. 轴承产业集群的发展阶段

1997 年，乡镇企业产权制度改革在全国范围展开，而瓦房店乡镇轴承企业的产权制度的改革到 2000 年已基本完成，经营者成为企业的大股东。与原来的乡镇企业相比，改制后的企业的大股东更关注于企业的长远发展。为了引进当前急需的管理型和技术型人才，这些企业通过为关键岗位的人才提供高薪，来吸引瓦轴集团员工（主要为销售和技术方面人才）的流入。以吸收瓦轴集团的技术和知识为基础，经过多年的技术积累和发展，一些领先的企业逐步形成了自己的技术开发能力。如冶金轴承集团有限公司凭借复合等温淬火工艺研制出的轧机轴承在同类产品中具有先进水平，其调心滚子轴承被评为了冶金部名牌产品，四列圆锥滚子轴承被评为了辽宁省的名牌产品。这些逐渐拥有较强技术力量的企业成为次一级的技术源泉，它们通过技术扩散和人员流动，带动新兴小企业的产生和发展，进一步推动了整个瓦轴集群在20世纪90年代大力发展。

由于周边乡镇企业规模的迅速扩张和技术能力的不断提升，瓦轴集团在普通轴承的地位上开始面着临冲击。瓦轴集团冗员繁多，社会负担沉重，并且和财务费用管理费用高，导致企业成本偏高，普通轴承的价格相比中小企业要高出20%~40%；而中小企业在销售方式上又比大型国有企业更加灵活，使得瓦轴集团在普通轴承上逐渐失去了市场。在普通轴承市场上的失利使得瓦轴集团陷入了一度的困境，到20世纪90年代中后期，瓦轴集团产品库存积压增加，销售价格持续下滑，销售收入和利润也相应下降。面对周围企业施加的重重压力，瓦轴集团因此被迫改变经营战略，大量压缩普通轴承的生产，转向以调整产品品种、提升产品档次、发展出口和替代进口为主的企业再造工程。

瓦轴集团在国内轴承行业中是技术能力最强的企业，在行业内最早成立国家级技术中心（1995年），也是国内军用轴承和各类高端轴承的主要供应商。但瓦轴集团与国外主要竞争对手相比较，在技术水平和产品层次方面的差距仍然很大。在各种竞争压力下，瓦轴集团一方面增加技术方面的投入，主要是加大自主研发力度；另一方面也积极与国外先进企业合作。自1995年开始，瓦轴集团利用其部分资产与瑞典的SKF、日本的KOYO、日本的THK、美国的GBC等技术一流的轴承企业进行合资或合作；同时也加强了与清华大学、大连理工大学等国内一流的高等院校和科研机构之间的合作。瓦轴集团在大连理工大学里成立了技术中心的分中心。这些技术合作加快了瓦轴集团内部的技术创新，并且通过伴随的技术外溢，为整个集群获取外部技术提供了重要的手段。随着瓦轴集团的主导产品逐步转入高端路线，集中于汽车轴承、铁路轴承、滚珠丝杠等产品，普通轴承销售额逐渐下降到了销售收入的15%左右。高端产品的加工工艺相对复杂，精度要求也高得多，因此对企业的技术能力和工艺水平就有了更高的要求，形成了较高的进入壁垒，帮助瓦轴集团实现了一定程度上的与集群内企业的产品差异化。

3. 瓦轴集团的优化重组

身为一个有60多年历史的老企业，瓦轴集本身具有冗员多、负担重、生产经营“大而全”而单项深入不够等问题，这些问题很大程度上制约了瓦轴的进一步发展。1997—1998年，国家针对国企存在的普遍现象先后提出了“减员增效”和“国企脱困”的方针政策，大连市政府也相应地制定了配套政策，为瓦轴集团实施减员增效的工作提供了政策性支持。1995年时瓦轴集团的在职职工为2.7万人，而到2003年这一数目则降到了1.4万人。在这一过程中，产业集群在瓦轴集团的“减员增效”过程中起到了缓冲作用。大部分下岗或提前退休的技术工人或开发和管理人员都在周边轴承企业找到了新的工作，实现了再就业，从而减少了改革带来的的阻力和冲击。

减员增效的同时，瓦轴集团也推行了剥离辅助的工作。瓦轴集团培训中心于2002年改制成为民办事业法人，中心下属的技校也开始面向社会招生，大部分技校的毕业生最终进入周边中小企业工作。2003年开始，在产权制度改革的背景下，瓦轴集团精密锻压厂、钢球分厂、砂轮分厂、机电化公司、动力公司等单位陆续完成了改制分流，开始独立面向市场经营，从而成为了产业集群中的新成员。这些改变使得企业更加关注其产品的质量和生产成本，并且从以往的为瓦轴集团内部配套为主，逐步转向既为瓦轴集团配套，同时也为周边其他企业做配套。

自20世纪90年代末以来，虽然“国企脱困”和“减员增效”等政策本着帮助国有大中型企业解决长期历史问题为目的，但是这些政策客观上也促进了国有企业与产业集群之间的相互融合。到2000年，瓦轴的优化重组为轴承产业集群提供了大量的新成员，资本和劳动力的重新配置也为瓦轴集群的进一步发展带来了新的活力。

4. 产业集群的逐步形成

在20多年发展的基础上，进入21世纪之后，瓦轴产业集群的规模已初步形成，以瓦轴集团为主的大企业与周边中小企业间逐步建立了一种竞争与合作并存的机制，即瓦轴集团的技术外溢间接拉动了周边中小企业的发展，而相应的，周边中小企业的发展所带来的竞争压力以及提供的配套能力，又为瓦轴集团结构升级提供支持条件和外部动力；同时，相当一部分中小轴承企业在发展的过程中已经拥有了较强的综合实力。例如，瓦房店冶金轴承集团有限公司的产品通过了大庆油田、辽河油田等企业的认可，得以进入国内的油田市场，公司的商标被评为2003年度辽宁省著名商标；而冶矿轴承制造有限公司的产品已经成功接入了首钢、鞍钢、武钢等一些特大企业的供应链；受到瓦轴集团产品升级的示范性影响，远东轴承制造有限公司也在2004年投资了1500万元进入精密轴承生产领域。

直至2003年，除原有的大型企业瓦轴集团之外，瓦房店集群内资产总额超过千万的轴承企业已经达到了15家，并且瓦轴集团的优化重组效果也逐渐显现出来，各项经济指标均创下了历史最高水平，产品在国内市场的占有率一度达到13%，其中的铁路货车轴承占有率达到了40%，汽车轴承主机市场的占有率达到30%，低噪声电机轴承的占有率达到20%；产品远销海外，进入了福特、伊顿、GE等世界500强企业的供应链中，OEM客户增长到了8家，出口交货值高达到2.24亿元，国际代理商也发展到了85个。

尽管集群发展十分迅速，但仍然存在一些迫切需要解决的问题。首先，集群内的企业之间合作创新很少，主要原因是由于合作创新产生的交易费用很高，交易费用贯穿于产学研合作创新得全过程中，并且会对合作创新的效果产生重要的影响。然而由于信用体系的缺失，知识产权保护相对国外滞后很多，很多企业获得的技术成果往往难以得到有效地保护，企业在合作过程中也因此缺乏信任，才导致了交易费用增高，从而阻碍了集群内部的创新资源的整合；其次，集群内部分工协作体系的发展也明显滞后，表现为大中型企业的一体化程度高，在外购零部件和外协工序过程中，这些企业在产品质量和交货期上都遇到了不少问题。说明集群内的分工协作还处于相对较低的水平。

6.5.2　集群与相应治理模式的特征

1. 集群特征

（1）以有国营背景的瓦轴为核心，周围的大中小企业分为多个阶梯。瓦房店轴承的产业集群按照资产划分可以分为三个层次，瓦轴集团独占瓦房店内轴承产业集群中的最高地位，瓦房店冶金轴承集团有限公司、瓦房店东旭非标准轴承集团有限公司、瓦房店光阳轴承有限公司、瓦房店景雄轴承制造有限公司、瓦房店冶矿轴承制造有限公司，瓦房店滚动轴承有限公司和瓦房店远东轴承制造有限公司为集群中的第二梯队（资产总额大于 3500 万元），剩下的 150 多家小型轴承制造企业和配套企业作为第三梯队为集群贡献自己的力量。

表 6-13　瓦房店轴承集群内企业规模分布

企业资产（万元）	企业数
>100000	1
10000~100000	1
1000~10000	14
300~1000	27
100~300	40
<100	83

资料来源：张米尔，2007。

瓦轴集团在行业内最早成立国家级技术中心，是国内高端轴承和军用轴承的主要供应商，但与国外主要竞争对手相比，在技术水平和产品结构方面仍然存在较大差距。从 1995 年开始，利用部分资产同瑞典 SKF、日本 KOYO、日本 THK、美国 GBC 等世界一流轴承企业进行合资合作；并加强了与清华大学、大连理工大学等高等院校和科研机构的合作，在大连理工大学成立了技术中心分中心。技术合作不但加快了瓦轴集团的技术创新，而且通过随后的技术外溢，成为整个集群获取外部技术的重要渠道。

（2）行业性质集中于轴承加工业，集中度非常高，比较优势为相对高的技术或低成本的劳动力。集群从一开始政府主导的瓦房店轴承厂，到 1975 年在国家的要求下衍生了 5 个新的集体企业，再到后来中小企业涌入瓦房店轴承集群，除了一些基础的支撑产业外，几乎所有的企业都集中在轴承加工行业。

在制造技术上不同规模企业的差别是非常大的，有的企业能够稳定输出内径 50mm 以上，外径 3000mm 以下的 0-9 类 P2、UP、P4、SP、P5 级轴承产品及其他特种高精密轴承。而大部分中小企业只能生产精密度较低的产品。这样，技术领先的大企业就会在集群中甚至全国获得优势，而中小企业依靠的则是较低成本的劳动力和大企业的知识外溢。

（3）纵向关系的强弱受政府政策影响而产生变化。集群发展中期，瓦轴等大企业与中小企业竞争低端市场，纵向关系不强。后期政府鼓励大企业将低端产业外包给中小企业，力图让瓦轴等大企业追求高技术，高附加值产品，与中小企业在不同方向上发展，纵向关系又因此变强。

（4）以大企业为引导的国际化程度日渐加深。从 1995 年开始，瓦轴集团利用部分资产同瑞典 SKF、日本 KOYO、日本 THK、美国 GBC 等世界一流轴承企业进行合资合作。2003 年瓦轴集团优化重组后，各项经济指标创历史最高水平，产品的国内市场占有率达到 13%，产品进入伊顿、福特、GE 等世界 500 强企业供应链，OEM 客户增长到 8 家，出口交货值达到 2.24 亿元，国际代理商发展到 85 个。

2. 治理模式特征

（1）国家对治理的影响力非常大。制度变迁对东北装备制造业集群的演进起到了重要作用。产业集群是介于企业和市场之间的中间组织，涉及的行为主体构成复杂，受外部因素影响的着力点多。而在过去 20 多年中，中国经济发展经历了深刻的制度变迁。从总体上讲，中国经济的持续增长是制度转轨、对外开放以及二元经济转型等因素共同作用的结果。东北地区是受计划经济体制影响最深的地区，而装备制造业又是长期由国有资本主导的行业，因此，制度变迁对东北装备制造业集群演进产生了深刻影响，从乡镇企业的兴起、市场化进程的逐步深入到国有企业改革脱困，对产业集群发展的推动不仅表现在企业数量增长和规模成长，而且促使集群内企业关系转变和整体技术能力成长。

（2）瓦轴对集群有相当大的影响力，但在治理上的作用不如政府。瓦轴集团在集群中出于技术优势的地位，在政府的引导下逐渐将低端产品外包，促进中下企业生存空间的发展，在集群中拥有较高的权威和地位，具有一定的治理能力。

但国企背景下的瓦轴集团也有很大的缺陷，对企业的贿赂的存在、内部的亲戚朋友等将集团的技术、设计等外泄。外界中小企业盗用技术或品牌，但瓦轴与中小企业间复杂的关系（有的中小企业甚至是瓦轴内部人员组建的），协调的成本变得很高，治理的效率也会降低。

6.5.3　个案分析

1. 匹配分析

（1）有国企背景的大企业对治理模式的影响。一般情况下，作为集群中的领导性企业，规模较大，经济实力雄厚，信用和权威较高，所以有能力对集群中的行为作出影响。并且，因为其规模庞大，受到集群中的正、负影响相比中小企业更高，更希望集群朝着健康的方向发展，因此也有动机对集群进行力所能及的治理。

但在具有国企背景的情况下，瓦轴集群中的领导企业却更多地依赖了政府的治理。我们推断有以下两点原因：

从瓦房店轴承厂开始，国有企业的身份使得政府在其内部行为上持续、过多地干预，在产权改革甚至是上市后（瓦轴 B，代码 200706），瓦轴集团对政府的依赖在一定程度上还有残留。并且由于转变突然，瓦轴集团对于治理集群方面的经验十分有限，因此其治理行为受到了一定的限制；国有企业与周边中小企业的关系并不只是纵向关系，还隐含着很多人际关系。例如，有些中小企业雇佣了瓦轴的退休员工或下岗员工作为技术人员，甚至雇佣原瓦轴集群的高级工程师来担任厂长。这些人员虽然离开了瓦轴，但与瓦轴集团内部仍然存在着千丝万缕了联系，有的甚至能通过各种关系渠道获得瓦轴集团的技术。而对于集群内部存在的贴牌盗用瓦轴集团品牌的现象，瓦轴集团在想要治理时也会受到这层关系的阻碍，协调成本会相应增高。

因此，我们认为领导企业具有国有企业的背景会导致政府对集群的治理相对没有此背景时增加。

（2）行业性质与比较优势对治理模式的影响。相对于巴斯克集群分散的行业特性和 DMC 集中于海洋产业的行业特性，瓦房店轴承产业集群中的行业集中度要高很多，几乎全部集中在轴承制造行业，如果按之前的推理，在存在核心大企业的情况下，该集群应该更加倾向于领导企业为主的治理。但正如上一条分析所述，事实却并非是领导企业为主的治理模式。

行业的集中性使得集群内企业间的相互了解加深、关系紧密，而大企业的权威性和领导力更容易渗透到其他企业中。同时，领导企业的技术要领先于其他中小企业很多，这也给予了他们更多的权威性。

瓦轴集团的确具有这些特性，也的确具有治理能力，但是具有能力不代表一定去做，有倾向不代表一定会发生。瓦轴集团很可能是被国有企业的背景阻碍了其治理行为。

因此，行业集中性很强的集群有倾向于领导企业治理的倾向，领导企业具有技术优势的企业的集群也同样具有这种倾向，但这种治理的产生同时还受其他因素的影响。

（3）纵向关系与治理模式的关系。同样，在纵向关系的变化中我们观察到了中小企业与核心企业之间的关系通过外包合同加强了，中小企业对核心企业的依赖程度增加了，核心企业在脱离了低端产品后跟专注于同外企之间的合作与提升自己的技术水平。政务此举力图增加中小企业的生存空间的同时提升核心企业的竞争力。

治理措施可以改变纵向关系，同样可以改变其他的集群特征。

（4）国际化进程对治理模式的影响。外包促进了瓦轴集团的国际化进程，瓦轴集团与外资企业进行合作提高自己的技术水平，可能的知识溢出会增加，集群整体的竞争力会提升，对集群的正外部性会增强。从一定的层面来讲，国际化的过程本身就是具有治理的效果的。

这里的国际化提升了领导企业的权威性，提升了领导企业的治理能力。

2. 案例小结

（1）领导企业具有国有企业的背景会导致政府对集群的治理相对没有此背景时增加。

（2）行业集中性很强的集群有倾向于领导企业治理的倾向，领导企业具有技术优势的企业的集群也同样具有这种倾向，但这种治理的产生还同时受其他因素的影响。

（3）治理措施可以改变纵向关系，同样可以改变其他的集群特征。

（4）国际化提升了领导企业的权威性，提升了领导企业的治理的能力。

6.6　跨案例综合分析

假设 1：以中小企业为主的集群性质会把治理模式引向政府主导，而集群中大企业占优势的特性会把治理引向领导企业主导的模式。

假设 2：集群中行业集中度的大小会对治理模式产生影响。

假设 3：纵向关系的强度对治理模式有影响，纵向关系越强越倾向于领导企业主导的治理模式。

假设 4：国际化程度高的集群倾向于领导企业主导的治理模式。

表 6-14　案例中论点对假设的支持

假设	案例	案例中的论点	支持假设
1	一	在集群的构成以中小企业为主时，政府发起治理是一种可行的方式	√
	二	集群中存在领导企业为以领导企业为主的治理模式创造了条件	√
	三	领导企业有国有企业的背景会导致政府对集群的治理相对没有此背景时增加	
2	一	集群中行业性质的横向跨度比较大时，政府治理是更有效的	√
	二	在行业跨度很小的情况下，治理有可能直接跨过政府和集群协会，直接由领导企业来发起	√
	三	行业集中性很强的集群有倾向于领导企业治理的倾向，领导企业具有技术优势的集群也同样具有这种倾向，但这种治理的产生还同时受其他因素的影响	√
3	一	一定范围内较强的纵向关系利于集群协会治理形成	√
	二	很强的纵向关系直接促进了领导企业治理模式的形成	√
	三	治理措施可以改变纵向关系，同样可以改变其他的集群特征	
4	二	纵向关系紧密且国际化程度高的集群中，领导企业有动机去做出有利于其他相关企业的行为，释放正外部性，而我们把释放正外部性看做治理的一种，这里即为领导企业治理	√
	三	国际化提升了领导企业的权威性，提升了领导企业的治理的能力	√

除了有个别案例中未明确涉及到相关信息，三个案例基本支持了作者的四个假设（未打钩的部分仅代表没有明确支持，并不代表反对），表明这四个假设具有一定的普遍性。

除每种特性单独对治理模式的作用以外，各种特性之间也相互影响，共同作用于治理模式的选择。如当领导企业与其他企业的纵向关系非常紧密时，这些中小企业的创新和国际化会为与之相关的领导企业甚至整个集群带来正的外部性，这样，当领导企业能够从中小企业的进步中获利较多时，他们也就愿意做出对他们有正外部性的行为。在这里，高的国际化程度就与高的行业紧密度共同作用，推进了领导企业主导的治理模式的形成。再比如行业性质紧密同企业间规模上具有差异可能导致大企业将一些低技术含量的制造外包给小企业，提高了集群中企业间的纵向关系紧密度。

考虑到各种因素之间的互相影响，我们选取了其中 3 种关系相对明确的集群特性来阐释这种匹配关系：

集群中企业规模结构的差异由小到大、行业性质由分散到集中、企业间纵向关系由疏远到紧密可促进政府主导的治理到行业协会主导的治理，再到领导企业主导的治理的转变。如图 6-9：

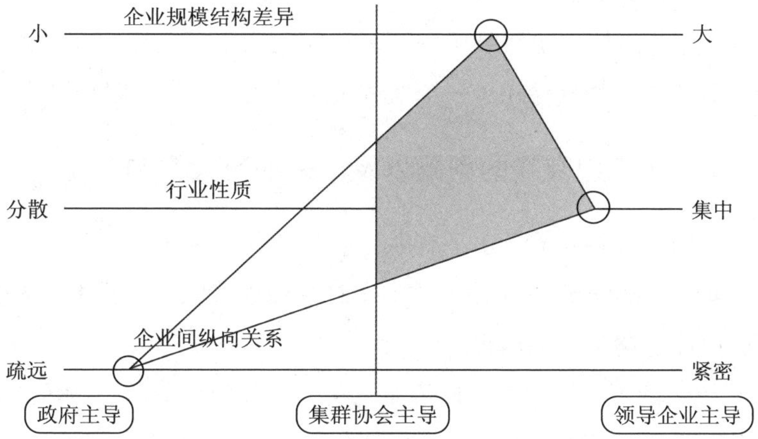

图 6-9　匹配关系

横线代表三种集群特性的强弱，对应三种形式的治理方式。这三个特征的具体情况对应图中三条线上的三个点。当三角形中阴影部分的面积大于空白部分时，治理模式偏向领导企业主导型；当空白部分大于阴影时偏向政府主导；而当两部分面积相近时集群协会的作用体现地更明显。

对于其他因素的影响，作者在案例分析中也尽量做了分析（可参照每章中的案例小结），但因缺乏更多的材料支持，未能得出上述较明显的关系。

6.7　本章小结

6.7.1　主要结论

本章首先尝试提出了关于集群特征及治理模式之间匹配的框架，在分析框架的基础上提出了 4 个假设，然后根据假设中所涉及的因素来尽量选取有体现力的案例，带着假设进行案例分析。

在对案例中的集群的发展和数据进行解析，推断因果关系后，发现作者的假设基本得到了支持，并且通过不同案例中不同特性表现的强弱不同和体现出的治理模式不同，提出了针对三种较明显的集群特征和案例中所体现出的治理模式的匹配方式（图 6-9），对应了作者在开头提出的框架。

在分析案例的同时也得到了一些其他相关因素，分别列在每个案例的小节中，有的由于是只存在于一个案例中，因此未被列入图 6-9 中。

6.7.2 研究中存在的问题以及未来的研究方向

由于时间、资料和笔者水平有限，本章尚有很多不足之处：

（1）时间和研究的不充分导致本文对治理模式的划分没有涉及到更多的维度，可能遗漏了一些内容；

（2）资料的不充分导致我们可能忽略了其他很多影响影响因素，而这些因素共同作用下可能改变我们的匹配方式所产生的结果。即这种复杂的匹配是多方面的，作者只涉及了其中很小的一个方面。

（3）对于已经分析出的结论，没有很好的数据能将其量化，只能判断一个大致趋势，甚至连 3 种因素（集群中企业规模结构的差异、行业性质集中度、企业间纵向关系紧密度）之间影响力的大小都没有明确的结论。

第 7 章　沈阳装备制造业集群形成的条件与机理研究——基于铁西工业区的历史经验

7.1　引言

7.1.1　研究背景和问题的提出

沈阳是全国著名的装备制造业基地，东有汽车产业、北有航空产业、西有著名的“东方鲁尔”铁西工业区，曾在共和国成立初期的计划经济体制下为国家建设做出过重大贡献，被誉为“共和国的总装备部”。铁西工业区具有百年工业发展的历史，先后经历了日伪时期、内战时期、计划经济时期和改革开放后的企业及技术改造时期，以及近几年的“东搬西建”改造时期，为我们提供了丰富的研究素材。

在日伪时期，日本从在沈阳设立首家工厂到战败，共在沈阳开设 323 家工厂。建立这些企业是为了掠夺资源、财富以及支持战争的需要，可以说，这个时期的沈阳工业有着浓厚的日本殖民工业色彩。日本战败后，苏联军队接收了日本在沈阳的遗留企业。在此期间，苏联方面将沈阳企业的主要设备、产品、原料等运走。随后，国民政府接管沈阳，致使沈阳工业遭到进一步破坏。

新中国成立后，国家对沈阳工业区进行了有计划的调整和改造，使沈阳工业得到了快速回复和发展。但是改革开放以来，以铁西为主的沈阳老工业基地却暴露出越来越多的问题和矛盾。鉴于沈阳困难的局面，国家从

1986—2002 年对沈阳工业区实施企业和技术改造。历经 16 年的时间，虽然取得了一定的成效，但由于受体制机制、历史条件、发展空间等因素的限制，沈阳老工业基地长期形成的体制性、机制性和结构性矛盾并没有得以彻底解决。关键的转变出现在 2002 年 6 月 18 日，铁西区与沈阳经济技术开发区合署办公，组建了铁西新区。整合后的铁西新区为了彻底解决制约铁西老工业基地改造发展的一系列重大问题，开始实施铁西工业大搬迁的“东搬西建”计划。目前，为了把铁西区做大做强，铁西区政府提出着力打造机床、汽车及零部件、现代建筑、电气、医药化工五大超千亿元工业产业集群。至此铁西乃至沈阳迎来了发展的新契机。

2010 年 4 月 6 日，经国务院同意，国家发展改革委正式批复沈阳经济区为国家新型工业化综合配套改革试验区，这标志着沈阳经济区成为继上海浦东、天津滨海新区、成都、重庆、武汉城市圈、长株潭城市群和深圳等 7 个地区后，国务院批准设立的第 8 个国家综合配套改革试验区[3]。

2010 年以来，五大千亿产业集群及沈阳经济区政策的提出意味着沈阳将获得更多来自政策和资金上的支持，整个沈阳地区乃至整个沈阳经济区将迎来前所未有的发展良机。

回顾沈阳地区装备制造业的发展，在历史上获得很多国家的政策支持，但改革开放以后，发展状况一直很不理想。与东南沿海地区经济高速发展相比较，究其根本原因是因为沈阳地区的产业集群一直没有得到有效发展。在现代经济社会中，沈阳装备制造业企业的传统经营模式与很多地区的高效产业集群竞争，即使有国家的扶持，仍难以占据优势。因此，发展产业集群是沈阳装备制造业今后发展的必然选择。

然而，沈阳装备制造业能否形成产业集群，目前又发展到了什么程度，针对这些问题，学界仍有很大争议，大致可以分为悲观论、乐观论和重构论。其中，悲观论的代表是国务院发展研究中心副主任刘世锦，他认为：“随着我国产业结构的调整和升级，较高技术含量和附加价值制造业的发展，装备工业有很大可能迎来重要的发展机遇。但这种机遇是否就一定属于老工业基地，恐怕还很难说。如果老工业基地不能通过企业改革、市场发育，形成新的专业化分工体系，实现由传统工业区向市场经济意义上的产业集聚的转变，将会与这一机遇失之交臂。”乐观论的主要代表是原辽宁大学教授高闯，他认为：“东北地区能依托老工业基地打造出一个高效的产业集群。”此外，重构论的代表任务人物是东北财经大学工商管理学院院长卢昌崇，他认为：“随着辽宁省装备制造业企业在数量和规模的扩张，企业间的交易频度和范围逐渐扩大，在原有的合作网络的基础上出现了一些自发性的企业群落。这些企业群落已初具集聚规模，同时也让人们看到了装备制造企业集群发展的希望。但目前辽宁还未能找到一条适合装备制造产业集群式发展的模式，而在移植长三角、珠三角的集群经验时又‘水土不服’，因此仍然延续了以往的成长路径，发展并不顺利。其主要原因在于决策者对决定装备制造企业集群发展的关键因素缺乏系统、深刻的认识，致使决策的效率不高。因此，我们要想发展产业集群，必须对核心企业重新定位，以此来实现产业转移和产业升级。”

沈阳地区产业集群的发展与国内外现有的产业集群发展的成功案例均有不同，沈阳地区装备制造业产业集群的发展从历史上来说就不是市场自身力量所带动的，因此在产业集群形成条件及形成机理上与市场主导的产业集群有所不同。国有企业是沈阳地区产业集群发展初期的核心力量，在整个产业集群的发展过程中也扮演着重要的角色。如果不考虑国有企业的重要影响，我们就无法理解沈阳装备制造业的发展规律。因此，本章将从沈阳地区装备制造业产业集群的发展历史入手，结合产业集群的形成要件，分析在每一特定历史时期沈阳地区装备制造业产业集群形成规律及特点，以此得出沈阳装备制造业产业集群形成的条件和内在机理。

7.1.2　研究目的及意义

在当今的全球化时代，产业集聚已成为世界上普遍的经济现象。同时，随着经济全球化和国际产业转移的发展，区域产业竞争力的强弱越来越取决于该地区产业集群化发展的程度。产业发展已经进入了一个新的时代——产业集群决定产业竞争力，因此，探讨产业集群的发展策略对产业集群未来走向起着至关重要的作用，对推动区域的经济发展是十分必要的。

自从20世纪90年代以来，产业在地理空间集聚吸引了经济地理学家、经济学家和社会学家以及政府决策者越来越多的兴趣和关注。目前，有关产业集聚的研究在国内外学术界都很活跃，产生了许多理论来解释产业集聚现象，但是大部分理论都关注于产业集聚带来的竞争力分析，以及产业集聚的成长环境与成长因素剖析。我们面对的问题是，产业集聚是如何产生的，以及形成的条件和机理，以及生产过程为何要走向集聚。然而，学者们基于各自观察的视角和依据的经验对象提出了诸多解释，其中不乏真知灼见，但又莫衷一是。本文将紧紧围绕这些问题展开讨论，探究产业集聚形成的条件和机理。

针对沈阳装备制造业目前的情况来看，以产业集群的方式谋划地方经济的发展，来实现老工业基地的振兴，是沈阳在当前的一种必然选择。发展产业集群必将有力地推动沈阳装备制造业基地深化改革、加快开放，破除经济发展的体制性障碍，必将促使沈阳经济区引发新一轮投资热潮、推进本地产业结构优化和升级，提升本地区的竞争实力、促进中小企业的发展，使沈阳成为新型产业基地，推动辽宁省乃至东北的城市化和工业化进程，促进经济社会全面、协调、可持续发展。因此，本章对未来沈阳装备制造业的发展具有重要的实践意义。

7.1.3 研究思路

本章的研究以产业集群理论为溯源，这些理论的研究为本章提供了理论基础。在这些理论研究基础上，分析产业集群形成的要件，指出以国有企业为主导的产业集群的发展逻辑，并结合铁西工业区装备制造业产业集群从日伪时期、内战时期、新中国成立初期、文革时期、改革开放前期、20世纪末期再到21世纪初期整个发展的历史经验加以佐证。以沈阳机床产业集群的形成过程为个案做重点研究。以此得出，在沈阳地区以国有企业为主导的背景下，产业集群的运行的共性规律及发展前景，本章研究思路如图7-1。

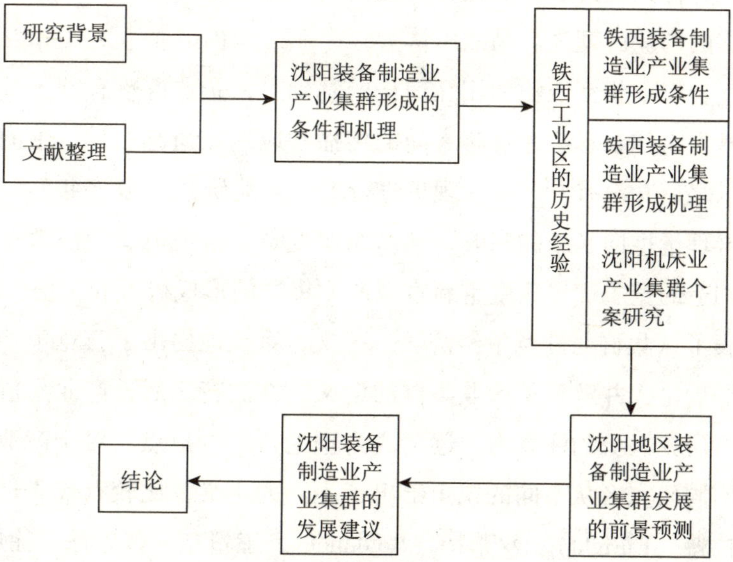

图 7-1　本章研究思路

7.1.4　本章内容与结构

本章共分为五节。第一节引言，介绍了本章研究背景并提出问题、研究的目的与意义、思路与方法；第二节对产业集群相关理论进行梳理；第三节指出沈阳装备制造业产业集群形成的条件和机理；第四节考察铁西工业区发展的历史经验，并以此作为实证研究，对第三节的理论进行展开谈论，并结合沈阳机床业产业集群的发展情况做进一步阐释；第五节以沈阳机床为例进行分析；第六节以前面分析的结论为基础，对沈阳装备制造业产业集群的发展前景作出预测并提出相关政策建议。

7.2　相关文献综述

7.2.1　产业集群的概念

产业集群作为一种经济和社会现象，一种新的产业组织形式，其强大的竞争优势得到经济学界的充分肯定。对产业集群的研究，最早可以追溯到马歇尔的产业区理论。马歇尔认为，产业区域内的企业之间相互关系建立在相互合作、相互依赖和相互信任的基础上，企业群落有利于技术、信息、技术诀窍和新思想在群落之间的传播与应用。遗憾的是，主流经济学在马歇尔之后并没有对产业区现象进行更深入地研究。30 多年后，波特把产业集群理论推向了新的高峰，他从组织变革、价值链、经济效率和柔性方面所创造的竞争优势角度重新审视产业集群的形成机理和价值。1998 年波特发表了《集群与新竞争经济学》一文，系统地提出了新竞争经济学的产业集群理论，并解释了产业集群的含义。在波特之后，产业集群吸引了不同学科研究人员的注意力，逐渐成为理论研究的热点。对于产业集群的定义，不同研究者从不同的视角给出了不同的定义，比较有代表性的有波特、恩拉特（Enright）、罗莱特（Roldandt）、王辑慈、曾忠禄、徐康宁等，如表 7-1 所示。

表 7-1　关于产业集群的代表性定义

代表人物	定义
波特（Porter，1998）	是在某一特定领域内互相联系的、在地理位上集中的公司、机构的集合，包括一些对竞争起重要作用的、相互联系的产业的其他实体
罗莱特（Roldandt，1998）	是相互联系紧密的企业、科研机构、中介、客户，为了获得新的互补的技术、从互补资产和利用知识联盟中获得利益、加快学习过程、降低交易成本、克服或构筑市场壁垒、取得协作经济效益、分散创新风险，通过增值链相互联系形成的网络
恩拉特（Enright，1996）	是一组商业企业或非商业组织。对于作为该组内成员的个体来说，集群是竞争力的的重要因素，促使集群企业联系起来的是客商和供应商关系、共同劳动力市场、共同的技术、共同的客商或配发渠道
经经济合作与发展组织织（OCED，2001）	产业集群反映了企业在相关的商务联系基础上所存在的地理组合现象，在集群里，企业之间有不同程度的交互作用，从松散的企业网络协会到多种形式的合作与竞争
联合国工业发展组织（UNIDO，1995）	是生产和销售一系列相同或相关的产业而面临共同的挑战和机遇的企业在部门上和地理上的集中

续表

代表人物	定义
王辑慈（2001）	某一特定的产业及其相关领域中，大量联系密切的企业以及相关支撑机构，在空间上集聚，并形成强劲、持续竞争优势的现象
曾忠禄（1996）	指同一产业的企业以及该产业的相关产业和支持产业的企业在地理上的集中
徐康宁（2001）	是指相同的产业高度集中于某个特定地区的一种产业成长现象
王珺（2002）	是指以大量的中小企业在产业上的集中和地理位置上的集聚为特征的地区经济

资料来源：根据黄坡、陈柳钦（2006），整理而成。

通过下面对产业集群定义的罗列，我们可以发现，他们的共同点是：产业集群在地理空间上集中，企业是最主要的市场主体，她不仅包括了本地企业，而且还包括特定区域的非企业机构，例如提供研究和技术性支持的政府机构以及其他机构（大学、行业协会等），本质上是一个独特的区域性网络。产业集群（industrial cluster）指在某一特定领域内，相互关联的企业与机构在一定的地域内集中连片，形成上、中、下游机构完整，外围支持产业体系健全，具有灵活机动等特性的有机体系。

7. 2. 2　产业集群的分类

在产业集群发展的历史中，形成了很多典型的发展模式，为了更有针对性地研究产业集群，我们有必要对产业集群进行分类，以使在研究本地产业集群发展的时候得到一些启示。关于产业集群的分类方法，学术界仍有争议，目前主流的有以下几种分类方法。

1. 按产业集群的范围进行分类

按产业集群范围进行分类，如表 7-2。

表 7-2　按产业集群范围分类

类型	内涵
地理型	经济活动在空间上的集聚，范围从完全本地化的产业集群到真正全球化的产业
水平型	几个产业或部门组成的较大的产业集群

续表

类型	内涵
垂直型	在生产过程中临近的几个环节或阶段可以形成以供应商网络等位内容的产业集群，其特征在于创新驱动价值增值链
横向型	具有不同能力的产业或部门的组合可以实现并共享规模经济
技术融合型	共享基础技术产业的集合
中心活动型	围绕企业、家族、研发中心、教育机构等中心活动者形成的产业集群

资料来源：Jacobs D，De Men A P. Clusters industrial policy and Firm strategy：A Menu Approach. Technology Analysis&strategic Management，1996.

2. 按产业集群内企业间联系进行分类

以产业集群内企业间联系为标准，产业集群可划分为意大利式产业集群、卫星式产业集群、轮轴式产业集群三种模式，如表7-3。

表7-3 按集群内企业间联系分类

	意大利式产业集群	卫星式产业集群	轮轴式产业集群
特征	以中心企业为主，专业分工明确，形成基于信任的合作网络	以中心企业为主，通过虚拟企业的形式从外部企业获得自身所需资源，劳动力成本低廉	以大中型企业为主，存在由于企业规模差距而产生的等级制度
优点	柔性专业化，产品质量好，创新潜力大	具有成本优势	柔性专业化，具有成本优势，大企业作用很重要
缺点	存在路径依赖效应，对经济与技术外部环境的突变适应能力弱	投入与销售依赖于外部参与者，专利、专有知识的缺乏影响其竞争力	少数大企业的行为绩效对整个集群的影响很大
发展轨迹	内部劳动分工的变迁	因跟进领先者而产生	大中型企业的领头羊作用
政策干预	集体行动形成区域优势，公共部门和私营部门合作	政府的扶植和干预度较大（如提供培训、促进技术扩散等）	通过大企业、行业协会的协同效应来完成合作

资料来源：根据马科森（Markusen，1996）对产业区的分类方法而进行的归类总结。

3. 按国家干预或市场机制在产业集群形成与发展中的不同作用进行分类

根据国家干预在产业集群过程中作用的强弱程度以及市场机制和政府作用的互动程度，将产业集群的模式分为两种：市场主导型模式，政府扶持型模式，如表7-4所示。

表 7-4　按国家干预或市场机制分类

类型	市场主导型	政府扶持型
典型国家或地区	美国、意大利、德国、英国等	印度、中国台湾、日本等
集群案例	美国硅谷、意大利艾米利亚—罗马格纳地区、德国巴登—符腾堡地区等	印度班加罗地区、中国台湾新竹地区等
市场机制	完善。主要依靠市场力量，实现产业与区域的互动成长	不成熟。市场自动选择的长期性
政府作用	间接的、辅助的	直接的，以经济职能的力量发挥作用
集群竞争力	高	中到高

资料来源：根据陈雪梅、赵珂、李新春（2001）对产业集群的分类整理而成。

（1）市场主导型产业集群模式。该种模式主要以欧美等市场经济发达国家为典型代表，如意大利中部和东北部的传统产业区，俗称“第三意大利”、德国巴登—符腾堡产业群等。这类产业集群的出现，大都是企业出于自身发展的需要，为了获得专业化经济优势、人力资本优势以及特定区域社会文化优势和持续创新的氛围等而聚集到一起的，而政府仅仅通过一些调节和激励措施，防止外部性发生，引导并促进集群的良性发展。

（2）政府扶持型的产业集群模式。该种模式主要出现在日本、中国台湾、韩国、印度等经济后发展国家和地区，政府干预模式下产业集群的重点往往放在有助于提升国家竞争优势的关键性、主导性产业上。实践证明，这种模式对于实现落后国家的赶超具有重要的作用。注重政府在产业集聚成长、演化过程的主体作用，但是并不排斥企业在产业集群过程中的基础性作用和自主选择的权利。随着产业集群的发展壮大，政府的直接干预在人才、技术、资金等方面与私营部门相比都不再具有优势，无法对产业集群的良性发展起到支配作用，政府需要逐步退出，转为行使市场主导型模式下政府的职能。

4. 按企业所有制不同划分

以上几种分类方法是学界普遍认同的分类方法，我们可以认为沈阳装备制造业产业集群是轮轴式产业集群，即由核心的国有企业带动中小企业发展，也可以认为是政府主导的产业集群，因为沈阳地区的国企背景，使政府的力量在产业集群的形成过程中得到充分体现。但由于沈阳地区的特殊历史背景，却很难满足以上划分方法的所有前提。综合考虑影响沈阳装备制造业的因素，我认为产业集群也可以按形成时主导企业的所有制不同划分，可以分为国有企业主导的产业集群和民营企业主导的产业集群，如表 7-5 所示。

表 7-5 按企业所有制不同分类

类型	国有企业主导的产业集群	民营企业主导的产业集群
形成特征	往往是由政府力量主导，不是市场自发行为	往往由市场自身力量所主导
优点	往往获得资金、政策上的大力支持	产业集群发展过程中效率较高，市场应对机制灵敏
缺点	产业集群形成要件缺失，产业集群效应不明显	政府的支持相对较弱，在重大危机面前抵御风险能力较差
发展轨迹	国企力量不断衰弱，民营企业力量不断壮大	内部劳动分工不断细分，效率逐步提高
政策干预	直接的、频繁	间接的、不频繁

7.2.3 产业集群的形成要件

1. 地理空间上的集聚

产业集群是在某一特定领域内互相联系的、在地理位上集中的公司、机构的集合，包括一些对竞争起重要作用的、相互联系的产业的其他实体（波特，1998）。产业集群是指以大量的中小企业在产业上的集中和地理位置上的集聚为特征的地区经济（王珺，2002）。新经济地理学的代表人物克鲁格曼通过新贸易理论发展了其聚集经济观点，其理论基础是收益递增。他的工业聚集模型是：假设一个国家有两个区位，有两种生产活动（农业和制造业），在规模经济、低运输费用和高制造业投入的综合作用下，通过数学模型分析并证明了工业聚集将导致制造业中心区的形成。另外，他的垄断竞争模型在融合传统经济地理学理论的基础上，综合考虑多种影响因素，即收益递增、自组织理论、向心力和离心力的作用。证明了低运输成本、高制造业比例和规模有利于区域集聚的形成。

克鲁格曼的产业集群模型认为，企业和产业一般趋向于在特定的区位集中，然而不同群体和不相关活动又倾向于集结在不同的地方。他在规模报酬递增的理论基础上进行分析，并认为在一个区域内的工业生产活动空间格局演化的最终结果将会是聚集，这从理论上证明了工业活动倾向于空间集聚的一般性趋势，并阐明由于外在环境的限制，如贸易保护、地理分隔等原因，产业集聚的空间格局可以是多样的，特殊的历史事件将会在产业区形成过程中产生巨大的影响力，也说明现实中产业区的形成具有路径依赖性，而且产业空间局级一旦建立起来，就倾向于自我延续下去。

产业集群是一种典型的经济活动空间现象，在产业空间内存在一些“黏滞点”，吸引生产活动来此聚集（Mankusen，1996）。企业的地理分布决定着企业集群内部的协作成本和交易频率，从而也影响着产业的组织形式。如果地理距离过大，致使协作不便，企业中间产品供应及工艺内部化就成为必然的选择。

2. 企业间专业化分工及规模经济

在产业相对集中的地方，自然会形成专业化分工。一定数量的中小企业在某个区域内集中布局，由一个或几个关键性企业带动。配套企业跟进，构成自发性企业群落。通过衍生、扩张，拓展为更大范围、更大影响的区域布局，从而集聚生产要素和释放规模效应。由于众多关联企业同在一地，学习和竞争效应明显，信息、人才集聚和技术创新步伐加快。专业化分工的结果导致产品差异化和专业化。在产业集群内，上游企业可以更方便、更全面地了解下游客户对产品的新需求。这就需要企业有一定的灵活性，一旦市场有新需求企业就能够生产出新的产品来，对需求的敏感促成了产品的精致化和多样化，多样化的产品也提高了产品的差异化。产业集群具有规模化和多样化的产品。

规模经济和外部性是经济学家讨论最多的关键性因素。相同的企业之所以能够聚集在一个地方，很大的原因是规模经济在起作用。由于大量的企业聚集在一起生产，就形成了很大的规模，同时也产生巨大的需求，这种规模经济效应足以保证在这个地区的企业能够得到从中间产品到劳动力的高品质、低成本的供给。在产业集群的地方，即使是新加入的企业，也能得到各种技能的劳动力供给，而且价格一定是最便宜的。

从新古典经济学的角度，通过研究工业组织，间接表明了企业为追求外部规模经济而集聚的现象。将生产规模扩大产生的经济划分为两类：第一类是取决于产业总体发展状况的经济；第二类是取决于从事该产业的单个企业的资源、组织和管理效率的经济。前者称为外部规模经济，后者称为内部规模经济。外部规模经济与产业集聚之间有着密切的关系，产业集聚是因为外部规模经济所致。

3. 企业间合作

产业集群是一组商业企业或非商业组织。对于作为该组内成员的个体来说，集群是竞争力的的重要因素，促使集群企业联系起来的是客商和供应商关系、共同劳动力市场、共同的技术、共同的客商或配发渠道（恩拉特，1996）。在当前国内外条件下，单独依靠企业自身的力量来与整个市场和其他竞争集团甚至联盟主体竞争，显然并非明智之举，企业与相关企业之间必须通过诚信合作的方式，逐渐建立产业链和联盟关系，才更具竞争力和风险抵抗力。同时核心企业在目前日益激烈的市场竞争环境下应当通过供应链管理来提升竞争力，在供应链各个环节中，核心企业与供应商的关系影响到供应链的有效运作。核心企业与供应商随着博弈次数的增加，供应链上核心企业与供应商之间相互协作、相互依赖的程度越来越大。在长期的博弈中，双方都采取合作的策略相互协调，不仅可以使供应链的管理效率提高，也可以使供应链的长期利润最大化。

4. 资源共享

每一个企业的资源和能力都是有限的，没有哪一个企业能够独家长期拥有生产某种产品的全部最优技术，企业单纯依靠自己的力量很难掌握竞争的主动权。而且伴随着顾客需求多样化、个性化、方案化、主体化、即时化发展趋势，企业运营环境日趋复杂，市场对企业提出了更高的要求。

企业之间只有通过联合，依靠合作伙伴才能获得所需要的资源。也就是说，企业产生了对资源的外部依赖性：在这种情况下，企业不得不通过组织间的协调与管理，采取各种形式的合作，以形成一种稳定的资源流动方式。各具资源优势的企业联合起来，相互支持、互为补充，不仅可以使每个企业获得开展生产经营活动所需的资源，而且在生产经营活动中强化了自身的资源优势。越来越多的企业希望借用企业外部的资源来弥补自身资源的不足，并积极创造条件以实现内外资源的优势互补，巩固和提高自身的市场竞争优势。因此，以一定空间为界限而形成的产业集群在产业的联系上具有较强的关联性，能够共享诸多产业要素，包括专业人才、市场、技术和信息。尤其是一些互补产业则可以产生共生效应。

5. 第三方组织和多边合作机制的发展

产业集群是相互联系紧密的企业、科研机构、中介、客户，为了获得新的互补技术、从互补资产和利用知识联盟中获得利益、加快学习过程、降低交易成本、克服或构筑市场壁垒、取得协作经济效益、分散创新风险，通过增值链相互联系形成的网络（罗莱特，1998）。在产业集群内成立中介机构，为中小企业提供包括信用担保、筹资融资、创业辅导、技术支持、信息咨询、市场开拓、人才培训、经营管理、国际合作等在内的各项服务，将是解决产业集群成长中面临的各项问题，促进其创新的一项可行措施。在各类中介组织中，行业协会较为重要。行业协会作为同行企业联合的服务性组织，是介于政府与市场、企业间的中介组织。行业协会处于“政府的帮手，企业的依靠”的独立中介地位。

7.2.4 产业集群形成的动力机制

1. 提高集群内企业整体竞争优势

集群作为一个整体经济组织来说，集群内跨组织边界进行资源整合，创造机群整体的竞争优势，从而在对外竞争中处于有利地位是集群的组织目标。单个企业的目标是在竞争中取得优势，而企业是集群的重要成员，集群的目标正是来源于企业的目标而高于单个企业的目标。集群目标靠单个企业无法完成，要靠集群内成员的共同努力来完成。集群内企业提供集群核心资源和关键技术，在集群内政府和其他组织的帮助下，创造出集群的整体优势，以充满生气和不断变化的集体行为来适应外界环境。而集群所具有的整体优势可作为一种公共资源提供给集群成员。

2. 寻求优质而低廉的资源

当地网络本身蕴含着丰富的、质优价廉的资源，可以为集群企业成长提供一定的支持。与非集群地域的本地网络不同，产业集群中本地网络中的企业、机构更为丰富，特别是在产业链各个环节都有相应的本地企业出现，而且每个环节的本地企业数目远不止少数几家，如在集群内，某一特定零部件的供应商就有许多家，专业的销售代理商同样也有多家。这种集聚局面成为本地企业之间相互合作竞争的最大原因，否则就可能会被游离在本地网络之外。这种本地企业、机构及其活动提供并不断创造了丰富的资源。

3. 追求企业间协同效应

对于集群内的单个企业来说，由于各个企业的核心竞争能力的互补和整合，整个组织的效益要大于单个企业效益的简单加总，这种效应我们称之为优势协同效应。追求优势协同，是企业在形成区域性网络组织时的一个直接目的。通过建立网络组织，企业可以相互传递技术，加快研究与开发的进程，获取本企业所缺乏的关键资源，同时，由于不同企业文化的融合，企业之间的相互合作会产生各种协同效应。

集群内成员的关系是既竞争又合作的关系。合作的形式是多样的，不仅包括契约，还包括非正式的交流、沟通和接触。在集群中企业与企业是同质结点，他们之间是合作竞争关系，而集群中的服务机构和企业是异质结点，他们之间多为协作竞争关系。集群内成员特别是企业不仅利用企业内部既有的资源，更侧重于利用企业外部的共享资源。这些共享资源包括信息、公共基础设施及集群对外的良好声誉。这对于企业来说既保持了在现代竞争中越来越重要的灵活性，又获得了合作带来的规模优势。企业与合作伙伴之间可以更方便、更有效地监督与控制，要求地理上接近和结网。

4. 创造和享受区域品牌

经济全球化时代，国家之间、企业之间的竞争从根本上说是品牌之间的竞争。区位品牌即产业区位是品牌的象征。人们在谈论某一行业的著名产品时总是首先想到该产品产地，如法国香水、意大利皮具、瑞士手表、烟台苹果等。这些品牌的价值与该类产品的生产地密不可分，集群所在的区位是品牌的重要组成要素。如除杭州以外地区生产的“龙井茶”人们一般不会认可其价值。区位品牌蕴涵了集群地理特征和人文历史渊源，是群内众多企业品牌的提炼和浓缩。它比单个企业品牌更形象、直接。同时由于单个企业的生命周期相对短暂，品牌效应难以持久，相比之下，区位品牌更具持久性。集群形成区位品牌后，可以利用品牌价值的无形资产，加强营销网络功能，获得纵向一体化利润。在策略上，采取母品牌与其下子品牌组合的策略，这样有利于群内企业之间的竞争。同时，在发挥区位品牌优势时，应该注意处理好继承与创新的关系，既要维护好具有悠久历史的区位品牌，又要以区位特征为主进行品牌创新。

7.3　沈阳装备制造业产业集群形成的条件与机理

7.3.1　沈阳装备制造业产业集群形成的条件

由于沈阳地区特殊的历史背景，长期以来，国有企业在沈阳地区经济发展中占据着主导地位，特别是在装备制造业当中。因此，沈阳装备制造业产业集群的形成条件与传统的其他地区产业集群形成条件相比会由于以下两个方面因素的影响产生很大的不同：第一，国有企业的特殊背景与定位以及国有企业的构建者与衍生中小企业的关系；第二，由于国有企业占沈阳装备制造业的主导地位使政府的作用有所不同，特别是在地理空间规划、企业发展战略制定、扶持政策等方面。

综合考虑产业集群的形成条件及沈阳装备制造业的特殊情况，我认为沈阳装备制造业产业集群形成应具备以下条件：

（1）地理空间的集聚。地理空间的集聚是产业集群形成的前提条件。产业集群反映了企业在相关的商务联系基础上所存在的地理组合现象，在集群里，企业之间有不同程度的交互作用，从松散的企业网络协会到多种形式的合作与竞争。

（2）企业间合作的展开。由于沈阳装备制造业企业以国有企业为主，而国有企业长期以来一直存在着“大而全”“小而全”的经营模式，所以企业间合作是制约沈阳装备制造业产业集群发展的最为关键的因素。核心的国有企业在目前日益激烈的市场竞争环境下应当通过供应链管理来提升竞争力，在供应链各个环节中，核心国有企业与供应商的关系影响到供应链的有效运作。核心企业与供应商随着博弈次数的增加，供应链上核心企业与供应商之间相互协作、相互依赖的程度越来越大。在长期的博弈中，双方都采取合作的策略相互协调，不仅可以使供应链的管理效率提高，也可以使供应链的长期利润最大化。

（3）企业间专业化分工。随着企业间合作的逐步展开，每个企业将自身资源集中在具有相对优势的产销环节，专业化分工也就得以实现。而且专业化分工的结果导致了产品差异化和专业化。在产业集群内，上游企业可以更方便、更全面地了解下游客户对产品的新需求。这就需要企业有一定的灵活性，一旦市场有新需求企业就能够生产出新的产品来，对需求的敏感促成了产品的精致化和多样化，多样化的产品也提高了产品的差异化。产业集群具有规模化和多样化的产品。

（4）资源共享。沈阳装备制造业若想形成真正意义上的产业集群，应该在市场、人员、技术等方面形成共享，使所有资源得到最有效的利用。企业之间只有通过联合，依靠合作伙伴才能获得所需要的资源。也就是说，企业产生了对资源的外部依赖性：在这种情况下，企业不得不通过组织间的协调与管理，采取各种形式的合作，以形成一种稳定的资源流动方式。各具资源优势的企业联合起来，相互支持、互为补充，不仅可以使每个企业获得开展生产经营活动所需的资源，而且在生产经营活动中强化了自身的资源优势。越来越多的企业希望借用企业外部的资源来弥补自身资源的不足，并积极创造条件以实现内外资源的优势互补，巩固和提高自身的市场竞争优势。

7.3.2　沈阳装备制造业产业集群形成机理

1. 历史遗产对沈阳装备制造业产业集群形成条件的储备

自 19 世纪初期日本入侵沈阳直到战败投降这几十年间，日本为了战争需要，在沈阳开设大量工厂。也正是从这时开始，装备制造业就一直成为沈阳的支柱产业。也正是在这一时期，沈阳的装备制造业实现了地理空间上的集聚，同时也培养了大批产业工人，为日后的进一步发展奠定了基础。

新中国成立后，作为社会主义国家，我国政府将当时各个具有战略意义的官僚资本和部分民族企业没收国有。后来又在各种运动中消灭了“民族资本”，实现了“公”有化。而对民族资本，则实行改造和赎买政策。新政权以所掌握的政治力量和经济力量为后盾，通过初级形式的产品收购、中级形式的加工订货以及高级形式的公私合营，对民族资本予以全面改造，最后再以赎买的方式和平地转化为国有企业。另外，国家财政直接投资，也是我国社会主义国有企业形成的重要途径。在国家的种种政策下，沈阳出现一大批颇具规模的国有企业，特别是装备制造业企业，这些企业长久以来一直主导着沈阳经济的发展，对于沈阳装备制造业产业集群的发展，也起着主导性作用。

从新中国成立初期直到 20 世纪末期，国有企业对沈阳装备制造业产业集群的形成的促进作用更多的体现在使企业在地理空间上的集聚。这时沈阳出现了号称“东方鲁尔”的铁西区，这里聚集着大量大中型国有企业，而且地理空间分布高度集中；此外，还有大东区也聚集着大量汽车工业企业。地理分布的高度集中为沈阳装备制造业产业集群日后的发展奠定了良好的基础。

2. 沈阳装备制造业产业集群形成的国企——民企互动机理

随着国有企业的不断发展，各种制度上的弊端逐步开始显现。特别是改革开放以后，民营企业不断兴起，而在适应市场经济方面，无疑民营企业更具优势。而国有企业则出现了企业领导人员与整个企业利益不一致的情况。在整个企业不景气的情况下，一些国有企业的子公司、分公司，甚至一些车间、部门纷纷独立，依靠原有技术、产销网络等优势，加上更为灵活的市场应对策略，使这些企业得到了比原来更好的发展。这些企业很多在原国有企业中仍占据着同样的产销环节，而且在自身不断壮大的同时，服务于周边乃至全国的企业。

在这一过程中，国有企业虽然在资产、人员、技术等方面严重流失，而一些派生企业的出现也的确存在一些违规操作的现象，但从另一种角度来说也打破了原来国有企业大而全的生存模式。国有企业规模不断缩小，派生企业规模不断壮大，直到国有企业只保留其核心的生产领域，将一些初级的环节外包出去，这样既节省了资源，也使区内企业间有了更多的良性互动，形成了真正意义上的产业集群。

目前，这类企业普遍规模较小、隐藏较深，基本只为单一目标服务。很多人员具有双重身份。

在整个这一过程中，产业集群的形成要素在不断地积累。首先，资源得到共享。民营企业的兴起，从一定程度上打破了原有国有企业间的技术知识、需求信息、供给信息、经营经验等方面的封锁，使一些知识在集群内部得到共享，成为公共物品的性质，为整个群体带来了福利。第二，人员之间交流更加频繁。原来的国有企业间人员流动很少，造成了很多技术无法得到共享，而随着民营企业的发展，这种人员之间的流动更加频繁，增加了一些技术、经营的“透明度”，行业的秘密也不再是秘密。这种情形使群集的知识传播达到最快，拥有的人最多，溢出效应达到最大值。第三，企业间合作进一步展开。企业间交流的壁垒被逐渐打破，使产业群内的企业互相有机会长时间地密切接触，使互相影响加强。在产业集群并不完善的情况下，单个企业的机会主义行为是具有成本的。因为在产业群内，各企业的关系是相当密切的，信用对于整体企业来讲都具有重要意义。单个企业的机会主义行为可能在短期内给自己带来利益，可这样必将破坏自己在产业群内的名声。这种信任和合作对于复杂的高新技术企业尤为重要。因此，长期合作关系的确立，使企业间的合作得以大大加强。第四，专业化分工逐步实现。由于之前国有企业"大而全"的产销模式，专业化生产并没有实现。民营企业的力量不断壮大之后，专业化生产得以实现，规模经济逐步形成，从而也降低了运输成本，使用者和供应商在互相靠近的地方集聚。这种集群能够减少总运输成本，产生足够高的需求水平。反过来足够高的需求水平确保了生产高度专业化的零部件产生得到报偿，专业化的零部件生产会吸引组装厂家，如此便会鼓励新的加入者和更高的专业化，形成良性循环，如图7-2所示。

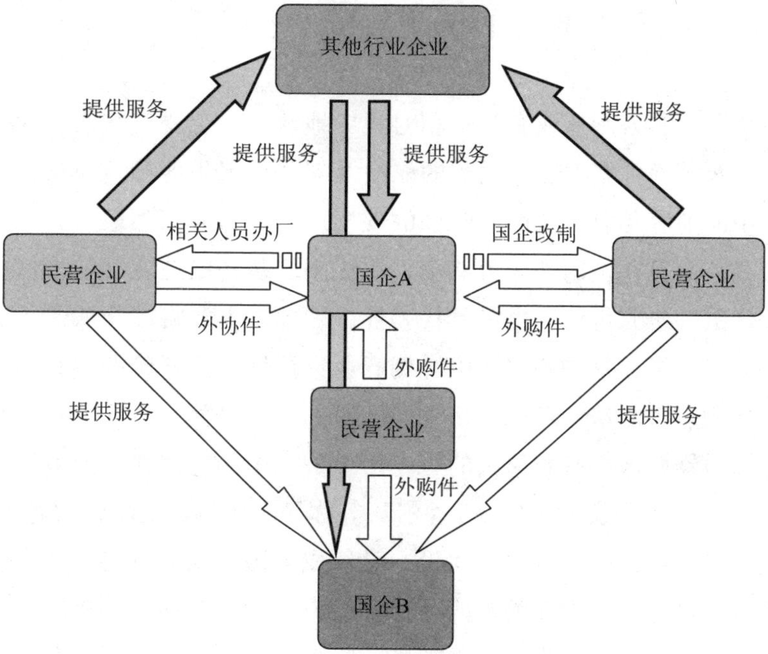

图7-2 国有企业及相关企业运作逻辑

3. 沈阳装备制造业产业集群的驱动力转变

沈阳装备制造业产业集群在初期往往是由政府所推动的，虽然获得了各方面的支持，也被称作"产业集群"，但更多的仅是体现在地里空间上的集聚，其他方面如企业间合作、专业化分工、资源共享等方面并未有效的展开，因此，这时所谓的"产业集群"很难被看作真正的产业集群。然而随着一些民营、外资装备制造业企业不断进入沈阳，国有企业改制的不断深入，再加上沈阳本地不断生长出的民营企业，这些企业为了提高区域内企业的整体竞争优势、寻求质优价廉的资源、创造和共享区域品牌等原因，在日常经营环节中不断尝试更为高效的方法。在这一过程中，企业间合作不断展开，进而促进了区域内企业的专业化分工，人员流动也更加频繁，使一些技术在区域内得到共享。这样，政府的驱动力在不断地被削弱，整个地区正在向集群驱动转变。当沈阳装备制造业完全由产业集群内在因素所驱动的时候，沈阳装备制造业产业集群也就真正的形成了。

7.4 铁西工业区的历史经验

在沈阳，装备制造业有几个相对集中地地区，主要有铁西工业区、东部的汽车及零部件聚集区、北部的航空及零部件聚集区等。与其他装备制造业集中的地区相对，铁西工业区的规模最大、工业门类最为齐全、发展时间最久，而且在国内外久负盛名，在沈阳的装备制造业集中地区中，铁西工业区最具研究价值，也最具代表性。因此，本章将结合铁西工业区的历史经验，分析在每一特定历史时期产业集群形成要素的积累，以此来得出整个沈阳装备制造业形成的条件与机理。

沈阳市铁西区，有着悠久的工业历史，在中国近现代史上有其重要地位，素有“共和国长子”“东方鲁尔”等称号。作为全国闻名的老工业区，经过几十年的改造振兴与发展建设，已经成为国家大力支持、辽宁全力发展的重点区域之一。现在的铁西区，可以说就像一艘中国先进装备制造业的“航空母舰”，肩负着建设具有国际竞争力的先进装备制造业基地的神圣使命。

7.4.1 铁西工业区的形成：装备制造业的初步空间集聚

1. 铁西工业区的雏形

由于地理位置较近，再加上资源丰富，日本历来把中国东北作为其地缘上非常重要的地区。因为狭长的日本列岛既没有军事上的战略纵深，资源又很有限，这就迫使他们必须占住东北这块土地。于是日本向中国东北派往大量军队，称为“关东军”，也开始经营海外最大的工业基地——铁西工业区。从 20 世纪初至日本投降的 40 年间，铁西的工业史就是一部日本军国主义侵略史和经济掠夺史，这个时期的铁西工业有着浓厚的日本殖民工业色彩。

1913 年日本开始在奉天附属地内设厂。1916 年，在附属地永代町二番地（现沈阳化工研究院址）创建“满洲制糖株式会社”，主要产品为糖制品；1918 年，在附属地芳野通创建“满蒙毛织株式会社”（原沈阳第一、第二毛纺织厂），主要产品为毛纺制品；1919 年，在末广町创办“满洲制麻株式会社”（原沈阳第二纺织机械厂），主要生产麻袋，该厂产品被日本关东军定为准军需品。以上这三家工厂是日本早期在铁西开设的最大的工业企业，垄断了东北地区的制糖业、毛纺织业和制麻业。

从 1913 年到“九·一八”事变前，日资在铁西建 28 家厂，其中投资超百万日元的达 11 个。这一时期铁西工业的特点是：所建立的工业都是很初级的工业，在当时的中国，铁西的一些工业门类，处于领先地位；铁西当时主要发展的工业门类和生产的工业产品以满足关东军的需要为主。

由于在设厂地址的选择上比较随意，基本没有进行规划，因此还没有形成完整的工业区。但这也为日后日本在铁西创办工厂的空间集聚奠定了基础。

2. 铁西工业区的形成

“九·一八”事变后，日本迅速占领整个东北。1933 年 3 月，伪满洲国规划开辟奉天、安东（丹东）、吉林、哈尔滨四大工业基地，奉天则是重点发展地区。在日伪编制的发展规划中，奉天工业区被分为东西两个部分，东工业区是沈海站到兵工厂一带，西工业区是南满铁道“奉天站”（现沈阳站）以西，即今天的铁西一带。当时规划的西工业区，东起南满铁路，西至运河（现卫工明渠），南至浑河，北至皇姑屯，占地面积 13. 19 平方千米。1934 年《西工业区平面图》制成，在这张平面图上有 46 家工厂已确定了位置，并开始筹备兴建。

日本为了达到长期占有的目的，还与伪满洲国签定了所谓的“日满两国政府协定”，主要内容是允许日本中小企业向满洲迁移。根据这一协定，日本国内一些财团、资本家，如三井、三菱、住友、大仓等均来铁西建厂或设分支机构。

无论是在铁西选址建厂，还是日本国内企业向铁西迁移，这种做法的目的就是排挤和代替民族资本工业，完成以日本人经营为主体的殖民地近代工业体系。这个体系在综合确保日本缺乏的资源和军需资源及发展日本工业的殖民主义政策的推动下迅速膨胀。铁西工业区正是在这一过程中逐渐形成的。

1937 年中国抗日战争全面爆发以后，日本为了支持侵略战争，于 1937 年和 1942 年由日本军部和关东军分两次推出“满洲产业开发五年计划”。在第一个“五年计划”期间，日本工业的主要目标是加紧掠夺东北的生产资源和扩大军需工业。在大量增加与军需工业有关的重工业生产的同时，对生活必需品也相应增加。因此民族资本工业的小工厂这一时期在铁西有所增加。但此时铁西的几家规模较大的民族企业，被强制加入日资股份，受日本股东控制。在第二个“五年计划”期间，正是日本扩大侵略战争时期，为满足其侵略战争的需要，对企业进行重新调整，将钢铁、煤炭、铝、造船、飞机等作为五大超重点企业，集日本及控制地区之全力，扩充设备，增加生产，如图 7-3 和图 7-4 所示。这一时期，铁西工业也被纳入这一调整中，使铁西成为支持日本进行侵略战争的产业基地之一。

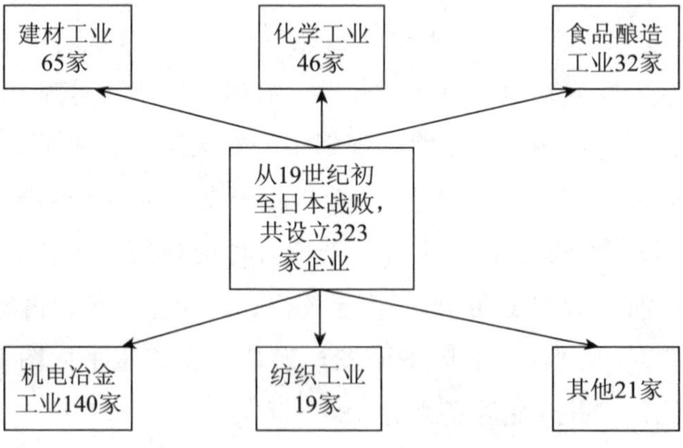

图 7-3　日本在沈企业分类

资料来源：根据沈阳市铁西区人民政府地方志办公室编著的《铁西区志》整理而成。

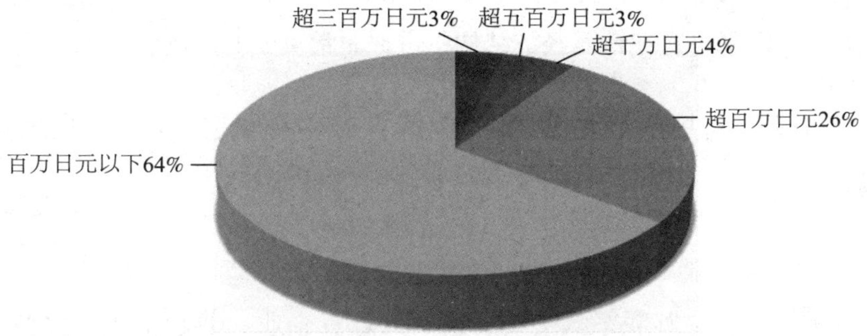

图 7-4　日本企业资产规模示意

资料来源：根据沈阳市铁西区人民政府地方志办公室编．《铁西区志》整理而成。

由于日本大力发展铁西工业的目的是掠夺资源，是出于战争的需要，虽然这一时期令铁西的工业发展速度惊人，但却存在着许多严重的问题，有些问题直至今日仍困扰着铁西，如表 7-6 所示。

表 7-6　日伪时期的铁西工业区的各种问题

问题	具体现象
城区布局不合理	南部被布局为居住区，北部被布局为工业区，使铁西的发展受到限制，直至今日，“南宅北厂”的局面仍未改变
工业布局不合理	铁西工业区被布局在沈阳城内的上风向，加重了空气的污染；铁路横贯市区，为市内日后交通发展设置了障碍
环境污染严重	重工业生产排放大量有毒物资，污水直接排放到几大明渠，使地下水受到严重污染，对周围生态环境也造成严重破坏
城市建设落后	当时的中国居民住宅都是以木板平房和砖瓦结构的平房为主，商业既不发达

资料来源：高品卿：《辽宁工业百年史料》，2003。

3. 地理空间上的集聚

在日伪时期，铁西工业区实现了地理空间上的集聚，主要集中在中长铁路和京沈铁路交汇形成的西部三角地带，以一条横贯东西的通道（现在的建设大路）为界，南部为城市功能区，北部为工业区，这就是一直延续下来的铁西“南宅北厂”的城区布局。地理空间上的集聚为今后铁西工业区产业集群的发展奠定了基础。此外，在这一时期铁西发展了比较齐全的工业门类，虽然这是由于日本当时出于战争的需要建立的，但也正是从日伪时期开始，重工业长久以来一直在铁西经济结构中占据非常重要的地位。

7.4.2　内战时期的铁西工业区：专业化分工和人才资源得以保留

1. 铁西工业遭到破坏

日本投降后，苏联军队接收了铁西的日资企业。苏联军队将大型工厂中的机器设备以及其他物质，连同原材料、工业产品等作为战利品一起运走。据一些工厂厂志记载，被运走、损坏的，再加上被日本人破坏的在80%以上。如当时的沈阳重型机器厂，由于苏军将工厂设备等物质几乎全部运走，使工厂完全丧失生产能力。

1946 年 3 月，国民党政府接管了沈阳，同时接收了铁西的日伪企业。在国民党掌管的这段时期，很多工厂的设备和器材被国民党的官员趁机变卖；也有的工厂甚至变成了国民党军队的兵营或马厩。这时铁西区内只有极少数工厂继续生产，而且产量极低，不及 1943 年的 20%。

总地来说，整个内战时期的铁西工业，处于一种非常不景气的状态，苏联拆走大量重要设备，再加上随后国民党的昏庸统治使铁西工业遭到严重破坏，大部分工厂停工停产。

2. 技术人员得到保留

在内战时期虽然铁西工业被严重破坏，一些设备、厂房被国民党及苏联军队运走，但此前一段时间培养出来的技术工人并未流失，这为日后铁西工业迅速恢复并进一步发展奠定了基础。

表 7-7　国民党接手后企业经营状况

企业名称	国民党接手后企业经营状况
沈阳机器厂第二工厂（现沈阳线材厂）	原为日满正冈制钢所，1946 年 4 月国民党政府接收后改为沈阳生产管理局第一铁工厂。工厂随后停产变成国民党军队的兵营和马厩
沈阳制车厂（现沈阳鼓风机厂）	该厂由日满钢材株式会社、昌和制作所、宫田制作所第二工厂和满洲金属株式会社合并而成。国民党政府接收 5 个月后工厂停产

续表

企业名称	国民党接手后企业经营状况
原沈阳冶炼厂	是 1946 年 4 月国民党政府接收的奉天制炼所，接收后改名为沈阳冶炼厂。国民党官员将工厂物资大量掠夺盗卖。使 1948 年仅产电铜 70 吨，电金 12 公斤，电银 400 公斤
中央机器股份有限公司沈阳机器厂第二分厂（现沈阳变压器厂）	是 1946 年 4 月国民党政府接收的满洲日立制作所。国民党统治时期，工厂遭受严重破坏，设备残缺不全
沈阳化工总厂（现沈阳化工厂）	是 1946 年 3 月国民党政府将原满洲油脂、发酵、光学工业、掠梨金属粉、石炭液化研究所等合并。国民党统治时期，工厂设备陈旧、工艺落后，劳动条件十分恶劣。到解放前夕，工厂停工，工人失业

资料来源：根据沈阳市铁西区人民政府地方志办公室编.《铁西区志》整理而成。

7.4.3　计划经济时期的铁西工业区：产业规模和范围空前扩大

新中国成立后，铁西工业区受到国家高度重视，对铁西工业进行了有计划地改造和调整，使铁西工业重新获得了新生，迅速发展壮大，并取得了辉煌的成就。

1. 建国初期的铁西工业区

新中国建立初期，国家把铁西区列入重点改造的工业区。在国家强有力的各方面支持和正确领导下，铁西工业生产很快得到恢复和发展。到 1952 年，区内大中型国营工业企业有 82 家，企业生产能力已基本达到日伪时期生产水平最高的 1943 年的水平。

在国民党统治时期停产的沈阳冶炼厂正式恢复生产，成为新中国第一座重点有色金属冶炼工厂。1950—1952 年 3 年恢复时期，生产迅速发展。电铜、电铅、电金、电银和硫酸铜等产品产量，全部超过了日伪时期最高生产水平。同样在国民党统治时期遭到严重破坏的沈阳电缆厂，在解放后，生产得到迅速恢复。1953 年，完成工业总产值 5500 多万元，年产半导体 6000 吨。为恢复国民经济、支援抗美援朝战争做出了重要贡献。此外，新中国成立后铁西还新建了一批颇具规模的工厂，主要有：沈阳第一制药厂、沈阳纺织机械厂、沈阳第二纺织机械厂、沈阳第二柴油机厂、沈阳衡器厂、沈阳胶管厂、沈阳教学仪器厂、沈阳拖拉机制造厂、沈阳标准件厂、沈阳绒织厂、沈阳耐火材料厂等。

整个这一时期，铁西工业处于一个恢复和发展初期阶段，铁西在这一时期恢复和新建的企业为日后国家的经济发展做出巨大贡献，也为日后成为国家重工业基地奠定了基础。

2. “一五” 及大跃进时期的铁西工业区

“一五”时期，国家重大工程落户辽宁的有 24 项，有关装备制造业的 3 项均落户铁西。新中国在工业化初期的 10 年间，国家把支持装备制造业财政的六分之一投到铁西工业区。这种聚集效应也带动了省市把工业项目大多安排在了铁西。

但是在大跃进“以钢为纲”的背景下，一些企业还是受到了很大的影响。如沈阳冶炼厂 1958—1960 年的 3 年中，工业总产值年平均增长速度达到 23.71%，但是“大跃进”后，生产水平急剧下降。1961 年工业总产值比 1960 年降低了 43.98%。

经历了“大跃进”时期，总体来看，铁西工业受到了严重的破坏，生产水平大幅度下降，工业发展波动很大。在重工业中，冶金工业投资最多，造成国民经济各部门之间、工业部门之间经济结构比例失调。但由于国家对铁西的工业投资仍然逐年增加，所以企业的固定资产还一直是增加的。

3. “文化大革命” 时期的铁西工业

“文化大革命”时期的铁西工业又一次遭到了严重的破坏。当时工厂普遍管理混乱、物耗升高、产品质量下降，有的工厂甚至生产停滞、倒退。工业总体表现为比例关系失调、能源紧缺、日用品匮乏等。到 20 世纪 70 年代末改革开放前，铁西区内已有市属以上企业 520 家，其中大型国营企业 58 家，中型国营企业 54 家。

4. 企业间合作的初步展开

在整个计划经济时期，整个铁西的企业基本都是国有企业，而国有企业在发展中都在不同程度上受制于计划经济模式，致使很多国有企业都发展成“大而全”“小而全”的模式。但在这一时期，一些企业也试探性地采取了一些合作，虽然规模有限，但为日后企业间合作的进一步展开及产业集群的发展奠定了基础，如图 7-5。

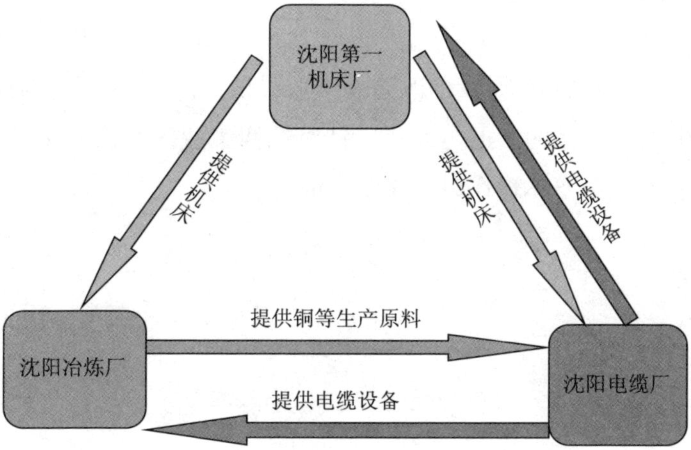

图 7-5　几大国有企业合作示意图

7.4.4　改革开放后的铁西工业区：国企衰退、民企成长与改造重生

1. 20 世纪末期的铁西工业区

铁西工业经历了计划经济时期的辉煌后，迎来了改革开放的新时期，但铁西工业却陷入困境之中。其中主要原因有：第一，国家对铁西工业区的投入逐年减少，企业前期积累也逐年流失或消耗殆尽，后期自我发展能力不足，老工业区原有的优势逐步丧失；第二，在观念创新、科技创新上后劲不足，工业产品更新换代滞后；第三，企业的领导者们并未适应从计划经济到市场经济的转变，在突如其来的市场经济大潮的冲击下，显得力不从心。

鉴于改革开放前几年，铁西工业区的状况，国务院出台《铁西工业区总体改造规划》项目，作为全国重大区域性总体改造工程试点纳入国家

“七五”计划。企业技术改造是这个时期老工业区改造的中心任务。改革使部分企业一度出现了经济复兴。但是，由于我国经济重心逐渐向东南沿海地区转移，国内外经济技术环境的变化以及东北老工业基地体制、结构、资金、技术和历史包袱等诸多方面的制约，进入 90 年代后，多数企业步入持续的衰退阶段。

可以说，铁西历时 15 年的改造并未取得预期的效果，只是在某种程度上延缓了铁西工业区的衰退与老化。针对铁西工业区这次对企业和技术改造的失败原因，主要体现在以下 4 个方面：

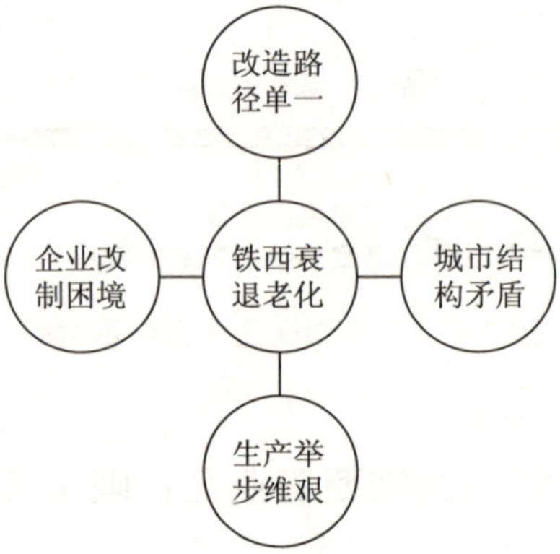

图 7–6　铁西工业区改造中存在的问题

（1）改造路径单一，没有形成系统的改造思路。当时进行的改造，由于受体制机制、历史条件、发展空间的限制，仅局限于单纯技术改造、单体企业的改造、工业区内封闭式的改造、就工业抓工业的改造。而不是对企业讲求转换机制、资产重组、产品开发、扩大就业的综合改造；不是讲求产业布局、产业链衔接的区域经济整体改造；不是讲求对外合资合作、招商引资、新项目植入的开发式改造；也不是二三产业并举和协调发展的全方位的改造。改造的过程中，始终没有找到如何解决企业改革成本的途径，没有找到解决企业冗员问题的途径，没有找到把企业做大做强的途径，归根到底就是没有找到一条老工业基地改造发展的全新思路，从而使铁西老工业基地长期形成的体制性、机制性和结构性矛盾没有得以彻底解决。

（2）生产经营举步维艰。到了 20 世纪末，铁西区内工厂大都处于亏损状态，90%企业停产或半停产，铁西区整体发展几乎停滞，经济极度萧条，社会环境非常不稳定。当时主要存在以下问题及现象。

表 7-8　20 世纪末期铁西工业企业情况

存在问题	具体现象
企业停产半停产	到 20 世纪末期，铁西区 90%的企业处于停产或半停产状态，500 多亿元的国有资产闲置，13 平方千米的厂区闲置率高达 50%
企业债务负担沉重	多数企业负债率在 70%~80%，欠银行金融债务 269 亿元，拖欠职工内债高达 35 亿元
企业社会负担沉重	一个国有企业就是一个小社会，学校、医院、托儿所、房产、供暖等社会职能一应俱全，成为企业沉重的负担
企业研发投入不足	企业生产停滞、效益低下、技术装备落后，导致产品结构单一，产业升级缓慢，没有形成自己的核心竞争力
多数职工下岗失业	30 万产业工人有 13 万人下岗，占全市的 50%，13 万集体所有制职工需要并轨。铁西被称为“工人度假村”，工厂最密集的北二马路被称为“下岗一条街”。职工生活困难，情绪低落，社会不稳定

资料来源：根据沈阳市铁西区人民政府地方志办公室编 .《铁西区志》整理而成

（3）城市结构性矛盾突出。由于工业区过于集中在城区，产业发展空间严重不足，“南宅北厂”的传统格局极大地影响了城区环境、城区功能和产业发展。

（4）企业改制困境。由于国有企业占铁西经济比重过大，再加上国有企业在经营上的种种弊端，这就使得国企改制势在必行。然后，由于决策层瞻前顾后，不敢越雷池一步，使国有企业改制进展十分缓慢，这更加速了企业的衰亡。

2. 铁西新区“涅槃重生”

面对铁西的困境，2002 年 6 月 18 日，沈阳市委、市政府做出了“关于将铁西区与沈阳经济技术开发区合署办公，组建铁西新区”的重大决策。并赋予其规划审批、土地出让、配套费收缴等市级经济管理权限。2002 年 11 月，铁西新区做出新区组建以来的第一个重大决定——实施铁西工业大搬迁的“东搬西建”计划。

在“东搬西建”基本完成的今天，的确感受到了这一举措对国有企业走出困境的重要意义。第一，“东搬西建”为国有企业改革筹集了改造成本；第二，“东搬西建”实现了企业结构调整与产业升级；第三，“东搬西建”调整了城市功能结构、调整了产业布局、实现二三产业的协调发展；第四，推进企业向新规划的产业集群集中；第五，实施主辅分离，使企业的核心竞争力更加突出；第六，问题企业彻底退出市场，盘活企业资源，按照市场经济规律实现优胜劣汰。

3. 产业集群形成要素的不断积累

经过前后两次“老工业基地”大规模改造，产业集群的形成要素在慢慢积累，虽然有些产业集群的形成要素仍然缺失，但已经积累的要素为产业集群今后的发展提供了强有力的保障。

（1）专业化分工逐步实现。在国有企业纷纷转型、改制的过程中，民营企业得到了快速发展，由于民营企业的高效，核心的国有企业放弃了一些非核心的产销环节，只做技术含量较高的研发环节，而一些初级的零部件生产环节逐渐采取外购、外协等形式采购，使得整个区内企业都把资源集中到自身具有优势的核心环节中。与此同时，一些外资企业也进驻到铁西工业区，带来先进的技术和产品的同时，也带来了一些国外成功的管理理念，使得专业化分工进一步完善。

（2）地理空间重新布局。在“东搬西建”的过程中，工厂的空间分布得以重新布局，打破了原来发展过程中体现出来的规划不合理及发展空间受限的问题。在沈阳经济技术开发区内，按照企业所处的行业及所处的产业链环节，合理地规划企业地理位置，使整个地区运行效率大大提高。

（3）企业间合作进一步展开。经过两次“老工业基地”改造，企业定位更加明确，更多的企业把资源投入到自身的优势环节当中。有了专业化分工作为保障，一些核心企业也逐渐把一些非核心环节外包出去，使资金、人力等资源的使用效率得到提高。

在这些逐渐成长的企业当中，大部分与核心国有企业有着千丝万缕的联系，他们凭借与国有企业间的关系，独立后与原企业仍然合作，逐渐壮大的同时再为周边的其他企业服务，这样整个区内企业间合作紧密起来。

（4）运输成本逐渐降低。由于企业间布局被重新规划，很多上下游企业成为“邻居”，这样使企业日常生产活动中运输环节成本大大降低。同时目前涌现出一批专业的物流企业，专门负责企业间成品、零部件的运输环节，使企业间产销效率得到提高，也使得企业间的运输成本降低。

7.5　以国企为核心的东北装备制造业集群的形成机理——基于沈阳机床产业集群的案例

7.5.1　引言

装备制造业是现代工业发展的基础和支撑，也一直是东北老工业基地的主导产业；而集群由于具有技术外溢、中间产品投入和劳动力市场共享等产业集聚的外部性而成为产业发展的优选方式，因此，发展装备制造业集群无疑是实现东北老工业基地振兴的有效途径（卢昌崇，2004）。近年来，随着振兴东北老工业基地政策的不断深入，东北装备制造业集群发展取得了巨大成果，辽宁沿海经济带、沈西工业走廊、哈大齐工业走廊迅速崛起，极大地带动了东北经济的发展。但是，东北装备制造业的发展长期以来就是由政府主导的，其核心是计划经济时期由各级政府兴建或扩建的大中型国有企业，这些企业普遍采取“大而全”的生产组织方式，市场效率低下，在某种程度上阻碍了集群发展（王德鲁，2009），因此，东北装备制造业集群的发展前景堪忧。本节研究的问题是：这种以国企为核心的东北装备制造业集群能否形成并持续发展，其内在规律和机理是什么，国有企业在集群中发挥怎样的作用。

7.5.2 文献综述

国外对产业集群的研究最早可以追溯到马歇尔的产业区理论（Alfred Marshal，1890），他认为大量种类相似的中小企业在特定地区集聚的原因是外部规模经济。波特（Porter，1991）注意到一国的优势产业往往在地理上集聚，产业集群是国家竞争优势的主要来源，并系统地提出了产业集群的新竞争经济理论（Porter，1998）。

产业集群吸引了不同学科研究人员的注意力，成为国内外理论研究的热点。但是，我们也可以看到，国内理论界对产业集群的研究主要集中于江浙地区、珠江三角洲等地的在市场经济下由中小企业集聚形成的产业集群，而对以国企为核心的东北装备制造业集群的研究并不多。对东北装备制造业集群的研究也多数是现状分析、对策性研究（荣宏庆，2009；卢昌崇，2004；崔丹，2009；赵丽洲，2011），对集群发展机理的研究较少，展开案例进行具体过程分析的实证性研究更少（张米尔，2007）。

东北装备制造业集群与南方中小企业产业集群有很大不同。首先，装备制造业的网络结构是由产业网络层和区域社会网络层组成的内外双层结构，以核心制造企业为中心（李凯，2004）；其次，东北地区装备制造业集群的发展从历史上来说不是由市场力量带动的，政府在计划经济时期兴建或扩建的国有企业是东北地区产业集群发展初期的核心力量，并在整个产业集群的发展过程中扮演着重要角色。

鉴于东北装备制造业集群的上述两个特点，关于东北装备制造业集群能否形成，学术界有很大争议，相对悲观的观点比较普遍，如刘世锦（2003）认为，老工业基地基本上是在计划经济条件下形成的，企业内部大而全、小而全，企业之间条块分割，形式上是一个区域内集中着大批企业，但专业化分工程度很低，与产业集聚有实质性区别。相对乐观的观点比较少，如高闯（2005）对学者们关于老工业基地难以形成集群的原因进行一一分析反驳，得出在一定条件下，能够依托打造高效的产业集群来实现东北振兴。比较折中的观点是有条件乐观的，如卢昌崇

（2004）认为东北产业集群往往空有其名，需要进行重构才能真正形成产业集群。

关于装备制造业集群的形成机理，刘友金（2005）提出了基于焦点企业成长的集群演进机理，并以长沙工程机械集群为例，指出焦点企业是集群形成和演化的核心，揭示了集群发展与焦点企业成长的互动过程。王德鲁、宋学锋（2009）将装备制造业集群分为大企业为核心的以价值链分工为主导的垂直形态的产业集群和以市场竞争互补为主导的水平形态的产业集群两种类型，并探究出集群结构升级与产业集聚的互动机理：前者通过内部成员之间的集体学习，核心企业带动各级供应商技术能力的提高，推动集群的结构升级；后者通过大企业的“拉动效应”和小企业的“挤压效应”的交互作用推动整个集群技术能力螺旋式上升。娄玉东、綦良群（2010）对区域装备制造业集群演化机理进行了分析，大企业衍生中小企业是区域装备制造业集群演化的最直接动因，而产业集群的知识信息的溢出加速了企业的模仿性和技术的快速传播，加剧了集群内的竞争，在创新—模仿—再创新—再模仿的机制下推动产业的发展和市场的扩张，促进了集群的分工合作，形成了更加紧密的产业链条，企业在这种“共生网络”中“共同优胜”。他们揭示了装备制造业集群发展升级的演化机制和过程，为集群发展的一般路径指明了方向，但是对于国企的特征并没有做出具体的阐述，机制性说明不足，也没有具体说明国企与民企之间的互动关系。

具体到东北装备制造业产业集群形成机理，刘淑茹、冯云廷（2004）认为在市场经济条件下，衍生是东北产业集群区别于南方产业集群的必然形成途径，衍生过程依赖于转包中的契约关系的确立，这在一定程度上揭示了国企与民企之间的互动关系，但对东北的特殊性关注不足，对机制的讨论还不够深化。张米尔（2007）通过对瓦房店轴承产业集群的案例研究，厘清了产业集群萌芽、发展和成熟的演进过程，研究了制度变迁对产业集群演进的作用机制：技术外溢提供初始条件，市场化进程提供广阔市场需求，大企业优化重组推动周边中小企业发展，并与周边企业互动发展。这比较清晰地展示了东北装备制造业集群的发展路径，但是没有分析政府在产业集群发展中发挥的作用，也没有讨论集群的治理问题。

对于国有企业的研究，Tan 和 Tan（2005）最早以规范的实证研究方法检验了环境与战略的协同演进，展示了协同演进的动态关系：组织在演进过程中表现出很强的学习能力，这种能力既保证了组织对环境的快速适应性，反过来又影响了环境的演进，文章又从复杂理论角度提出将中国转型经济整体视为一个复杂适应性系统，转型经济中相互竞争和相互影响的两个矛盾系统的共存是导致环境与战略协同演进的根本原因。陆园园、薛镭（2008）在 Tan 和 Tan 理论研究的基础上，通过对我国机床行业的回顾，说明了企业环境与战略行为之间相互作用共同推动了经济体制的逐步转型。他们的研究都是基于国有企业的战略与环境的协同演进，但是对于企业间互动关系研究不足。本节认为正是因为国有企业基于特殊环境的战略性行为，才会出现非核心业务的剥离和中小企业的产生和成长，提供集群形成和发展的原动力。

Feldman 和 Francis（2002）指出每一个集群都有其独特的历史背景，其发展具有路径依赖性。东北装备制造业特殊的历史背景决定了其发展机理的特殊性，因此，本节通过对沈阳机床产业集群的案例研究，分析以国有企业为核心的东北装备制造业集群的形成机理。首先，对沈阳机床产业集群的发展历程进行梳理，捋清集群发展各阶段特点和机制，然后分别从国有企业历史遗产的积淀、中小企业产生发展、国企和民企互动、政府推进以及集群治理机制来说明东北装备制造业集群发展的微观机理。笔者认为，在一定条件下，以国企为核心的东北装备制造业行业是可以形成产业集群的，且遵循独特的形成路径。对这些问题的研究将有助于东北装备制造业基地的合理构建，有助于为东北老工业基地的振兴打造发展平台。

7.5.3 研究方法

本案例选取纵向单案例研究的研究方法。对于回答“如何（how）”

或“为什么（why）”的研究问题，案例研究是首选的研究策略（Yin，1994），有利于更为清晰地观察事物发展的过程及其背后的规律（Eisenhardt，1989）。其中，单案例适合于纵向案例研究——对多个不同时间点上的同一案例进行研究，有助于反映出研究案例在各个阶段的变化情况（Yin，1994）。

本节选择沈阳机床产业集群作为研究样本主要原因有两个：首先，沈阳机床产业集群是东北装备制造业集群中的典型案例，机床是制造业的母机，对整个装备制造业的发展起着至关重要的作用，机床行业发展水平是衡量装备制造业发展水平的关键因素，而沈阳机床一直代表着我国机床业的最高水平，在我国机床行业发展史上创造了多个“第一”，沈阳机床长期以来的历史地位使之成为行业的标杆，以沈阳机床为核心的沈阳机床产业集群可能会发展为未来中国甚至是世界上最大的机床产业集群，而且沈阳机床产业集群具备比较齐全的集群发展要件和发展阶段，选取这样一个典型案例可以获取丰富、详细和深入的信息，有利于提炼适用于国企背景的产业集群的内在形成和发展规律，为研究其他东北装备制造业集群提供借鉴；其次，沈阳机床集群与作者有着“地理接近和关系接近”的优势，本文作者之一安岗曾经在沈阳中央直属大型国企——沈阳冶炼厂工作6年并曾担任厂长秘书，原沈阳冶炼厂与沈阳机床一厂仅一墙之隔，他对沈阳机床产业集群发展的历史过程有着深入的了解，对国企的运行情况也有深刻的感受。

1. 资料来源

对于案例资料的收集，本节采取了实地调研与二手资料结合的方法。研究资料主要来源于三个方面：①研究小组于2010—2013年多次到沈阳市铁西新区调研，考察了沈阳机床、沈阳电缆、沈阳重型、沈阳远大集团等多家企业，访谈了多名企业高层管理者、企业员工和政府官员，得到了积极地回应，由此获得一手资料；②网上查找相关的统计年鉴、政府工作汇报、报纸文章等获得二手数据；③阅读相关的研究文献，获得理论和数据支持。

研究小组成员及具体职责分配如表7-9所示。访谈过程如表7-10所示。

表 7-9 调研小组成员及具体职责分配

小组成员	职称	职责分配
安岗	讲师	思想的提出、文章结构的构建、操作指导
李凯	教授	论文的指导
王廷臣		案例论文撰写、调研提纲组织、调研记录整理
苏慧清		调研提纲准备
陈苗苗		调研记录整理
张兆瑞		调研记录整理
杨志英		调研记录整理、案例论文撰写

表 7-10 调研访谈基本情况（按调研时间排序）

单位名称	岗位名称	调研时间	参与人员	调研内容
沈阳重型机械集团有限责任公司	计划处处长	2010 年 4 月 10 日	安岗、张兆瑞	沈阳重型的国企改革历程
沈阳机床股份有限公司	行政总监	2011 年 5 月 9 日	安岗、张兆瑞	沈阳机床 2006—2010 年发展大事记
原沈阳电缆厂	办公室秘书	2011 年 5 月 17 日	安岗、张兆瑞	原沈阳电缆厂的改革发展
沈阳经济技术开发区管理委员会招商局	局长	2012 年 6 月 28 日	安岗、王廷臣、苏慧清、陈苗苗	政府关于集群发展措施、平台建设和公共服务
沈阳经济技术开发区管理委员会发改局	副局长	2012 年 6 月 28 日	安岗、王廷臣、苏慧清、陈苗苗	沈阳经济技术开发区建设进展、政府政策
沈阳远大集团	办公室主任	2012 年 6 月 28 日	安岗、王廷臣、苏慧清、陈苗苗	民营企业的发展和集群的发展状况
沈阳机床股份有限公司	行政总监	2012 年 7 月 6 日	安岗、王廷臣、苏慧清、陈苗苗	沈阳机床的发展、国企改革和集群发展状况
沈阳机床股份有限公司	营销部员工	2013 年 1 月 5 日	安岗、杨志英	沈阳机床营销发展状况
沈阳机床股份有限公司	行政总监	2013 年 5 月 17 日	安岗、杨志英	沈阳机床 OEM 现状，未来发展方向

资料来源：根据访谈记录整理。

2. 资料整理分析

（1）资料整理。在调研中，使用访谈记录表和录音笔记录每一位受访者的谈话内容，访谈结束后及时编辑成文档，调研小组互相传阅，加以修改补充。获得的二手数据得到小组认可后也做如上处理。

（2）资料分析。研究小组多次举行讨论会，对调研内容、相关文献进行讨论分析，确定文章主题和结构，并征求广大师生的建议，不断完善。

（3）资料回馈。研究者将分析思路结果与沈阳机床集团相关人士进行反复交流讨论，核对相关细节并征求意见，不断充实资料并修正和完善本文的发现和理解。

7.5.4　沈阳机床产业集群的演进过程

1. 沈阳机床产业集群概况

沈阳机床集团是1995年由原沈阳第一机床厂、中捷友谊厂、沈阳第三机床厂三大机床厂资产重组而组建的大型国有企业，于1996年7月18日在深交所挂牌上市。沈阳机床是我国最大的机床制造商、数控机床开发制造基地，从2006年起一直排名世界机床企业前10名，2007年以来沈阳机床销售额及世界排名如图7-7所示。2011年沈阳机床销售产值达到180亿元，位居世界同行业第一，在《经济日报》主办的“2011年中国自主创新年会”上，沈阳机床集团入选“中国十大自主创新型企业”，是中国机床行业唯一获得这项荣誉的企业，成为中国自主创新的典范。

图7-7　沈阳机床2007—2011销售额及世界排名

资料来源：美国Gardner出版公司的“世界金属加工机床排行榜”。

目前沈阳机床集团包括三大机床集群，分别为沈阳集群、昆明集群和德国集群。沈阳集群核心企业主要为沈阳机床股份有限公司（简称沈阳机床），年营业额占集团总量的75%；昆明集群核心企业主要有云南CY集团有限公司和昆明机床，年营业额占集团总量的20%；德国集群核心企业主要是德国希斯（SCHIESS）公司，年营业额占集团总量的5%。

沈阳机床集群位于沈阳市铁西区和于洪区，以沈阳机床为核心，辐射沈阳海克机械制造有限公司、沈阳三铭重工机械有限公司、沈阳晟威机床有限公司、沈阳鸿洲机械有限责任公司四家OEM厂商，外围20多家专用机床生产企业，以及700多家小型企业提供原料供应、初级产业配套和基本生产服务，形成了以机床加工制造为主导的产业集群。按照沈阳机床股份有限公司、OEM商、专用机床生产企业、零部件供应商4个层次划分。

2. 国企改革前，尚无集群迹象

日伪时期，从在沈阳设立首家工厂到战败，日本共在沈阳开设323家工厂，这些企业具有浓厚的日本殖民主义色彩，产品主要为日本帝国主义对中国进行经济掠夺和军事侵略服务，其中，1935年建立的满洲三菱机器株式会社是沈阳第一机床厂的前身，1933年建立的日本满洲工作机械株式会社是中捷友谊厂的前身一部分，在这一时期，东北装备制造业开始得到发展。

日本战败后，苏联军队接管了日本在东北的遗留企业，苏联方面将企业的主要设备、产品、原料等作为战利品一起运走。随后，国民政府的接管，使东北工业进一步遭到破坏，但产业工人所拥有管理经验和技术等无形知识得以保留。

新中国成立后，中央政府根据东北的资源基础、工业基础以及地理区位优势，通过国家的政策倾斜和巨额投资，在东北自上而下地建设了较为齐备的重工业体系。“一五”时期，国家重大工程落户辽宁的有24项，有关装备制造业的3项均落户铁西。在工业化初期的10年间，国家把支持装备制造业财政的六分之一投到铁西工业区。这种聚集效应带动了省市的工业项目安排在铁西。在国家的各种政策下，东北工业得到了快速恢复和发展，出现了一大批颇具规模的国有企业，特别是装备制造业企业，其中，原沈阳第一机床厂、中捷友谊厂、沈阳第三机床厂均为国家级机床行业“十八罗汉”之一的大型国有企业。

改革开放后，机构冗杂、负担沉重的国企不能迅速适应市场经济的大环境，暴露出越来越多的问题和矛盾，效益开始下降，全国数控机床发展最好的沈阳第三机床厂甚至于20世纪90年代初进行了一次破产重组。1995年，国家将沈阳第一机床厂、中捷友谊厂、沈阳第三机床厂进行资产合并重组，以期改善经营困境。在这段时期内，沈阳机床一些内部人员选择下海，自建厂房，与沈阳机床分一杯羹。但是机床行业资本投入要求高、规模效应明显、进入门槛高，所以这些企业数目规模非常小，只能生产一些简单的零部件，此时尚无集群迹象。

3. 国企改革分化，集群初见萌芽

为改善国企经营困境，党中央、国务院在1997—1998年先后提出了“减员增效”“国企脱困”的方针政策，沈阳机床也采取了相应措施，对企业进行改制，将主厂和辅厂分离，生产车间变成独立法人，剥离非核心业务，只保留核心的具有竞争优势的产销环节，改革用工制度，精简人员，剩下在岗职工不再吃大锅饭，而是挣效益工资，重构部门科室，在部门和车间采取单一首长负责制，大大节省了管理成本、提高了管理效率，扭转了公司局面。

转型就不得不面临转型的阵痛，在当时这些改革措施的实施是艰难的，但是推行这些措施是有必要的，也给今后的发展带来了积极影响。一方面，国企改革减轻了国有企业的负担，使得国企能够投入更多的资源来从事生产和研发。另一方面，生产车间的剥离增加了中小企业数目，人员的下岗为中小企业的发展提供了人力资源和技术基础，非核心业务的剥离为中小企业带来了更多的业务，中小企业原隶属于沈阳机床的特殊背景使其与沈阳机床极易形成稳定的配套关系。技术、人才的流动和对市场变化的灵活适应性使中小企业迅速发展。

在这一阶段，中小企业数量迅速增加，并与沈阳机床形成了简单的配套关系，集群初见萌芽。

4. 国企搬迁外包，集群要件逐渐齐全

2006 年 7 月，沈阳机床把原工业园区搬到沈阳经济技术开发区内的数控机床产业园，新园区占地 74 万平方米，规划产能 100 亿元。以搬迁为契机，沈阳机床积极推进各项变革，包括从生产运作、流程再造、管理理念转变、营销模式的转型、盈利能力的提升等方面，取得了显著成效。

此次搬迁彻底解决了老工业区布局不合理、地域不足的问题，为产业集群的形成奠定了地理基础。符正平（2002）提出企业集群的形成过程实质是一个企业区位决策的网络外部化的过程，沈阳机床的入驻为中小企业在此集聚提供了动力，铁西新区内企业数量不断增加，这为包括沈阳机床在内的很多企业在零部件采购环节提供了很大便利，释放出网络外部性。供应商进入园区使得分散采购变成集中采购，及时配送，节省两边的库存，改善资金占用情况，便于发展成组技术。同时，企业集聚促进产业链形成网状，形成多对多的真正的集群。

2004—2005 年，沈阳机床集团通过并购德国希斯公司——拥有 140 年历史、全球驰名的重型机床制造商，重组云南机床厂——“中国机床行业金牌出口基地”，控股昆明机床——号称“镗铣世家”的细分市场龙头，逐渐形成跨地区、跨国经营的全新结构布局。

从 2010 年 11 月起，沈阳机床开始采用普通机床代工生产（OEM）的生产模式，从而腾出资源发展中高档数控机床，向高端市场转移，增强企业国际市场竞争力。如图 7-8 所示，沈阳机床外包生产的机床数量和产值均在大幅增加，到 2013 年已达到数量 7.8 亿万台，产值 55 亿元的规模。目前沈阳机床有 19 家 OEM 加工单位，其中主要的 4 家如表 7-11 所示。

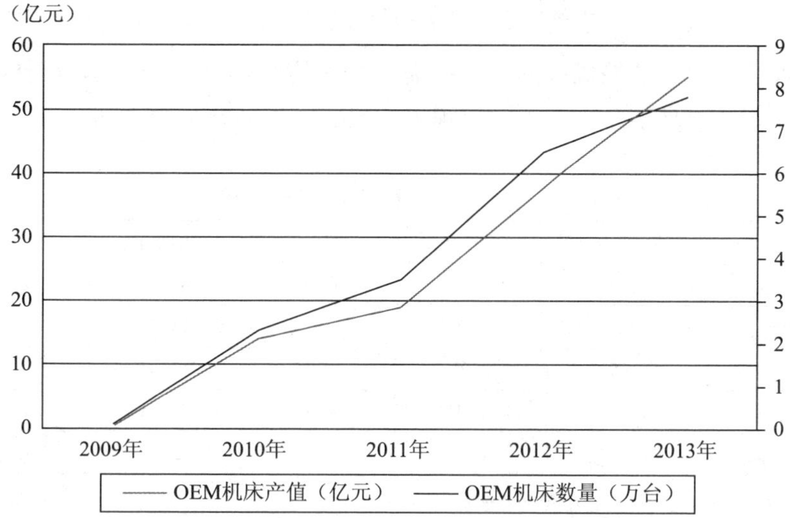

图 7-8　2009—2013 沈阳机床产品 OEM 规模

资料来源：公司公告、中投证券研究所。

表 7-11　沈阳机床主要的 4 家 OEM 商

企业名称	沈阳海克机械制造有限公司	沈阳三铭重工机械有限公司	沈阳晟威机床有限公司	沈阳鸿洲机械有限责任公司
前身	沈阳机床工艺装备有限责任公司	沈阳机床维修厂	沈阳机床零件厂	—
地址	沈阳经济技术开发区细河九北街（沈阳海克机床有限公司）	沈阳经济技术开发区 6 号路 13 甲 1 号	沈阳经济技术开发区 7 号路 10 甲 4 号	沈阳市苏家屯区城大街 42 号
主营产品	40/50/63/80 系列摇臂钻床	CW6180、CW6163、棒料剪断机及剪板机	车床、钻镗床机床附件、零件、专用机床	机床及零部件、机械电子设备
承制产品	40/50/63/80 系列摇臂钻床整机制造	CW63、80 型车床装配	CA6140、CA6136 系列普通车床制造	CA6140 系列车床整机装配
生产能力	月生产各类摇臂钻床 1000 台	每月可装配 800 台份整机	1500 台/月	1500 台/月

资料来源：调研得到。

采用 OEM 生产模式，既能保持普通机床的市场份额和利润，又能将主要资源用于数控机床的研发和生产，实现产品结构的优化，此外，还可以降低市场风险。由表 7-12、图 7-9 可以看到，沈阳机床进行 OEM 生产后，普通机床和数控机床的营业利润率均呈增加趋势，利润率较高的数控机床在企业产品中的销售份额实现大幅提升，企业转型很成功。

表 7-12　沈阳机床集团机床类型及销售份额　　单位:%

主营业务	2008 年	2009 年	2010 年	2011 年	2012 年
数控机床	41.98	51.87	61.48	61.49	58.46
普通车床	17.95	18.28	15.38	13.88	13.25
普通钻床	11.93	9.01	10.16	11.84	11.86
普通镗床	12.70	12.35	9.27	10.44	8.75
备件及其他	15.44	8.49	3.71	2.35	7.68

资料来源：公司公告、中投证券研究所。

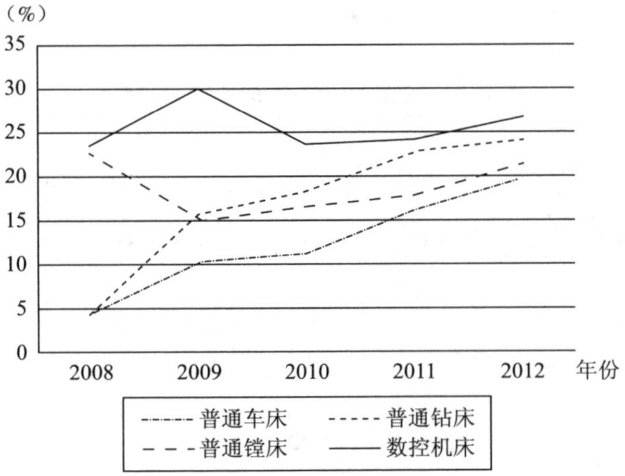

图 7-9　沈阳机床产品营业利润率

资料来源：公司公告、中投证券研究所。

从集群的角度来看，各承接企业借助沈阳机床的品牌效应、完善的营销网络、强大的技术支持，不仅可以提升产品研发和制造水平，还能充分保障企业的市场营销，提高市场风险抵御能力，带来良好经济效益，得以迅速成长。此外，沈阳机床按主机、部件、零件和铸锻件 4 个层次层层外包，形成了产业链上的金字塔结构，加强了企业间联系，深化了企业间分工合作，进一步促进了集群的形成和发展。

在以沈阳机床为核心的通用数控机床大力发展的同时，沈阳特种专用数控机床也初具规模。按照沈阳市装备制造业“3+2”总体布局，于洪区结合自身优势，强力推进装备制造业配套集聚区建设，规划建设了总投资 170 亿元、规划面积近 4 平方千米的沈阳国际特种机床装备城。机床城承担两方面任务：其一是为沈阳机床进行配套；其二是发展包括数控机床在内的特种机床。至此，形成南有沈阳机床集团龙头企业、北有特种专用数控机床及功能部件产业集群互相呼应的产业格局，中小型特种专用数控机床企业集群的“专、特、稀”专用数控机床与沈阳机床集团等大型企业的“高、大、精”通用数控机床错位互补、共赢发展，进一步完善数控机床产业体系，使沈阳成为产业环境优越、产业链条完整、技术水平领先的世界级数控机床及功能部件产业基地。

2011 年底，沈阳国际特种机床装备城与沈阳机床集团签署协议，沈阳机床每年剥离 64 亿元的数控机床零部件产能，与于洪区携手打造沈阳市装备制造产业数控零部件加工产业集群，为园区建设和企业发展提供了重大机遇和广阔空间。2011 年特种机床城被科技部正式授予确定为国家特种数控机床高新技术产业基地称号，被辽宁省确定为重点产业集群。2012 年，机床城已实现销售收入 60 亿元，计划到 2015 年，整个机床城综合产出有望达到 1000 亿元，成为具有国际竞争力的特种专用数控机床研发、生产和销售基地。到 2013 年 3 月，特种机床城已经完成了一、二期建设以及第三期的基础工程，已有 100 多家企业落户这里，其中部分企业介绍如表 7-13。

表 7-13　沈阳机床城内部分企业介绍

企业名称	主营业务（主要产品）
沈阳巨浪特种机床科技有限公司	龙门式加工中心，立式加工中心 BoVM1370，五轴联动加工中心 BoFM1310，卧式加工中心 BoHM1000，门式加工中心 VGM1616
沈阳盛京精益数控机械有限公司	CK516、CK500 数控机床，CK3250 高钢性结构数控机床，多工位数控转台式组合机床、高速钻床、CK6000 系列组合机床
沈阳德欣隆数控机床有限公司	ck3220 数控车床，T5 钻孔攻牙中心机床，dxl-01 双版辊镭射膜压机，卧式多轴数控机床，转塔式六角车床，机床大修改造方案的选择

续表

企业名称	主营业务（主要产品）
沈阳新正数控机床有限责任公司	CK135、CK160、CK400、CK200、CK630、CK100A、CK100G 全机能数控车床，XZ-202 专用机床，XZ-207 型双刀架卧式数控机床
沈阳精诚数控机床有限公司	活塞异型销孔数控镗床，刹车盘专机，CB7625 型液压多刀半自动车床，JC300 型滚道专用车床，液压多刀车床，轮毂多刀专用车床
沈阳大鑫数控机械有限责任公司	全自动数控车床系列，CK 数控机床系列，数控专用车床系列，数控组合机床系列，双主轴数控机床系列，铣端面钻中心孔数控机床系列
沈阳中威重型制造有限公司	TX6916、TX6920、TK6916、TK6920 系列落地铣镗床
派克汉尼汾	液压胶管、各种橡胶塑料软管及其相关附属零配件生产
沈阳日本富光电子	伺服电机的核心部分——定子以及电缆线束，工业用橡胶产品，金属压铸件等相关产品
沈阳康百世朝田液压机电有限公司	液压泵，液压阀，电机泵组，液压泵站，液压缸，冷却器，液压附件，动力夹头，回转缸
沈阳轩昊科技有限公司	计算机软硬件开发及 IT 技术咨询服务、网络系统集成、计算机辅助设备及电子产品的开发与应用推广
北京阿启蒙技术有限公司	GS100 系列通用变频器，GI800 系列高性能矢量变频器，GI200 系列开环矢量型变频器，ACV 系列振动频谱分析仪

资料来源：调研，相关企业官网。

5. 产业集群出现升级态势

为提升盈利能力，获取产业链上最丰厚的利润，沈阳机床集团转变经营理念，由过去只注重生产制造的惯例，转变为重视研发和市场两端，试图打造新的价值微笑曲线。由此，沈阳机床集团确立了由生产制造向研发制造、高技术产品方向发展，并提出制造服务化、服务高科技化经营战略。

在研发方面，沈阳机床与许多知名院校、科研单位和同行业企业进行了深度产学研合作。2008 年底，沈阳机床集团联合清华大学、同济大学、北京航空航天大学等 6 家科研院所和云南机床、昆明机床、杭州机床、重庆机床等 8 家企业，建成以沈阳机床集团为依托的国家高档数控机床重点实验室、国内行业数控机床创新联盟；在科研院所方面，沈阳机床集团与德国柏林工业大学、德国鲁尔大学、德国 R+P 公司以及国内的同济大学、吉林大学、北京航空航天大学、中科院沈阳计算所等国内外科研机构建立了广泛的技术合作联盟；在企业方面，沈阳机床集团与意大利菲迪亚、深圳麦格米特等组成了数控系统核心技术战略研发联盟，并积极开展与德国德马吉、日本森精机的合资合作，加快建设重大型数控机床生产基地。沈阳机床每年投入销售收入的 5%用于数控机床研发，承担了多个“十一五”重大援项和科技部、发改委等项目。自 2007 年，沈阳机床的专利数量以每年 10 多件的数量递增，现在专利保有量约为 140 件左右。2009 年，沈阳机床成功研制出“飞阳”牌数控系统，其效率、可靠性及稳定性达到了世界水平，打破了中高端数控系统长期被西门子等外国企业垄断的状态，跨入世界机床顶端制造领域。

在营销方面，沈阳机床集团在全国各地建立 4S 店，在机床行业中率先应用客户服务呼叫中心系统，重点突出大客户、关注重点行业的核心制造领域，并积极布局世界销售服务体系。目前，沈阳机床集团的销售服务模式已经形成了强大的竞争力，处于世界机床企业领先地位。

在资源配置和企业架构方面，沈阳机床也在积极实施转变，目前沈阳机床集团的人力资源架构配置还是 1∶2∶7 的结构，即管理团队占 10%，销售和研发人员占 20%，生产环节和工人占 70%，虽然在国内机床行业处于较优水平，但仍朝着赶上销售和研发占 50%以上的 IBM 等著名企业的目标努力。

此外，沈阳机床逐渐涉足金融服务领域。2012 年 6 月 20 日，我国首个企业金融管理中心—沈阳机床股份有限公司金融管理中心揭牌成立，该金融平台由沈阳机床集团与华夏银行联手打造，面向以沈阳机床集团为核心的上下游“全产业链”提供各种金融服务，满足了上下游中小企业的资金需求，缓解了中小企业贷款难、资金紧、发展慢的“瓶颈”。

沈阳机床在向高端发展的过程中，也带动了周边中小企业的技术升级，这样，集群规模逐渐扩大，分工合作逐步深化，技术水平逐渐提升，集群呈现升级态势。

7.5.5 案例讨论

通过对沈阳机床产业集群发展脉络的梳理分析，我们可以抽象出沈阳机床集群的形成机理，进而推广到以国企为核心的东北装备制造业集群的形成机理。

1. 国有企业历史遗产是东北装备制造业集群形成的基础

日伪时期，为了转嫁资本主义经济危机，满足掠夺资源和支持战争的需要，日本财团在东北开设了很多殖民主义工厂。抗日战争胜利后，苏联军队接管了这些遗留企业，并将企业的主要设备、产品、原料等运回苏联。随后国民政府的接管，使东北工业进一步遭到破坏。但是产业工人所拥有的管理经验和技术等无形知识得以保留，东北装备制造业仍保留一定的基础。

新中国成立后的计划经济时期，中央政府对东北重工业的政策倾斜和巨额投资，使东北工业得到了快速恢复和发展，出现许多大中型国有装备制造业企业。这些企业在多年发展中积攒了许多技术娴熟的技术工人、经验丰富的管理队伍、机械设备、生产研发技术、基于干中学的隐性技术的积累、广阔的市场、知名品牌等，国企造就的这些优势条件是东北装备制造业集群形成的重要基础。

2. 大型国有企业促进中小企业的产生和集聚

在沈阳机床产业集群中，以沈阳机床为核心，周围有700多家中小企业，这些企业规模相对较小，服务对象比较单一，主要为沈阳机床提供配套服务，同时进行特种机床的研发制造。这些企业的形成方式基本分为三种。

（1）国企改制剥离。在改制中，国有企业剥离出了一些非核心车间、部门，这些车间部门摇身一变成为民营企业。独立后，他们大都拥有原国企的技术资源，并仍然占据着原来在国有企业中的产销环节。由于体制的转变，这些企业的效率大大提高，规模不断壮大，生产、服务领域逐渐不再局限于国有企业。目前的沈阳特种机床企业很大一部分是通过以上途径形成的。其中，现沈阳专用机床厂为原沈阳第一机床厂的修配车间，在国企改制中独立，独立时带走了一些关键的技术和人员。

（2）国企衍生。国企培养了很多经验丰富、技能娴熟的管理技术人员，这些人员在外与他人合资办厂，提供相关的人员、技术，这样既可以保证产品质量，又可以由于他们的影响使这些企业更多地参与到沈阳机床的产销环节，得到很多市场资源。

据一位机床老员工透露，如果把这些配套企业背后的关系脉络理清，它们的终极所有者应该限定在10人左右，这些人开设多家企业，不仅可以隐蔽关系，也可以形成财团类型，更加快速地成长，回避风险。

（3）国企吸引。国有企业的发展壮大，加上政府优惠政策和措施，吸引了国内外大量企业在国企周围投资办厂，加入到民营企业的行列。如美国派克·汉尼芬公司、韩国斗山、上海国宝鼎虎集团等在沈阳机床周围相继办厂。

这些中小型企业的业务主要来自于核心国有企业，其中大部分企业的技术、人员也来自国有企业，所以自然而然地集聚在沈阳机床周围。随着沈阳机床将非核心业务步步剥离，零部件外包、OEM使周围企业能够得到更多的市场和利润，数量、规模逐渐壮大，而沈阳机床的技术外溢使中小企业的技术水平也不断上升。在规模和技术达到一定水平后，这些企业就开始独立进行产品研发制造和销售。

所以，中小企业的产生和发展与核心国有企业有着密不可分的关系，国有企业促进了中小民企业的发展。

3. 国企、民企、政府作用下集群的形成机理

随着改革开放的发展，国有企业制度上的弊端逐步开始显现，部分员工带着技术离开国企自建企业，这些企业以市场为导向，有着更高的生产效率和市场反应能力，而生产需要的的技术又可以通过各种正式或者非正式的学习途径从核心国企中获得，因而有着更高的经济效益并迅速发展，逐步侵蚀国有企业的市场，造成国有企业人才、技术甚至资产的流失，国有企业经营状况日益恶化。

为改善这种局面，国有企业被迫进行改制，主辅分离，减员增效，逐步将非核心业务剥离出去，专注于提高自己的核心业务，依靠自己的技术、规模优势，进行产品升级，提高产品的技术含量，摆脱与集群内其他企业的低端混战，转而开拓更高技术壁垒的市场领域。在国企改制中，核心企业的下属单位通过管理层收购等方式纷纷独立，大大增加了中小企业的数目，这些企业在剥离后拥有原国企的先进技术，并仍然占据着在原国有企业中的产销环节，与国企形成了密切的供应服务关系。而下岗职工在外流到周围中小企业的同时，使国有企业的技术在集群内广泛流动。在逐步剥离非核心业务——从零部件外包到 OEM 的过程中，集群内产业链更加复杂，合作更加紧密，分工更加专业化，中小企业得到更多的业务，利润大大提升，规模迅速扩大。同时从国有企业处学到了更多的技术，技术水平得到大幅提升。积累到一定程度后，中小企业就可以独立地进行产品研发，逐步减轻对国有企业的依赖，在低级产品市场与国有企业展开正面竞争，也就是说国有企业拉动了周围中小企业的发展。

对核心国有企业来说，通过中小企业的配套支持，国企利润率提高，经营风险也得以降低。配套中小企业由于其专、精的特点，可以在某项专门技术上获得突破，弥补核心企业的某些技术不足。非核心业务的剥离使国有企业腾出更多的资源，从事高端产品的研发制造，而国企利润来源的减少以及不断壮大的中小企业在低级产品市场上的竞争压力也推动国企开拓更高技术壁垒的市场，再加上政府的政策鼓励和高额补贴，国企加大研发力度，加强产学合作，提高自身技术水平，获得在高端产品上的市场份额，增强国际市场竞争力。因此，中小企业在一定程度上也推动了国企的发展。

鉴于企业间的产业联系和特殊的人员关系，国有企业的新技术又会逐步外溢到中小企业，来自中小企业的压力又会反过来驱使国企剥离非核心业务，进行技术升级，集群整体技术水平提升，产业链上下游企业间生产协作加强，形成完善的网络体系，进一步优化生产要素和资源配置，集群逐步发展，竞争力逐步增强的集群会吸引更多的企业入驻，这些企业使集群网络体系更加完善，尤其是一些知名外商投资企业会带来先进的技术。这样的动态博弈重复进行，直到集群形成。

由于民营企业能够更好地适应市场经济的大环境，在集群发展中，中小企业规模迅速壮大，致使国企相对萎缩，最后甚至会取代国企在集群中的核心地位。至此，集群完全成为市场经济条件下成熟的产业集群。

在集群发展中，政府发挥了必不可少的推动作用。首先，政府通过法规政策的制定为集群创造良好的外部环境和有序的内部环境，提供公共服务，建立公共研发中心，创办展销会等推动集群健康发展。其次，政府一方面对国有企业施加压力，迫使国企改革，加快非核心业务剥离，另一方面给国企提供政策鼓励和补贴资助，促使国企技术研发和产品升级，带动中小企业发展。此外，政府通过提供优惠政策条件，积极招商引资，扩大中小企业数量和规模，支持中小企业引进先进技术经验，推动集群发展。

在这一过程中，政府、国有企业、民营企业三者之间的互动关系如图 7-10 所示。

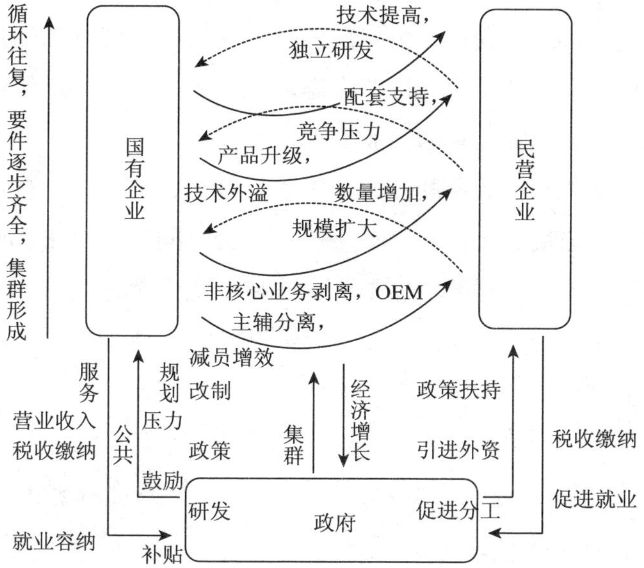

图 7-10　政府、国有企业、民营企业三者作用下的集群形成机理

虽然就目前而言，不管从技术上还是规模上，国有企业在集群中占据绝对的核心地位，周围中小企业规模远远小于核心国有企业，主要是为核心企业做配套服务。但是我们可以看到，周围中小企业的数量、规模在不断壮大，企业间联系日益紧密，分工日益专业化，符合我们研究的上述路径。

对我们的研究逻辑，沈阳机床内部人士也表示赞成，民营企业从国企分化并得到发展符合我们现在的实际，符合国有企业发展的一般路径和规律。有实力的厂商可以 OEM 的模式进行生产，或者进行产业升级，由民企承接生产，能促进集群的自我生长和分化。由于民营企业的市场嗅觉更灵敏，反应速度更快，能快速满足市场需求，所以民营企业更具有优势。他们能够根据市场需求的变化设计和生产出更加多样化的产品，推动了市场导向的研发机制生成，进一步促进集群的发展。在 2009 年，据沈阳市经济技术开发区发改局统计，民营企业约占机床行业总数量的 60%，总产值的 40%。民营企业所占该行业比例的高低才能说明该行业的活力。民营企业从国企的分离，在一定程度上导致了国有资产的流失，影响到社会的公平，但是这在客观上，促进了集群整体效率的提高，使资源配置的效率得到提高，形成一个更加良性的行业生态环境。此外，还可以促进以后的仓储物流建设，以形成更完善的产业配套体系。

由于机床和汽车行业零配件的加工工具接近，部分中小企业同时为沈阳机床和宝马、通用、金杯等汽车企业做配套，同时是机床产业集群和汽车整车及零部件产业集群的一分子，这体现出沈阳装备制造业大集群化发展的态势。大集群与小集群共同发展的复杂结构，更加有利于大中小企业发展以及集群的形成。

4. 集群治理

产业集群治理是通过一系列正式或非正式、内部或外部的机制与制度，旨在协调集群行为主体之间关系，建立和维护集群竞争优势并采取集体行动的持续的过程（Langen，2004）。治理的目的在于实现目标和规避风险（格兰多里，2005）。对于产业集群而言，治理的目标在于维持或提高其整体竞争力，治理的主体是所有的集群成员，治理的客体是产业集群这一网络组织形态。

从整体趋势看，以国企为核心的东北装备制造业呈现出良好的发展态势，但在集群中也隐藏着很多问题，如外包商的机会主义行为、中小企业研发动力不足等，如果这些问题不能得到及时有效的解决，很可能会为集群发展带来危机，使集群遭受巨大损失。在东北装备制造业产业集群中，主要存在 3 个治理主体，分别为政府、国企、行业协会。

（1）政府对产业集群的治理。要转变政府职能，建设服务型政府。地方政府职能转变的重点在于为集群发展提供公共产品，创造良好的发展环境（易明、杨树旺，2010）。鉴于国有企业的特殊性质，政府通过对国有企业设定适宜的目标并加以监督，促进国有企业提高效率、带动集群发展。此外，政府对正在发展中的集群提供适当的补贴，促进集群创新研发。加强市场体系建设，依靠市场力量因势利导，形成清晰的产权结构，为集群发展提供有序的环境。

在沈阳机床集群发展中，政府通过高起点进行产业集群发展规划，为产业集群创造良好的环境。2007 年，辽宁中部城市群经济区出海产业大道的建设，连通了沈阳与辽宁“五点一线”沿海经济带，出海大道本身成为工业走廊经济带。2002 年 6 月 18 日，铁西区和沈阳经济技术开发区合署办公，成立铁西新区，为沈阳装备制造业发展提供了产业园区和基地。2002 年 11 月，实施铁西工业大搬迁的“东搬西建”计划，推动了企业集聚，降低了企业间外部协作成本。这些城市发展战略为沈阳装备制造业集群的发展提供了有利的地理环境。此外，政府积极进行招商引资，以市场换投资，引进国内外知名企业如安川电机和日本精工（NSK），形成稳定的配套关系，促进技术交流。2010 年 3 月 12 日，市长陈海波提出大力发展特种专用数控机床、形成产业集群的新思路，并表示将在资金、政策和用地指标等方面给予必要的倾斜。该政策有效地吸引了原来布局分散的中小企业集聚到于洪特种机床城，改善了机床产业空间布局。在机床城内，政府提供免费的研发中心办公场所为企业解决研发问题，建立东北首座机电产品会展中心解决销售问题。

此外，沈阳市政府通过对沈阳机床施压，迫使沈阳机床加快外包的步伐，为中小企业提供更多业务，加快向高端发展的步伐，促进集群发展。

政府还给予集群大力扶持，支持企业从事科技研发项目和计划，支持技术创新。在之前的 2008—2011 年，沈阳地方政府每年给予沈阳机床约 5000 万元的研发补贴，以支持技术创新。在 2012—2015 的合作框架协议中，省政府和沈阳地方政府每年各出资 1 亿元，以支持沈阳机床的科技创新和技术改造（包括对技术设备进行升级），设有专用账户，专款专用，严格控制资金流向，这大大增加了企业的研发激励和技术投入。

（2）核心国有企业对集群的治理。国有企业身兼集群核心企业和政府代表的双重角色，在产业集群治理中承担主导性作用。发挥国企在产业集群中标准建立和半公共物品的性质，强化国有企业在研发上的投入，使其向高端、高附加值的产品发展，真正成为集群内的“引擎”，在自身发展的同时释放正外部性，促进整个集群发展。同时建立相关产业的集群标准，强化专业化分工和集群配套关系，使得产业集群依赖关系加强，联系更加紧密，集群成为一个有机的整体。此外，加强品牌保护和技术保护，建立惩罚机制，如通过国企的“市场地位”和上下游关系等，提高违规企业的“犯罪成本”。

在沈阳机床产业集群中，随着沈阳机床的非核心业务逐步剥离，出现了很多问题，如外包商产品质量难以得到有效控制、国企治理动力不足、政府过度干预、民企与政府官员合谋等，如果不能得到及时有效的治理，将会出现诸如日本丰田召回的恶性事件，对沈阳机床以及整个集群声誉造成巨大影响，但是据我们了解，沈阳机床对此并没有明确的治理章程。对此，沈阳机床可以通过建立惩罚机制、进行技术指导等方式尽量避免。完善内部经营和监督机制，建立纯净的企业间协作关系，促进市场环境建设，形成良性的社会关系资本。

（3）行业协会对集群的治理。对于行业协会，最为关键的是依靠章程开展活动，建立健全监督机制，特别是要完善内部激励机制。国企与民企或者民企之间在政府的扶持下形成行业协会，建立健全监督机制，对中小企业的机会主义行为进行遏制，并建设各种公共平台，如产供销数据库、人才培养与交流服务平台、数字化设计技术服务平台等，提高集群发展效率。

沈阳特种专用数控机床产业联合会是由一批沈阳及其他地区的数控机床整机企业、功能部件及零部件生产企业自主发起、联合组成的产业联盟，致力于组织会员企业间的合作研发、生产和市场开拓。到 2011 年，联合会已拥有 66 家会员企业，近百项专利产品，可生产 150 多种专用数控设备，年产值超过 20 亿元，其中数控多轴金属切削机床、五坐标高速微孔钻床、多功位转盘式数控组合机床、复合式阀门数控专用机床、高速机车车轴数控加工专机等产品均填补国内空白，并达到国际先进水平。2010 年 6 月，沈阳特种机床联合会 54 家会员单位同中国科学院、东北大学、沈阳工业大学等单位共同发起组建沈阳特种专用数控机床产业技术创新联盟，打造特种专用数控机床公共研发平台，实现资源共享和有效利用。

7.5.6　结论与启示

本节基于沈阳机床产业集群的纵向案例研究，探讨了以国企为核心的东北装备制造业集群的形成机理。研究发现，以国企为主导的东北装备制造业是可以形成产业集群的，但是有其独特的产业集群形成路径：基于国有企业的历史遗产，在市场经济和国企改制的环境下，国企内部人员和辅助车间、部门从国企中分离，组建成为独立的企业，为国有企业提供配套。国有企业通过技术外溢、非核心业务剥离拉动中小企业发展，深化企业间合作分工，促进集群网络形成，而中小企业的配套服务和竞争压力推动国有企业技术创新、进行产品升级，提高市场竞争力，如此循环往复，再加上政府通过提供良好环境、政策支持、经济补贴等方式推动产业集群发展，最终形成集群。此外，政府、国企、行业协会要充分发挥治理作用，推动集群良性发展。

沈阳机床产业集群并不是以国企为核心的装备制造业集群的个例，我们也观察了瓦房店轴承产业集群、长春市汽车产业集群、徐州工程机械产业集群，不同于沈阳机床产业集群尚处于初级阶段，这 3 个集群都已经基本形成，其发展路径与我们的研究思路相吻合，进一步验证了我们得出的东北装备制造业集群形成机理的适用性。

东北装备制造业集群形成机理对于东北装备制造业发展的政策制定具有一定现实指导意义。在某种程度上，这种以国企为核心的东北装备制造业集群的形成和发展过程正是中国经济改革和制度转型的一个微缩版，后者是在两种相互矛盾的经济体制的重复博弈中实现由计划经济向市场经济的平稳转型，而前者则是计划经济代表——国有企业和市场经济代表——民营企业的相互博弈的过程。国企的相对比例缩减和集群的健康发展，展现了一个生动的演化过程。集群中企业网络的建立需要一个长期的博弈过程，培育和发展产业集群是一个漫长的过程（那些成功的产业集群区都经历了十几年甚至数十年的发展），因此东北装备制造业集群未来的具体走向还需要进一步跟踪研究。

7.6 沈阳装备制造业产业集群发展前景分析

7.6.1 沈阳装备制造业产业集群发展的诸多有利因素

1. “沈阳经济区” 规划的推出——促进周边地区资源共享

2010 年 4 月，经国务院同意，国家发改委正式批复沈阳经济区为国家新型工业化综合配套改革试验区，这标志着沈阳经济区成为继上海浦东、天津滨海新区、成都、重庆、武汉城市圈、长株潭城市群和深圳等 7 个地区后，国务院批准设立的第 8 个国家综合配套改革试验区。

沈阳经济区规划的出台对整个沈阳乃至周边地区的装备制造业产业集群发展带来了诸多的有利因素，对沈阳装备制造业产业集群今后的发展产生着至关重要的影响。

（1）周边城市一体化。区域是城市发展的腹地和依托，城市是区域发展的向导和动力，沈阳经济区城市密集程度较高。历史地看，辽宁中部城市群曾经是中国城市化进程中最引人注目的地区。在以沈阳为中心的 100

km 半径内，集聚了 1 个副省级市、5 个地级市、5 座县级市、200 多个小城镇，在全国都是城市化较高的地区。高度集中地城市群一旦通过沈阳经济区的带动，必然会更好的互补，使整个地区的发展上升到新的高度（如图 7-11）。

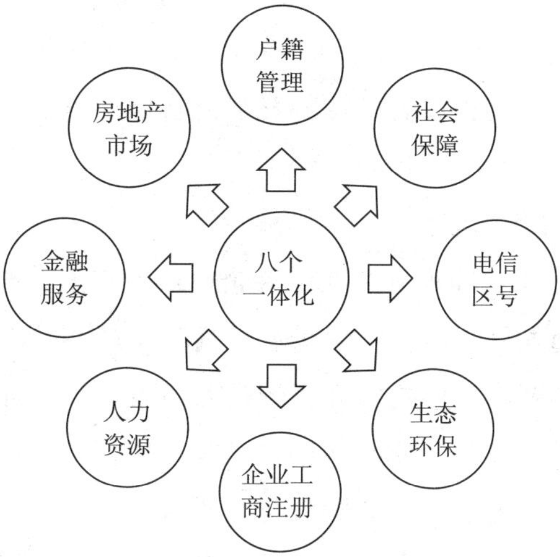

图 7-11　城市一体化带来的"八个一体化"

（2）发达的交通网络——运输成本的降低。沈阳经济区位于辽宁半岛中轴线，是东北地区对外开放的要地，也是我国综合交通运输最发达的地区之一。目前已形成铁路、公路航空多种运输方式相互联结，以沈阳为中心向四周放射的立体交叉综合运输网络。境内铁路里程共 2300 千米，为全国铁路网最密集地区之一铁路客运量近 6500 万人每年，铁路货运量 10336 万吨每年。"环五射"的高速公路骨架已经形成，境内公路总里程达到 20350 千米，国家公路主枢纽的地位日渐显著。扩建后的沈阳桃仙国际机场，已经成为东北最大的区域性国际航空港。

目前，沈阳中部城市群正在以沈阳为中心打造城际高铁，争取实现"一小时"城市圈。这一举措无疑为沈阳经济区内企业、人员之间的流动提供更大的便利，使人力资源可以得到充分的共享。

（3）门类齐全的装备制造业。经济区内集中了以基础工业和加工工业为主的7个城市，形成了以冶金机械石油，化工建材等支柱产业为主的全国重要的重工业基地。中心城市沈阳是国家确定的先进装备制造业基地，作为经济区新兴增长级，聚集了越来越多的高新技术产业和优质生产要素，逐步成为区域技术和制度创新及扩散中心。以沈阳装备制造业为例，在沈阳生产的77种主要装备制造产品中52种在技术水平方面居全国前列，29种列亚洲前5位，18种列国际前10位。这一地区的军事工业也具有雄厚的基础，是我国军事装备的重要研发制造基地，为装备制造业大范围集群形成创造了条件。

2. 其他有利因素

（1）专业化分工不断完善。在国有企业纷纷转型、改制的过程中，民营企业得到了快速发展，由于民营企业的高效，核心的国有企业放弃了一些非核心的产销环节，只做技术含量较高的研发环节，而一些初级的零部件生产环节逐渐采取外购、外协等形式采购，使得整个区内企业都把资源集中到自身具有优势的核心环节中。与此同时，一些外资企业也进驻铁西工业区，带来先进的技术和产品的同时，也带来了一些国外成功的管理理念，使专业化分工进一步完善。

（2）企业间合作不断展开。经过两次“老工业基地”改造，企业定位更加明确，更多的企业把资源投入到自身的优势环节当中。有了专业化分工作保障，一些核心企业也逐渐把一些非核心环节外包出去，使资金、人力等资源的使用效率得到提高。

在这些逐渐成长的企业当中，大部分与核心国有企业有着千丝万缕的联系，他们凭借着与国有企业间的关系，独立后与原企业仍然合作，逐渐壮大的同时再为周边的其他企业服务，这样整个区内企业间合作紧密起来了。

（3）运输成本的不断下降。由于企业间布局被重新规划，很多上下游企业成为“邻居”，这样使企业日常生产活动中运输环节成本大大降低。同时目前涌现出一批专业的物流企业，专门负责企业间成品、零部件的运输环节，使企业间产销效率得到提高，也使得企业间的运输成本降低。

7.6.2　沈阳装备制造业产业集群发展所面临的问题

在我们为沈阳装备制造业产业集群未来发展前景备受鼓舞的同时，也应该看清发展中所面临的问题。之前国家规划的综合改革配套试验区都是由民营企业主导的，而作为老工业基地，沈阳装备制造业的发展却要由大中型国有企业所主导，这就可能导致企业日常经营效率相对低下，这无疑为沈阳装备制造业的发展前景蒙上一层阴影。而民营企业不断壮大的同时，必然会要求更多的话语权，而在这场国、民博弈中必然会产生摩擦，下文将具体分析沈阳装备制造业产业集群发展所面临的问题。

1. 产业集群形成要件的缺失

（1）国有企业的制度对专业化分工的阻碍。发展沈阳经济区可以说就是发展区内几大装备制造业产业集群，与国内外成功的产业集群相比，装备制造业产业集群具有以下特点：装备制造业产业链较长，对产业关联要求程度高，紧密的产业关联是影响装备制造业集群效率的重要因素；装备制造业产业的技术含量高，对于研发水平要求高，因此，装备制造业产业集群网络一定要结合高校、科研机构与企业之间的研发协同；由于装备制造业的技术存在内在关联性，这种网络结构大大便利了知识和技术创新在集群内部的快速传播；装备制造业的核心企业一般都具有规模优势，相对而言，中小企业的地位和作用并不突出。装备制造业产业集群都是以大型企业为集聚的主导力量，以辐射式产业集群和大企业集聚为主要特征。集群的根植性更多的是基于装备制造业的产业特点，如一般生产都需要大型厂房、重型设备、劳动与技术密集等。

专业化分工对产业集群的效率起到至关重要的影响，而沈阳经济区内的主导企业多为大中型国有企业，往往具有“大而全、小而全”的特点，企业之间空间上的聚集仅仅是政府的行政干预下形成的，呈机械空间集中，企业之间缺乏有机联系，更谈不上企业之间沿着产业链进行深度分工；目前老工业基地的物流配送系统也十分落后，远离市场中心和零部件供给中心，导致物流采购成本居高不下，没有形成一个发达的专业化协作体系，产业集群的效率就无法提高。

面对这种问题，一些既得利益者视而不见，甚至阻止专业化分工的完善，这对沈阳地区装备制造业产业集群进一步发展产生了不利的影响。

（2）人力资源难以共享。由于国有企业特殊的体制限制，导致技术、人员之间在企业间很难流动，致使很多研究成果无法共享，也就无法带动整个区域的经济发展，很多技术人员由于企业的限制只能到东南沿海等地的企业寻找工作。这种技术保护对单一企业来说，可以使技术在区内不会流失，但对整个地区来说无疑是巨大的损失。

（3）政府干预的有限性与市场驱动的乏力。作为我国老工业基地，整个东北地区是改革开放较晚的地区，这使得在很多方面仍然体现着计划经济的影子。而国有企业更是一直存在政企不分的现象，使很多企业无法按照自身的规划发展。政府制定的企业发展规划往往比较短视，与企业长远利益相背离，这使大型国有企业的长远发展受到限制。

而且就政府干预的效果来看往往是低效的。与市场机制不同，政府干预首先具有不以直接盈利为目的的公共性。政府为弥补市场失灵而直接干预的领域往往是那些投资大、收益慢且少的公共产品，其供给一般是以非价格为特征的，即政府不能通过明确价格的交换从供给对象那里直接收取费用，而主要是依靠财政支出维持其生产和经营，很难计较其成本，因此缺乏降低成本提高效益的直接利益驱动。其次，政府干预还具有垄断性。这种没有竞争的垄断极易使政府丧失对效率、效益的追求。政府干预还需要具有高度的协调性。政府实施调控的组织体系是由政府众多机构或部门构成的，这些机构部门间的职权划分、协调配合、部门观点，都影响着调控体系的运转效率。

政府干预为寻租行为的产生提供了可能性。寻租是个人或团体为了争取自身经济利益而对政府决策或政府施加影响，以争取有利于自身的再分配的一种非生产性活动。在这种情况下，大权在握的政府官员极有可能“受非法提供的金钱或其他报酬引诱，做出有利于提供报酬的人从而损害公众和公众利益的行为”。可见寻租因政府干预成为可能，又必然因这种干预的过度且缺乏规范和监督而成为现实。其主要危害在于“不仅使生产经营者提高经济效率的动力消失，而且还极易导致整个经济的资源大量地耗费于寻租活动，并且通过贿赂和宗派活动增大经济中的交易费用。”从而成为政府干预失灵的一个重要根源。

正因为政府的干预存在着上述缺陷，所以让政府干预成为替代市场的主导力量，其结果只能导致“政府失灵”，用“失灵的政府”去干预“失灵的市场”必然是败上加败，使失灵的市场进一步失灵。

（4）第三方组织的缺失。根据产业集群的形成要件，产业集群的产生必然会伴随着一些配套的中介性组织的产生，如行业协会、人力资源中介组织等，这样使整个集群内企业缺少一个协调的机制，未达到最大程度上的企业间合作。

此外，高校及一些科研机构与企业联系并不紧密，地理空间上也相距较远，使沈阳地区以工科为主的高校优势并未得到充分利用。

2. 其他方面的问题

作为沈阳经济区发展最为重要的推动力量，国有企业无疑对整个地区发展起到决定性的作用，而国有企业领导人作为国有企业的掌舵者，对沈阳经济区的影响更是不可忽视。然而，正如前文所介绍的那样，很多国有企业员工往往具有双重身份，这样使不具有“背景”的民营企业无法公平地参与到由国有企业主导的产业集群的产业链当中，导致真正有潜力的企业没有得到发展的机会，必然会使整个沈阳经济区的发展受到影响。此外，很多国企领导还同时具有官、商背景，为寻求仕途上的发展，追求任期内的短期利益，不注重企业的长远发展，致使企业技术改造投入减少，发展后劲严重不足，形成国有资产流失。有的好大喜功，报喜不报忧，甚至虚报业绩，致使企业长期亏损或潜亏，直至资金周转不灵，被迫破产。另一方面，国企领导人的个人利益和企业的利益没有形成命运共同体，经营者对企业的责任仅靠个人的良心、觉悟和党性支撑，没有从制度和体制上予以确立。致使有的经营者在决策和管理中考虑自身的利益多，企业的利益少，有时甚至侵占企业和国家的利益。

同时，由于国有企业领导具有的双重身份，国有企业资产流失现象严重。主要体现在以下几个方面：一是生产中的跑、冒、滴、漏现象长期存在，加工损失、储运损失及能耗过大，次品、废品率过高等。二是盲目采购和高价采购，导致企业成本升高和库存增加。三是产品定价背离市场，或低价销售，或产品积压，造成效益损失。四是工程结算少做多结。五是财务费用居高不下，更有甚者截流收入，转移资金，私设小金库，公款私用，化公为私。六是企业生产技术原理、管理技能、商业秘密、品牌、信用、信息和营销渠道等无形资产大量流失。

国有企业领导人员的种种做法对国有企业自身来说是极为不利的，但从产业集群发展的角度出发，却促进了沈阳装备制造业产业集群的形成与发展。正是由于领导人员采用了一些不正当的手段与外面关联企业合作，才打破了国有企业的垄断，打破了国有企业“大而全”“小而全”的模式，长期以来，使这些关联企业得到了快速的发展，这样国有企业才逐渐放弃了一些非核心的生产环节，使专业化分工得以逐渐形成，从而产业集群的效率得以提高。

7.6.3 沈阳装备制造业产业集群发展前景预测及发展建议

1. 沈阳装备制造业产业集群发展前景预测

经以上分析，我认为沈阳装备制造业产业集群发展的初期，由于国有企业规模、资金、政策上的优势，必然成为主导力量。其中沈阳机床、沈阳鼓风、北方重工等大型国有企业的发展必然会带动整个产业链上下游相关企业的快速发展。然后经过一段时期的发展会形成一些具有规模的民营企业，加上目前的远大集团、三一重工、北方交通重工等企业，民营企业在整个沈阳装备制造业的比重将越来越大。而国有企业在这一过程中，非核心生产环节逐渐采用外包的方式由民营企业代工，只保留一些核心的研发生产环节，从而使整个地区的生产效率大大提高。

总地来说，沈阳装备制造业产业集群的发展演变过程将是初期由国有企业主导，然后国有企业规模逐渐萎缩、民营企业规模逐渐扩大，直到国有企业只保留最为核心的涉及国防等领域的研发生产环节，最后沈阳装备制造业产业集群将由国有企业、民营企业共同主导。虽然在发展过程中会出现种种问题，但对于沈阳装备制造业产业集群的发展前景，我们持谨慎乐观的态度。

2. 沈阳装备制造业产业集群发展建议

（1）积极实施人才引进战略。推行更加宽松和优惠的人才政策，为集群发展广纳各方人才。加强经营管理人才、科技人才的培养和引进，为外地优秀人才落户，采取更加灵活的户籍政策，为外地高素质人才引进创造条件。同时大力开展教育培训，根据产业发展需要加强职业技术教育，为企业培育更优秀的员工。

（2）转变政府职能。在产业群发展中，企业是主导者，而政府则是催化剂和润滑剂，是信息平台、服务机构和规划制定者。产业群战略作为一种新的思路将帮助政府重新定义和设计区域经济发展的途径和目标。政府不仅要为产业群发展提供高质量的公共物品，关注产业群的区位选择和产业定位，还要为集群内企业培育形成战略协同的软环境。

第一，进行投融资体制改革试点，放松市场进入限制，为老工业基地充分发挥装备制造业和原材料制造业的基础优势创造宽松的条件，积极改善中小企业的生存环境，工商、税务等政府监管部门应进一步转变观念，从过去的注重管理逐步走向加强服务。第二，着力推进集群公共平台建设，各级政府及部门的扶持引导资金应从重点支持少数企业向着力营造集群的公共基础性设施转变，积极构建区域性网络互联互通体系，培育产业开发基地，加强集群区域内共性技术服务平台建设，引导与支持企业创新，促进产业集群的产品、技术升级。第三，开放有助于资源的流动和产业的集群。要特别重视、积极鼓励国内外地区间的经济、科技、社会、文化等领域的交流和合作，鼓励区域内外机构和人士的各种民间的非正式交往，以营造有利于创新的发展环境。要进一步扩大对外开放，促进国内外市场对接，强化集群整体招商引资，有针对性地组织集群内的一些中小业主出国考察，开展重点招商活动。第四，加强地区品牌的培育，举办产品博览会与商贸会，扩大对外影响力和市场知名度，政府在实行名牌战略的同时，应将培育地区品牌作为一项基础性工作来抓，有意识地在各级重点培育的产业集群中创立地区品牌。

（3）大力发展中介性组织。由于沈阳地区装备制造业产业集群带有深厚的国企背景，长期以来并未形成行业协会等中介组织，政府一直扮演着这一角色。为了整个地区产业集群更好的发展，必然要大力发展这些中介组织来协调企业间关系，以促进企业间合作。此外，还应该形成一些人力中介组织，使人力资源可以在集群内部得到共享，打破国有企业原有壁垒。

为了使企业研发能力得到加强，应该把市内工科为主的高校及科研机构搬到开发区内，使企业的研发环节可以与高校形成互动，使大学生们得到更多的实践机会，同时培养出大学生与企业间的感情，使更多的人才留在沈阳。

做出以上努力后，沈阳地区的装备制造业定会形成高效的产业集群。

7.7 本章小结

7.7.1 研究结论

产业集群作为一种经济和社会现象，一种新的产业组织形式，其强大的竞争优势得到经济学界的充分肯定。产业集群也成为近年来国内外研究的热点，国内研究重点集中于介绍国外的理论成果和集群政策，以及借鉴国外集群理论对国内不同形式集群进行实证分析。很多学者分别从不同的视角来研究产业集群，并针对不同地区的实际情况，指出适合这一地区产业集群的发展策略。

沈阳装备制造业由国有企业占据着主导作用，这种模式在国内外成功的产业集群案例中，并无先例。因此，研究沈阳装备制造业产业集群，本章从产业集群形成的条件入手，分析出国企主导模式下产业集群的形成条件，并结合沈阳装备制造业的历史经验，指出在每一特定历史时期产业集群形成要素的积累过程。

沈阳装备制造业产业集群在初期是由政府所推动的，虽然获得了各方面的支持，也被称作“产业集群”，但由于作为主导力量的国有企业制度上存在的弊端，使企业间合作、专业化分工、资源共享等方面并未有效地展开，这时整个区域内的企业更多的仅仅体现在空间上的聚集。因此，这时所谓的“产业集群”很难被看作真正的产业集群。然而随着一些民营、外资装备制造业企业不断进入沈阳，国有企业改制的不断深入，再加上沈阳地区不断生长出的民营企业，这些企业为了提高区域内企业的整体竞争优势、寻求质优价廉的资源、创造和共享区域品牌等原因，在日常经营环节中不断尝试更为高效的方法。基于沈阳装备制造业的历史经验，我认为产业集群形成的要素在不断地积累，国企和民营企业形成了一种特殊的互动机制，有利于产业集群的形成；在这一过程中，政府的推动力不断地被削弱，整个地区逐渐向集群驱动所转变。我相信当沈阳装备制造业完全由产业集群内在因素所驱动的时候，真正意义上的产业集群必将形成。

7.7.2　研究展望

本章尚有不足之处：一是学界对产业集群形成的条件与机理并未做广泛的研究，因此也并未形成比较统一的观点。所以，本章的一些观点可能会显得比较片面。二是在获取资料时，由于涉及一些企业的利益，因此遇到了很大阻力，使本章一些观点并未获得相关数据的强有力支持，还要在信息来源的渠道上再想办法。

进一步的研究可以从国有企业主导的集群中的民营企业成长阻力与突破路径角度进行研究，探究在国企主导的集群背景下民营企业集群治理的相关规律。

第8章　虚拟集群治理——第三方媒体在电子商务平台治理中的作用研究①

8.1　引言

近年来，我国电子商务平台保持快速成长势态，这与平台自身具有的比较优势息息相关。传统交易需要耗费大量资源和时间，而通过电子商务平台，买卖双方能够在网上完成整个交易流程。从最初印象到货比三家，再到讨价还价，购买，到最后的客户服务。电子商务平台减少了交易成本。艾瑞公司数据显示，网店与实体店相比，能够节省60%的运输成本和30%的运输时间，降低55%的营销成本和47%的渠道成本[30]。电子商务平台同时也解决了传统交易活动受时空限制的问题。网络把全球交易者连接起来，消除了地域限制的约束，使交易费用降低。因此越来越多企业关注网络，投身于电子商务。

8.1.1　研究背景及选题

1. 当前我国电子商务发展情况

我国电子商务发展态势良好。根据新浪财经2012年12月20日报道《首届中国电子商务年会1月在上海举行》，2011年中国电子商务的交易额达到5.88万亿元，同比增长29.2%，占GDP的比重达到12.5%。网络零

① 本章部分内容已发表，具体见：安岗，王启超，黄玮．三方媒体与电子商务平台治理——基于多案例的探索性分析［J］．公司治理评论，2014，6（1）：31-49.

售市场规模达到7825.6亿元，同比增长53.7%，占社会消费品零售总额的4.32%。商务部数据显示，2012年前三季度我国网购规模超过8000亿元，同比增长44%。人们的生活和社会的秩序已经开始因电子商务被重新定义。

2012年，我国网络购物零售额超过1.3万亿元。2013年电子商务继续成为社会普遍关注的焦点，成为经济结构的基础设施，成为改变市场格局、创造新的商业秩序最火爆的关键词。互联网金融、大数据时代、移动电子商务、跨境电商、传统企业触网、平台化电商……一个个火热的话题层出不穷，一股股浪潮不断搅动着电商产业走到中国经济舞台的最中央。根据工信部官网披露，2014年一季度，全国电子商务交易额达到2.4万亿元，同比增长45%[①]。当前，电子商务正在渗透到社会经济的各个层面，它作为一种新型的、充满活力的贸易方式，以其独特优势成为经济增长的引擎，推动着国民经济的各行各业快速发展。2008—2012年，我国电子商务交易额、阿里巴巴集团旗下的淘宝与天猫年交易额以及中部省份江西省历年GDP。从表8-1中，我们可以看到，2008年时我国电子商务交易额相当于同年份江西省GDP的5倍，到2012年时接近7倍；2012年淘宝与天猫的交易额超过万亿，接近同年份江西省GDP。

表8-1 电子商务交易额比较 单位：万亿元

	2008年	2009年	2010年	2011年	2012年
电商交易额	3.1[②]	3.8	4.5[③]	5.88[④]	8.0163[⑤]

① 人民网财经频道 工信部：一季度全国电子商务交易额达2.4万亿元 http://finance.people.com.cn/n/2013/0408/c153180-21057010.html.

② 商务部发布．中国电子商务报告（2008—2009年）http://www.mofcom.gov.cn/aarticle/ae/ai/201008/20100807109973.html.

③ 2010年中国电子商务市场交易额达4.5万亿元 http://www.mofcom.gov.cn/aarticle/resume/n/201101/20110107371264.html.

④ 聂林海：2011年中国电子商务成交额5.88万亿 http://tech.hexun.com/2012-06-16/142541748.html.

⑤ 商务部：2012年我国电子商务交易额破8万亿元大关 http://intl.ce.cn/specials/zxxx/201309/26/t20130926_ 1557020.shtml.

续表

	2008 年	2009 年	2010 年	2011 年	2012 年
淘宝+天猫	0.0996[①]	0.2083	0.4	0.6321	1.0007
江西省 GDP	0.6971[②]	0.7655	0.9451	1.1702	1.2948

资料来源：中国电子商务交易额来源商务部公开资料　淘宝+天猫交易额来源阿里巴巴集团公开资料　江西省历年 GDP 来源国家统计局。

2. 电子商务平台的发展概况

电子商务平台最初出现主要是针对中小企业建立的、面向制造业的最终用户、供应商、采购商、经销商和服务商，提供一个企业家在线采购、营销、招标等活动并提供分销、售后服务管理功能的电子商务平台模式。与自营式电子商务不一样的是，电子商务平台主要是为交易双方搭建一个交易平台，平台搭建者并不参与交易，而是为其他个人和企业组织搭建在线销售商品的平台。

电子商务平台在全球高速发展，在国内比较知名的品牌，如阿里巴巴、中国制造网等。

3. 电子商务平台的特点

目前电子商务的经营模式主要有平台型、自营渠道型和品牌型。电子商务平台具有电子商务的一般特点，也有自身的特点：

（1）电子商务平台的管理者本身并不从事销售商品的活动，而是为其他个人或企业组织搭建在线销售商品的平台；

（2）电子商务平台存在着网络外部性：一个卖家是否在平台上销售商品取决于其他卖家和买家的决策，买家是否在这个平台上交易又取决于这个平台上卖家的数目以及商品的数量和种类，形成一个正反馈机制；

（3）信息传播迅速，传播成本降低。与传统贸易不同，电子商务借助互联网工具，交易者的信息只需要消耗不多的上网流量，就可以传播到世

① 2003—2012 年淘宝历年交易额数据 http：//site.douban.com/186720/widget/notes/11049613/note/251005100/.

② 中华人民共和国国家统计局 国家数据 http：//data.stats.gov.cn/workspace/index；jsessionid=F7878FF15764395A07F610C6734118DC？m=fsnd.

界的各个角落。其他交易者也很容易就能获得信息，信息在互联网上的传播过程中，几乎是零衰减；

（4）信息成本包含两方面，一方面是信息传播成本，这在互联网条件下是非常低的，另一方面是信息的甄别成本。互联网条件下，往往是信息过剩，信息有真有假，而人对信息的理解接受能力是有限的。因此，电子商务平台上的交易者往往面对的不是信息的传播问题，而是信息的失真问题；

（5）随着电子商务的不断成长，电子商务逐渐多元化并且协同关联性越来越强。电子商务平台逐渐演变成电子商务生态系统，平台上不再是买卖双方之间交易的简单电子化，其他行业机构：如物流、银行、保险也逐渐在平台上聚集。

4. 当前电子商务平台存在的主要问题

中国互联网络信息中心发布的《2012 年中国网络购物市场研究报告》显示，用户网络购物不满意的方面，最多的是送货时间太长，占网络购物不愉快经历的 49.2%；第二位是感觉商品与网站宣传不一致，占网络购物不愉快经历的 49%，第三位是买到假冒伪劣产品，占 23.3%。

（1）送货时间太长。买家正常付款后由于卖家发货不及时或者其他原因迟迟收不到货物，甚至有的卖家单方面取消订单；

（2）实际商品与宣传不一致。卖家上传到网上的样品照片可以做技术处理，或者买卖双方对产品的衡量标准不一样。比较严重的情况是，产品根本就是假冒伪劣的；

（3）售后服务无法兑现。承诺的售后服务往往不容易实现，因为售后必须满足卖家在买家须知中提出的约束条件。而买方即使在收到有缺陷的商品时，也不一定能提供充分的证据证明是卖家的过失；

（4）信用炒作——刷单。买方在选择卖家的时候，因为不熟悉对方，所以会比较关注对方的信誉记录以及当前的信誉级别。许多卖家为了取得好的信用评级，常常采用信用操作的方式；

（5）用户信息泄露。网上交易的痕迹可以被别有用心的第三方非法获取，而往往这些信息是买家的重要信息，如姓名、银行卡号、电话等；

（6）电子商务市场政策法规不完善。根据中国人大网 2013 年 12 月 30 日报道，2013 年 12 月 27 日，全国人大财经委在人民大会堂召开电子商务法起草组成立暨第一次全体会议，正式启动电子商务法立法工作。电子商务立法刚刚提上议事日程。目前对于电子商务平台上的欺诈行为，一般使用《广告法》《产品质量法》《消费者权益保护法》等法律监管，还没有专门的电子商务法律。

5. 研究选题

在电子商务的快速发展过程中，电子商务平台表现出旺盛的生命力。根据新华社 2013 年 12 月 19 日报道，在第二届中国电子商务年会上，商务部电子商务和信息化司副司长聂林海表示中国今年超越美国成为世界第一大网络零售国将没有悬念。2013 年中国电子商务交易总额预计将达 10 万亿元，其中网络零售将超过 1.8 万亿元，中国也将由此超越美国成为世界第一大网络零售国①。

表 8-2 中美电子商务交易额比较

单位：亿元（中国）；亿美元（美国）

国家	指标	2002	2003	2004	2005	2006	2007	2008	2009
中国	交易额	—	—	9293	12992	15494	21709	31427	38251
	同比增长	—	—		39.8	19.3	40.1	44.8	21.7
美国	交易额	15100	17060	20510	24000	29720	33950	37040	—
	同比增长	39.8	13.0	20.2	17.0	23.8	14.2	9.1	—

数据来源：国家电子商务工作动态网站②。

表 8-2 是中美两国电子商务交易额的比较，从表中可以看出，2005 年到 2008 年我国电子商务交易额增速明显高于美国电子商务交易额的增速，

① 新华网．电商年交易额将达 10 万亿元 中国将超美国成全球最大网络零售国 http：//news. xinhuanet. com/fortune/2013-12/19/c_ 118629197. htm.

② http：//gjdzsw. drcnet. com. cn/gjdzsw/DocView. aspx？docid = 2645128&leafid = 14481&chnid = 1070.

到 2008 年时我国电子商务交易额增速约为美国电子商务交易额增速的 5 倍，交易额约为美国电子商务交易额的 1/6。

然而，对比中美两国的法制建设路径：1997 年 7 月美国政府正式发布“全球电子商务政策框架”，到 2004 年，美国已有 44 个州制定了与电子商务有关的法律。美国的全国州法统一委员会也于 1999 年 7 月通过了《统一电子交易法》，供各州在立法时采纳。根据中国人大网 2013 年 12 月 30 日报道，2013 年 12 月 27 日全国人大财经委在人民大会堂召开电子商务法起草组成立暨第一次全体会议，正式启动电子商务法立法工作[①]。

在电子商务高速发展下，应该怎样规范交易行为？目前已经暴露出来的主要问题有哪些治理方式？第三方媒体在平台型电子商务的负外部性治理过程中能起到怎样的作用？第三方媒体参与治理的优势是什么？这些问题构成本章所要解决和解释的内容。研究的主要内容包括以下几个方面：

首先，本章界定治理的概念、平台治理空间、平台治理安排等概念，罗列了到目前为止国内外对电子商务平台的研究，说明了本章的研究价值。其次建构了案例研究的基本假设和相关理论框架。然后本章分别选取了 B2B、B2C、C2C 领域的典型案例，聚焦不同平台上第三方媒体的作用；本章分析了电子商务领域治理安排的政策含义；最后说明本次研究中的不足，提出了今后继续研究可以完善和发展的建议。

8.1.2　研究的目的和意义

1. 研究目的

本章期望通过多案例的分析，聚焦第三方媒体在电子商务平台治理过程中的作用，希望分析电子商务环境下治理的新特点并且得出有意思的结论。

---

① 中国人大网．电子商务法立法启动．http：//www.npc.gov.cn/npc/xinwen/tpbd/2013-12/30/content_ 1822039.htm.

2. 研究意义

（1）现实意义。说起电子商务，不能不感慨2012年11月11日。这个被称为“双十一”的普通一天，引爆了一场网络消费盛宴。11月11日第一分钟，“天猫网络商城”就迎来了1000万购物人群，半小时后，通过支付宝的交易额突破10亿元。两个多小时后，总销售额超过30亿元。截至24时活动结束，支付宝销售额达到创纪录的191亿元。这一天，有两亿多用户登录了网站，1万多商家参与了活动，生成订单超过1亿笔，远远超越了美国“网购星期一”15亿美元的纪录。在人们惊异井喷式消费的同时，电子商务以强劲的姿态表明，一个中国经济发展的新引擎已经诞生①。

但是近些年发生在电子商务平台的阿里巴巴欺诈门事件、淘小二腐败案、京东商城浴厕卫防滑垫被诉欺诈消费者等是电子商务发展的掣肘。探讨电子商务平台上的机会主义治理和平台治理问题，关注第三方媒体在电子商务治理过程中的新特点。

（2）理论意义。国内外学者对于电子商务治理问题从管理学视角做了许多研究，在交易行为治理层面已经提出丰富的概念模型，阐述不同类型电子商务平台的交易行为治理机制。国内外学者还从管理学的视角验证了电子商务能给消费者带来更多的福利、交易者的诚信行为能够促进电子商务的发展，并且还做了调查问卷，获得数据后对假设进行检验。

与本章研究比较接近的是郭勇峰（2012）研究的电子商务平台与商户之间的契约治理问题，但该研究没有关注第三方媒体这一治理主体。本章在既有的基础上，吸取前辈们的研究经验，采用多案例分析的方法，聚焦第三方媒体在电子商务平台的治理作用，把平台治理的研究向前推进。

---

① 求是理论网．电子商务：中国经济发展的新引擎，http：//www.qstheory.cn/zxdk/2013/201311/201305/t20130527_ 234336.htm.

8.1.3　研究方法

本章在借鉴现有研究成果的基础上，收集了 B2B 平台、B2C 平台和 C2C 平台上的案例，研究第三方媒体在各个平台治理过程中的作用，采用跨案例的研究方法对多个案例从成本角度进行经济学分析，总结结论。具体的研究方法如下：

（1）文献研究法。使用关键词在 google 学术以及学校图书馆数据库搜索相关文献，阅读国内国外的相关文献，关注国内外学者的研究。

（2）案例分析方法。案例分析法也称为个案分析方法或者典型分析方法，是对有代表性的事务深入地进行周密而仔细的研究从而获得总体认识的一种分析方法。本文分别选取 B2B、B2C、C2C 领域的案例作为一类问题的代表，分析第三方媒体在电子商务平台治理的作用及机理。

8.1.4　篇章结构

本章共分 5 节安排如下：

第 1 节：引言部分，本节主要介绍了研究背景以及选题、研究目的和意义、采用的方法和篇章安排。

第 2 节：相关概念及文献综述，本节主要介绍了治理以及与治理相关的概念，例如，治理、平台治理效率等；文献综述部分，梳理了平台方面的研究、平台定价问题、诚信问题以及国内外与治理问题比较接近的研究。

第 3 节：构建假设和理论框架，做了 3 个关于第三方媒体的假设，并且说明了本章研究的关键。

第 4 节：案例分析，本节主要采用多案例分析的方法，分别选取 B2B 平台、B2C 平台和 C2C 平台上第三方媒体参与了治理过程的案例进行分析。研究第三方媒体在电子商务平台的治理机制。

第 5 节：结束语，本节主要包括研究得出的结论以及研究特色，指出了研究的不足和可以发展的方向，如可以考虑引入双边治理或者多边治理理论。本章的整体架构如图 8-1 所示。

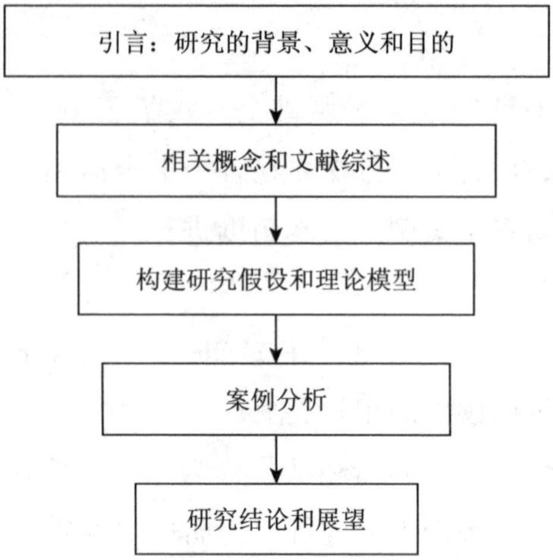

图 8-1　研究框架

8.2　相关概念及文献综述

8.2.1　相关概念

1. 治理和电子商务治理的内涵

“治理”一词起源于政治及公共事务管理领域指控制、引导、操纵。Oliver E. Williamson（2001）从经济学的视角提出治理是一项评估各种组织模式功效的活动，目的是通过治理机制实现良好的秩序。James Rosenau（2001）从政治经济学的视角定义治理为一系列活动领域的管理机制，治理由共同的目标所支持，包括正式的政府治理、也包含非正式、非政府的机制。

电子商务的治理可以分别细化为平台治理和平台上买卖双方交易行为的治理，这两种不同层次治理的含义是有区别的。具体地说分为两个层面的治理，第一层面，平台治理主要是针对平台管理者权力寻租、消极对待客户投诉等，平台治理的目的是为了增加平台的正外部性，减少平台的负外部性；第二层面，平台上买卖双方交易行为的治理在于减少欺诈行为，促进诚信交易。本章关注的是第一层次的治理问题。

2. 平台治理效率

本章关注平台层面的治理，治理效率的高低通过两个指标来反映，一是平台的反应时间；二是负外部性得到治理的程度，也就是治理效果。

3. 平台治理主体

治理主体定义了治理行为的相关方，既可以是受欺诈买方形成的联盟，可以是具有行政权力的政府部门，还可以是平台管理者自身，也可以是独立的第三方媒体等。

4. 平台治理安排

制度是约束人们行为及其相互关系的一套行为规则，包括正式制度安排和非正式制度安排。正式制度安排是指人们有意识创造出来并通过国家等组织正式确立的成文规则，包括宪法、成文法、正式合约等。非正式制度安排在人们长期的社会交往中逐步形成，并得到社会认可的一系列约束，包括价值信念、伦理道德、文化传统、风俗习惯、意识形态等。

8.2.2　文献综述

电子商务平台的快速发展引起了学术界的关注，Kauffman（2001）是一篇关于电子商务文献的概述，提出了电子商务今后可能的研究方向，罗列了关于电子商务的参考文献共 412 篇，到 2014 年 5 月 17 日在 Google 学术上被引用 334 次。后续的研究主要集中在平台理论、平台定价问题和平台诚信问题研究，平台治理理论的研究不多。从信息功能和实施功能分析多个治理主体的研究比较少，关注到第三方媒体这一治理主体的研究更少。

1. 平台理论

Armstrong（2006）认为双边市场平台是指满足两组参与者进行交易的需要而存在的中间层，其中一边参与者加入平台的收益取决于加入该平台的另一组参与者数量。Weyl（2010）转换了重点，考虑的是平台在有约束的情况下会选择吸引什么类型的用户。胡岗岚，黄丽华（2010）提出电子商务生态集群的概念，以阿里巴巴为样本，采用案例分析的方法，研究了电子商务生态化集群的发展规律。

2. 平台定价问题

Levin（2012）在 Weyl 的基础上得出了网络平台的价格理论模型。Evans（2003）总结了双边市场平台具有的特征，即存在至少两类不同的消费者群，并且存在一个中介平台，能够将这两个用户群之间的外部性内部化，其中一边参与者的获利与另一边参与者的数量相关，即存在间接网络外部性。Roehet 和 Tirole（2003）将双边市场的网络外部性分为成员外部性和使用外部性两种。成员外部性是指平台拥有一边市场的用户数量对平台另一边市场用户带来的潜在价值增值，产生于双边用户发生交易或者相互作用之前，与之相关的便是注册费。使用外部性产生于双边用户之间发生交易或者相互作用时，是指平台一边用户的需求选择将对另一边市场的用户的剩余产生影响，并影响另一边的收益，与之相关的便是交易费。当双边用户加入平台之后，双边市场用户事先的潜在价值转化为现实的价值增值。白莹（2012）运用双边市场理论，结合网络团购平台的特点，推导出团购平台的定价模型。唐成方（2013）应用双边市场理论，构建了网络团购双边客户多归属条件下的定价模型。

3. 平台诚信问题研究

第三种关注的是平台的诚信问题。Pavlou、Lee 和 Kim 研究的都是 B2C 上的信任问题。Pavlou（2003）建立概念模型，从管理学视角证明了感知的风险、信任、感知的有用性和感知的便利性是驱动消费者接受电子商务的关键因素，并且用调查获得的数据验证了结论。Lee（2001）研究了影响消费者网上购物的信任因素，网络上商人的可信程度、互联网作为购物媒介的可信度、基础设施（如安全性、第三方认证）以及其他因素（如公司规模、人口变量）。Lee（2001）还证明了自己提出的假设商家诚信对消费者网上购物是一大利好，商家诚信的对消费者利好的效果受到个体消费者信任倾向的限制。与 Lee（2001）得出的观点不同，Kim（2008）认为第三方认证的存在对消费者信任的作用不明显，而消费者的信任倾向、网站的信息质量、公司的声誉才是关键因素。

C2C 平台上的信任问题，Jones（2008）的研究认为，只有直觉上网站的质量和第三方认证会影响个体对 C2C 网站的信任，而消费者的信任倾向、其他买家卖家对网站的认可并不影响个体对 C2C 平台的信任。Jones（2008）还研究了出现这种结果的原因。

4. 平台治理相关文献

与前面的研究不同，在交易行为的治理层面，田婕（2007）借用博弈论的模型，探讨了 C2C 中诚信问题产生的根源，并在此基础上进行了一系列推理和分析，提出了解决交易中机会主义行为的建议。徐利敏（2010）设计了三个博弈模型，并且将对这些模型的综合分析得出的结论应用于对我国 C2C 电子商务中诚信管理机制的基本构成要素的分析，从诚信管理机制层面提出解决诚信问题的方案。刘晓文，于谨（2011）针对电子商务发展过程中遭遇到的制度设计层面问题，引入治理的思想，借鉴 IT 治理模型，提出一种面向企业电子商务的治理参考模型。文章的研究还可以从经济学的视角继续深入。而吴德胜（2007）探讨了在法律制度不完善或者法律不能很好发挥作用的情况下，交易方以及追求利润最大化的第三方中介如何建立起私人秩序保证交易的顺利进行。李维安、吴德胜、徐皓（2007）使用淘宝网的数据，采用计量回归的办法研究了法律缺失或者法律不完善的情况下，网上交易中声誉机制的作用。杨居正、张维迎、周黎安（2009）利用网络交易的数据，实证研究了信息与管制之间的互补和替代关系。郭勇峰（2013）研究了平台与商户之间的契约治理问题，从交易契约转移、通过政府或者第三方介入建立第三方治理结构、通过长期契约实现双方治理、通过纵向一体化 4 个角度研究电子商务交易平台的治理策略。

虽然研究中涉及电子商务的文献众多，但是对电子商务平台的治理问题观察不多，关注到第三方媒体在平台治理中的作用的研究也很少见。本章收集不同平台的典型案例，采用案例分析的方法分析 B2B 平台、B2C 平台、C2C 平台的治理问题，关注第三方媒体的作用，借鉴已有研究框架分析不同治理方式背后的经济学逻辑，试图分析出电子商务环境下，平台层面负外部性治理的新特征。

8.3 第三方媒体治理功能的假设和理论模型

本章研究的是第三方媒体在电子商务平台治理中的作用，具体从平台治理成本、治理效率两个维度对第三方媒体在治理过程中的作用进行分析。本章的研究假设是从平台的治理功能和治理效率两个维度展开。

8.3.1 研究设计

1. 研究问题的确定

传统产业集群治理理论中，关于集群治理的主体构成，Gilsing（2000）认为集群行为者包括企业、行业协会、大学以及政府组织共同作用的过程；Brown（2000）则认为集群治理的主体或者是私人部门（如美国），或者是（政府）经济发展机构（如苏格兰）；李世杰、李凯（2009）认为集群所有成员（包括企业、机构和个人）都是集群治理的主体；Enright（2000）认为，企业是治理的主体。

网络环境下，电子商务平台治理有许多新的特征，与传统产业集群治理主体不同，在电子商务平台治理中出现了新的治理主体——第三方媒体。媒体在平台治理中能发挥怎样的作用引起了笔者的思考，本章尝试探究：

（1）第三方媒体对电子商务平台治理有什么作用？第三方媒体介入后，平台治理的效率是上升了还是下降了？

（2）对平台治理主体的分析主要有信息功能和实施功能，网络环境下，第三方媒体的功能是不是万能的？如果不是，那么第三方媒体的治理功能是怎样的？

2. 研究方法的选择

（1）探索性多案例研究方法。本章试图研究的是电子商务平台治理主体——第三方媒体在平台治理中的作用，并且主要回答的是“why”和“how”的问题。欧阳桃花（2004）提出，案例研究是指对某真实现象开展考察和探索的一种经验式研究方法，即通过详细描述案例事件、分析其原因，从中发现或探求一般规律和特殊性，并推导出结论或命题的研究方法。所以案例研究方法是可以考虑的方法之一，它将有助于我们了解平台治理的机制。吴金希（2004）认为，当所研究的问题存在理论空缺，或已有的文献不足以对研究问题做出充分的解释时，研究者需要根据组织实践进行总结归纳，提炼出理论模型，此时采用探索性案例分析法能够将案例故事转化成理论。尽管电子商务平台不是新课题，但已有文献中研究平台治理机制的不多，也很少有文献关注到第三方媒体在平台治理中的作用，因此探索性案例研究法在本文中适用。Eisenhardt（1991）指出，如果在条件允许的情况下，通过采用多案例研究设计可以更好地提炼出理论。

（2）案例研究模式和指标度量。本章尝试探索电子商务平台环境下第三方媒体在平台治理中的作用，采用多案例分析的方法，对比归纳第三方媒体的功能，并且试图解释不同案例之间的治理效率差异，这种案例研究方法属于探索性多案例研究方法。参照已有文献中有关案例研究的 13 个关键指标（苏敬勤、李召敏，2011），本章的案例研究方法实现了对重要指标的综合考虑（详见表 3-1）。

表 8-3　案例研究方法的 13 种关键指标

关键指标	本章的应用	是否采用
研究问题： ①明确的研究问题	本章在研究设计部分明确提出了两个研究问题	是
文献综述与理论框架： ②了解相关理论，提出分析思路和切入点	对平台理论、平台定价，平台诚信问题做了回顾，发现现有研究中存在的理论“缺口”，即缺少对电子商务平台治理的研究	是
③构建创新型理论模型	本章关注到了媒体在电子商务平台治理的作用，但还没有构建创新型理论模型	否

续表

关键指标	本章的应用	是否采用
研究方法：		
④明确的分析单位	案例的选择具有针对性	是
⑤多案例设计	B2B 平台、B2C 平台、C2C 平台的多案例分析	是
⑥多证据来源	证据来源渠道主要为二手资料	否
⑦实地记录、对原始数据编码、数据展示	由于条件限制，无法获取	否
⑧基于团队研究	本章的研究得到了同学相关资料整理工作的支持和导师的指导	是
案例分析与研究发现：		
⑨适合的分析技术	本章使用了探索性多案例研究方法	是
⑩清晰的证据链	研究假设和结论之间具有清晰的证据	是
⑪原始证据的引用	本章的研究引用了权威研究机构机构、权威网站的报道等	是
⑫理论的升华	本章关注到了媒体的治理作用	是
研究结论：		
⑬与现有理论的比较	本章结尾部分将研究成果与以往研究做了比较，指出理论贡献和不足之处	是

资料来源：《案例研究方法的运用模式及其关键指标》（苏敬勤、李召敏，2011）。

3. 案例选择

电子商务在快速发展的同时，也出现了不少新问题。2011 年被曝光的阿里巴巴欺诈案、2012 年被曝光的淘宝腐败案、2013 年被曝光的京东和天猫售卖假赖茅事件，2014 年 5 月被曝光的美团刷单大众点评事件以及大量的用户网购信息泄露引发诈骗的事件都提醒了我们，电子商务快速发生的同时也催生了许多灰色产业链。电子商务平台的治理问题因此值得思考。

（1）案例资料来源。电子商务平台治理的案例主要来源是网络媒体的披露新闻，因此在选择案例的时候，要求可用的二手资料数量多、报道详细；另一方面，为了保证案例的真实可靠，要求有权威媒体披露，例如央视 3.15 晚会、网易财经、新华网、中国广播网等。

（2）选择标准。按照电子商务的参与对象进行分类，可以将电子商务交易类型主要分成以下几种类型：①企业对企业：B2B 交易的双方均分为企业，企业之间通过 Internet 技术或其他各种商务网络平台，完成其商业活动的过程；②企业对消费者：B2C 模式的交易双方是商家和消费者；③消费者对消费者：C2C 的交易双方为消费者，也就是消费者本身提供服务或者产品给消费者。

结合当前电子商务平台存在的主要问题，在 B2B、B2C、C2C 平台上分别挑选比较有代表性的案例进行分析。所以，案例选择的标准为：①权威报道，真实详细；②涉及不同类型电子商务平台，能代表电子商务领域存在的一类问题；③与电子商务平台治理相关，可以对不同治理主体进行分析。

（3）数量要求。Eisenhardt（1991）指出，如果在条件允许的情况下，通过采用多案例研究设计可以更好地提炼出理论，单案例研究更像一个故事的描述，而多案例研究则可以形成好的理论建构。Sanders（1982）建议进行多案例研究时最佳的案例数目为 3~6 个。遵循这些学者们的建议并结合案例选择标准，笔者最终确定了 3 个研究案例。

8.3.2　第三方媒体治理功能的假设

第三方媒体并不能从平台治理产生直接经济损失或者收益。因为电子商务平台中，第三方媒体既不是利益受到损害的一方，也不是有机会主义动机的一方。从直接经济利益的角度看，第三方媒体缺乏参与平台外部性治理的激励；比较而言，第三方媒体所掌握的信息也不如当事人那么充分。一个缺乏参与平台治理激励的主体介入平台的治理，治理可能是低效率的。

然而，如果媒体考虑到自身的新闻价值，第三方媒体通过披露事实的真相，获得社会大众的认可与信任，从而使得收益增加。在这种情况下，第三方媒体就具有参与平台外部性治理的激励。媒体具有广泛地信息渠道，每多披露一条新信息的边际成本较低，媒体的信息获得成本低，因此第三方参与平台自我治理可能会让治理效率提高。

综上所述，假设 1：第三方媒体能够提高电子商务平台自我治理的效率。

互联网条件下，典型的特征之一就是信息的传播成本很低。只需要花少许流量费，就可以使得信息传遍网络。媒体更加具备信息传播的优势；但网络在降低信息传播成本的同时也产生了新的问题，信息在网络媒体上的过度负载取代了传统产业集群中的信息衰减问题，大量信息的存在必然会产生着信息是否失真的问题，如网络打手。因此，平台管理者、买方、政府还面临着高昂的信息甄别成本。本书中，假设第三方媒体是独立的，就保证了所披露信息的客观真实，平台管理者、买方、政府的信息甄别成本为零，因此第三方媒体的信息功能能够从逻辑推理上得到证实。

综上所述，假设 2：第三方媒体具有信息功能，能使平台管理者、买方、政府的信息成本降低。

从逻辑上分析，第三方媒体并不是平台的直接利益相关者，媒体也不具备行政权力，因此没有对平台负外部性实施治理的激励。第三方媒体不能像平台所有者那样，直接采取治理措施，也不具备政府部门那样的行政权力，因此第三方媒体不具备治理的执行功能。在监管方面，第三方媒体往往借助舆论对平台管理者形成压力，实现监督功能。因此，理论上第三方媒体的实施功能是不完整的。

综上所述，假设 3：第三方媒体是平台自我治理、买方治理、政府治理的促进因素，但本身不具备完整的实施功能。

8.3.3 理论模型

从以上假设分析中，本书得出独立第三方媒体在电子商务平台治理中的作用，第三方媒体的信息功能和治理功能。如图 8-2 所示。

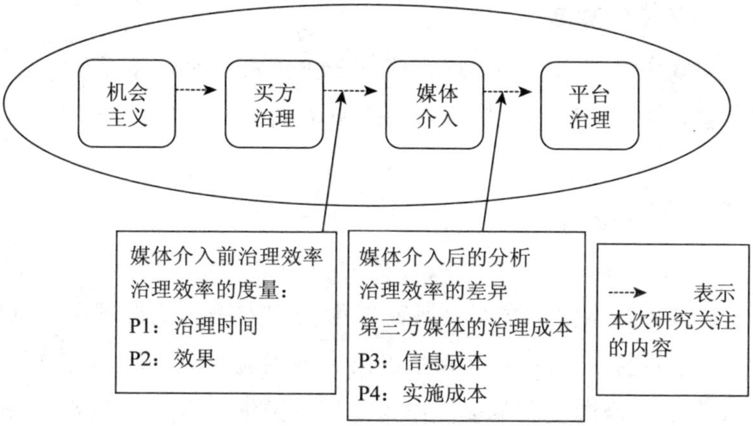

图 8-2　第三方媒体的治理功能理论模型

8.3.4　构念测度

本小节将对本书中所使用到的构念的定义和测量方法予以详细介绍。

1. 治理成本的测度

本章重点是研究电子商务平台的治理问题，在对各个治理主体的治理行为进行分析时，关注的是治理成本问题。基于 Dixit（2009）对传统产业集群治理问题的研究，治理的成本分为信息成本和实施成本。按照信息传播的过程，信息成本又可以进一步细化为信息传播的成本和信息甄别成本。掌握了基本的信息后，需要实施治理，根据治理的过程，实施成本又可以进一步细化为执行成本和监督成本。如表 8-4 所示。

表 8-4　构念的测度

构念	测量指标
治理成本	信息传播成本
	信息甄别成本
	治理的执行成本
	治理的监督成本
治理效率	反应时间
	治理的效果

2. 治理效率的测度

治理的效率是考察各个治理主体的一个关键指标。本章中，主要考虑平台的反应时间和采取治理措施后的效果两个层面。如表 3-3 所示。

8.4 案例分析

本章选择了探索性的多案例研究作为研究方法，依据案例设计中的选择标准，分别选择了 B2B 平台阿里巴巴中国供应商欺诈案、B2C 平台假赖茅事件和 C2C 平台淘宝刷单事件作为案例，详细信息请参照 8.1 研究设计部分。本节对案例的分析根据平台分类的数量分为 3 个部分，并且在每个案例结束后都有案例解释。

8.4.1 B2B 平台——阿里巴巴中国供应商欺诈案

1. 案例概况

（1）推出“出口通”的经济环境。2008 年金融危机席卷全球，受此影响，进出口业务经历前所未有的寒冬。从表 8-5 可以看到 2009 年的进出口总值、出口总值和进口总值分别低于 2008 年进出口总值、出口总值和进口总值，3 项指标均是负增长。

表 8-5 我国货物进出口年度统计 单位：亿美元

年份	进出口总值	出口总值	进口总值
2005 年	14221. 2	7620	6601. 2
2006 年	17606. 9	9690. 7	7916. 1
2007 年	21738. 3	12180. 1	9558. 2
2008 年	25616. 3	14285. 5	11330. 9
2009 年	22072. 2	12016. 6	10055. 6
2010 年	29727. 6	15779. 3	13948. 3
2012 年	38667. 6	—	—

资料来源：国家商务部网站 商务数据中心①。

① http：//data. mofcom. gov. cn/channel/includes/list. shtml？channel=mysj&visit=A。

在推出“出口通”产品[①]之前，阿里巴巴委托调研机构做的调研显示，在全球经济不景气的情况下，超过 30%以上的中国中小企业愿意在电子商务平台投入的费用为 2 万元左右人民币，20%左右的企业为 2 万~5 万元人民币。

2008 年 11 月，“中国供应商”体系下的产品“出口通”上市，刚推出的价格是 1.98 万元，这是阿里巴巴为帮助全球金融危机里的中小企业所实施的“援冬计划”中的一部分。“出口通”产品能帮助中小企业拓展国际贸易的出口营销推广服务，包括阿里巴巴国际电子商务平台新增的四大功能：橱窗推荐、数据管家、买家定位和企业邮局，同时还包括专业电子商务网站、视频展播、优先排名、产品展示、第三方企业身份认证、全球商展推广、电子商务操作支持、出口营销与电子商务培训等内容。而帮助中小企业拓展国内贸易的“中国诚信通”产品不足 3000 元。然而受全球金融危机的影响，中国供应商的增速开始放缓。

（2）员工放低要求，骗子进入平台。阿里巴巴 2010 年三季度财报显示，虽然“中国诚信通”付费用户数量达到 63 万，大约 6 倍于中国供应商的数量，但在阿里巴巴的收入组成中“中国供应商”才是主力，占到收入的 58%，“中国出口通”的直销员工有 5000 人。另一方面，从事出口通业务的员工的提成是根据上个月“中国出口通”产品销售点算的，提成额度最高达销售额的 25%，也就是一单 4950 元。公司有增加“中国出口通”产品销售的业绩需求，员工也有业绩提成的激励。因此底层销售人员放松对供应商的品质要求，违背公司对销售提出的在签单前了解客户的经营状况、在签单后每月回访客户的要求，甚至直销团队的部分员工默许或者参与协助诈骗公司规避认证环节[②]。

---

① 阿里巴巴是一个沟通全球买卖双方的 B2B 电子商务平台，实行会员制，会员分为三种：为国内中小企业拓展海外市场服务的“中国供应商”，为国内中小企业拓展国内市场服务的“中国诚信通”，为国外供应商服务的“国际金牌供应商”。阿里巴巴的收入绝大部分来自于会员年费。

② 中国新闻周刊 阿里巴巴自曝“欺诈门” http://www.chinanews.com/it/2011/03-03/2881060.shtml。

（3）诈骗案情。2009 年底开始，平台客户的欺诈投诉有上升趋势。除了向阿里巴巴投诉，受骗的国际买家也在两个诈骗者和受害者信息汇总的海外网站（alibabascam. com① 及 Alibaba Fraud Victim Database）上纷纷登记。买方的行为一是曝光骗子，二是希望集合越来越多的人争取自己的权益。一位来自伊朗、被骗 1 万多美元的买家 Rasool 于 2010 年 9 月在 Alibaba Fraud Victim Database 上晒出了自己的受骗经历："谁能帮帮我？我从一个名叫郁伟的人的店里购买了产品，但由于我是伊朗人，不能使用信用卡。所以郁伟就让我把钱打进他的银行账号里，我开始先付了一笔定金并且收到了样品，然后我又付了另一笔钱下了一个订单，没想到就再也联系不上他了，他不接我电话，也不回我的邮件。"

（4）开始调查。2011 年 1 月中旬阿里巴巴针对投诉发起独立调查。调查发现行骗的手法为，骗子企业通常提供高需求产品，并以极具吸引力的价格、较低的最少购货量和相对不安全的付款方式进行交易。而阿里巴巴国际交易市场不同于它的兄弟公司淘宝网，并没有一个类似于支付宝这样的第三方支付担保平台。在阿里巴巴国际交易市场上进行交易一般推荐的是大额交易使用信用证、小额交易使用 PAYPAL（国际第三方支付担保平台），但这次诈骗案中骗子公司想尽各种办法说服卖家放弃这两种支付方式。几乎所有买家都是通过没有第三方担保的方式进行支付。最常用的就是西联汇款，这是一种在全球遍布网点的特快汇款，类似于国内的银行汇款。一旦对方违约，交易无从保障。买家付款后，骗子公司开始施展"拖字诀"。从货在路上，到快递出错，再到海关查扣，各种理由一个个砸向受骗者。

比较典型的案例是这样的。当客户 A 急需一批产品时，他可能会在阿里巴巴寻找供应商 B 公司，当客户 A 和 B 公司负责人取得联系后，B 公司要求客户 A 提交 1 万元"押金"到自己公司或者个人账户上，而当这笔押金支付之后，客户 A 就发现再也联系不上这家公司了。在这一案例中，B

① 见附录 1。

公司就是涉嫌欺诈的“中国供应商”。

另一种诈骗方式是，犯罪团伙在网上非法收购阿里巴巴 B2B 的中国供应商注册帐号，以及购买假身份证申办商业银行卡的方式，在网上以收款不发货、以及发货不对版的方式对海外的客商实施欺诈。

2011 年春节前后（1 月底 2 月初）阿里巴巴就诈骗客商案件向杭州警方提出侦案诉求①。

（5）媒体介入，开始治理。2011 年 2 月 20 日新华网 IT 频道发布消息称央视今年 3·15 晚会聚焦新领域，将首次增加消费预警信息。提醒消费者一些平时忽略的、不注意的消费陷阱，这些陷阱都是随时发生、甚至是每天都在上演的。新华社发布的消息还有 3·15 晚会的主题将定位“护航新消费”。因此，首次在晚会中公布的一些消费预警信息也是聚焦在现代生活的新消费上，如网购、团购、汽车消费、房子消费等②。

2011 年 2 月 21 日，阿里巴巴公告，在过去的两年里，2326 名阿里巴巴网站的会员“中国供应商”涉嫌欺诈国际买家，并有近 100 名阿里巴巴员工合谋其中。为此，CEO 卫哲、COO（Chief Operating Officer 首席运营官）李旭辉引咎辞职；集团 CPO（Chief Public Relation Officer 首席公关官）邓康明降级另用。淘宝网 CEO 陆兆禧将接替卫哲兼任阿里巴巴 CEO。除了人事调整，阿里巴巴集团还采取了以下措施：第一，与国际认证机构天祥集团展开一项合作，推出基于第三方的深度认证服务，对其中国供应商进行最大限度的资质认证；第二，推动按照交易收费的模式，改变此前单纯收取会员费获利的形式；第三，设立 10 亿诚信保障金，建中国首个“小企业商业信用体系”。第四，对买家进行防骗教育，推行补偿政策，累计补偿 193.6 万美元；第五，开发国际版的支付宝担保服务来提升交易安全度。

（6）后续措施及治理效果。2011 年 3·15 晚会最终没有聚焦于电子商务企业欺诈行为，但主持人曾提到在过去的 2010 年，新出现了许多消费方

---

① 中国广播网．中国之声 阿里巴巴联手杭州警方破获 B2B 平台国际诈骗案，http：//china. cnr. cn/ygxw/201106/t20110629_ 508158150. html.

② 新华网．央视今年 315 晚会将聚焦网购和团购，http：//news. xinhuanet. com/it/2011-02/20/c_ 121100713. htm.

式，如网购团购。这些便捷的消费方式走进了大家的生活，但不管消费市场怎么变化，维护消费者权益和市场秩序，3·15 晚会始终和大家在一起①。

2011 年 6 月，杭州市公安局和阿里巴巴联合召开新闻发布会，宣布成功破获阿里巴巴 B2B 平台系列国际诈骗案，摧毁了一批 36 人犯罪团伙②。

2011 年 9 月，中国交易市场上的所有供应商必须用实名注册③。

2011 年 10 月，阿里巴巴网络技术有限公司发布《2011 年上半年电子商务诚信安全报告》称，上半年阿里巴巴平台上的电子商务欺诈案件同比下降超过八成④。

2. B2B 平台治理分析

阿里巴巴管理层希望借助“出口通”这款产品实现全球经济萧条背景下业绩增长，阿里巴巴一线员工也希望出售更多数量的“出口通”产品，获取更多的销售提成。管理层和一线员工的目标激励恰好达成一致。这种双重激励是导致机会主义行为产生的主要原因。原本必要的审查环节被尽可能地简略，原先的治理制度逐渐失去治理的效力。

国外买家受到欺骗后，首先是向平台管理者投诉。平台管理者是掌握买卖双方信息比较充分的一方。但是在欺诈案发生后，平台管理者的反应时间接近一年。国外买家自发地借助海外网站，曝光欺诈行为，形成受害者联盟。随着受害者数量的增加，曝光的欺诈行为越来越多，联盟的力量逐渐壮大，更多的买家可以吸取别人受骗的经验。因此，借助第三方网站的治理效果比迟缓的平台自我治理更加有效，但这也受到网站影响力的限制，并不是所有国外买家都会登录这个网站了解受骗信息。所以，被欺诈的客户还在继续增加。另一方面，海外网站的曝光行动并没有促使阿里巴

① 中国网络电视台．经济台 2011 年 CCTV315 晚会 尹文：暂未曝光网购团购 先敲警钟再关注监督，http：//jingji. cntv. cn/special/20110315/20110316/107832. shtml。

② 中国广播网．中国之声 阿里巴巴联手杭州警方破获 B2B 平台国际诈骗案，http：//china. cnr. cn/ygxw/201106/t20110629_ 508158150. html。

③ 凤凰网．阿里巴巴持续加强诚信建设 财报显示欺诈投诉同比下降 75%，http：//tech. ifeng. com/telecom/detail_ 2011_ 11/24/10883608_ 0. shtml.

④ 新华网．浙江频道 阿里巴巴电子商务欺诈案降 8 成，http：//www. zj. xinhuanet. com/newscenter/2011-10/04/content_ 23828163. htm.

巴马上采取治理措施，因此，治理效果也要受到削减。

2009—2011 年的两年时间里，欺诈案的数量累积，社会对这种问题的关注度越来越高，案件的新闻价值让媒体开始引起重视。2011 年央视 3·15 晚会导演接受新华网采访时的表态，对阿里巴巴构成了第三方威胁。第二天集团管理层就采取了多方位的行动治理平台的机会主义行为，以减少负面新闻对平台造成的负外部性。

利用技术手段或者从黑市购买平台中国供应商注册账号，这种信息是可观察可证实时，警方力量的介入让这种犯罪行为的治理更加迅速、有效。但正式治理也有不足，如信息获得成本可能非常高，要求欺诈行为的信息是可观察可证实的，制度运行的成本也存在。

阿里巴巴后续采取的治理措施，首先，是与天祥集团开展合作，邀请第三方进入平台，对入驻平台的卖家进行深度认证，也是对平台管理者的操作是否规范进行监督；2011 年 9 月出台所有供应商必须实名注册的规定，这两方面措施都是制度层面的改变，约束力增强，但是制度建设的固定成本高；其次，运用各种激励机制，如改变收取会员费的形式，采用按交易收费的办法，让一线员工的激励与诚信交易数量相关；设立诚信保障金对供应商形成了诚信交易的激励，因为供应商采取机会主义行为的话，缴纳的诚信交易保障金将被冻结，这是一种负激励。开发国际版的支付宝是用经济收益激励供应商诚信交易。最后，建立诚信交易的文化，宣扬诚信交易的好处。

8.4.2　B2C 平台——天猫、京东商城出售假“赖茅”事件

1. 案例概况

（1）案例背景。2013 年我国白酒行业发展将面临两大问题。一是政策层面上，出现了对白酒行业较为不利的变化因素。十八大以后中央“八项规定”的出台、2012 年开始执行的限制“三公”消费政策有了进一步的举措和内容，政府推行作风建设和反腐倡廉力度日益加强、公务支出信息日益公开，限酒、禁酒的范围进一步扩大。二是由于 2012 年出现了“购买散酒门”“酒精勾兑门”“塑化剂风波”等一系列事件，使得行业的监

管趋向加强，行业的规则、标准缺失问题更受关注①。

受到以上国家政策和市场环境的影响，白酒行业整体销量下滑，传统的经销商渠道已经无法打开局面，而发展势头迅猛的电商渠道因此闯入白酒企业的视野。如表 8-6 所示，2013 年 6 月至 2013 年 12 月我国白酒市场的销售行情，6 月、7 月的销售业绩都是负增长。2013 年 10 月，京东商城、天猫上的假赖茅酒被央视《经济半小时》曝光，当月的销售业绩也是负增长，业绩下滑同比下降 4. 37%②。

表 8-6　我国白酒市场销售行情

	同比（%）	累计同比（%）
2013 年 6 月	-1. 16	-1. 83
2013 年 7 月	-2	-1. 93
2013 年 8 月	7. 05	4. 82
2013 年 9 月	5. 34	1. 27
2013 年 10 月	-4. 37	1. 29
2013 年 11 月	6. 23	2. 9
2013 年 12 月	8. 27	3. 22

资料来源：国家商务部网站 商务数据中心③。

（2）关于赖茅。根据 2013 年 10 月 13 日，中央电视台《经济半小时》栏目的报道，新中国成立初期，政府先后对茅台镇的华茅、王茅、赖茅 3 家酒坊进行了收购。“三茅”统一归属国营茅台酒厂旗下。1988 年，茅台酒厂首次注册了“赖茅”商标。2003 年赖茅商标被以连续 3 年未使用为由申请撤销。2005 年，茅台酒厂的赖茅商标被注销。2007 年国家商标局发布茅台集团赖茅商标核准公告，但因有企业不服裁定结果，赖茅商标一直出

① 中国工业经济研究会 2013 年我国白酒行业发展将面临两大问题，http：//www. cieri. org/News_ View. aspx? id=6804。

② 人民网 财经 ．“赖茅”难注册引乱象 电商平台“躺着中枪”，http：//finance. people. com. cn/n/2013/1018/c1004-23253083. html。

③ http：//data. mofcom. gov. cn/SWSJDomestic/business/domestictrade/businesssales/BusinessSales. action#。

于异议复审中。直到 2014 年 3 月 15 日赖茅集团发布赖茅商标归属声明，宣示重新拥有“赖茅”使用权。也就是说将近 10 年的时间里，“赖茅”属于非注册商标，而非注册商标并不受法律保护，也就是说任何一家酒厂都可以使用“赖茅”商标生产白酒①。

（3）实体市场上的赖茅酒。央视记者前期采访发现，在北京很多烟酒店的显眼位置都摆放着一种叫赖茅的酒，但尽管都叫赖茅，而这些酒的生产厂家却各不相同。有的是贵式酒业的，有的是贵茅酒业公司的。这些酒的外包装都各有特点，相同的是都印上了显眼的“赖茅”两个字。形形色色的赖茅酒在市场泛滥，赖茅究竟有多少种，有多少厂家，谁也说不清楚。根据央视记者的走访调查发现，市场上存在 470 多家厂商生产的多达 1000 多种“赖茅”酒都只是打着正规大型酒业公司的名号、而实际却由小作坊小厂商进行生产②。

（4）央视关注实体市场同时也曝光了电商市场的情况。2013 年 10 月 13 日中央电视台《经济半小时》栏目揭露了实体市场上赖茅酒品牌被乱用的现象，同时也曝光天猫、京东商城售卖未注册的假酒“赖茅”。根据《经济半小时》的节目内容，央视记者对照赖茅酒外包装上的生产地址进行了走访，发现这些打在外包装上的生产商，有的根本不存在，有的曾经生产过赖茅但现已停产。例如，在京东和天猫的许多“赖茅”酒类商品的厂名标注有“贵州省怀仁市茅台镇黔国酒业公司”，但该公司总经理王超丽表示从前年开始已经停止生产赖茅酒，并且普通的赖茅酒出厂价都在 200 元以上，而央视记者在淘宝上搜索发现，标明由该公司生产的灌装日期在 2006—2007 年的赖茅酒，售价不足百元。

在京东商城，一款号称 30 年窖藏的赖茅酒，生产厂家是赖茅酒业有限公司，然而央视记者了解到赖茅两个字在当地根本注册不了。央视记者带

---

① 中国网络电视台-经济半小时 20131013 滥“茅”为何能充数？http：//jingji. cntv. cn/2013/10/13/VIDE1381678679652710. shtml。

② 中国广播网-央广财经 央视曝光市场赖茅酒来历不明 可能使用劣质酒精，http：//finance. cnr. cn/gundong/201401/t20140122_ 514715490. shtml。

着疑问前去造访。当来到这家公司，他们的牌子上写着的是贵州茅台酒股份有限公司。这里的工作人员告诉记者，他们这里赖茅产品有很多，工作人员也一再强调他们的产品正宗，因为他们是属于茅台股份有限公司的下属公司。但央视记者登录茅台股份有限公司的官方网站，在几个分公司里面根本就没有看到赖茅酒业这样一家公司。最后向仁怀市相关部门求证，也证实了当地确实没有赖茅酒业这样一家公司①。

（5）早期买家的治理行为。在不同的厂家的赖茅酒商品交易记录的用户评价里会发现，部分消费者都给出了“经过专业人士鉴定，属于真瓶假酒”“是假酒，骗子，别贪便宜”的评价②。

（6）央视曝光后电商的反应。根据《楚天金报》记者的报道，2013年10月14日上午，在京东商城查询“赖茅”酒，网站弹出与之相关的产品网页总计10页，共330件商品。其中，“赖茅”特惠12年4瓶套装销售最为火爆，一瓶的最低价格为34.4元。这种包装的产品总计得到了10134人次消费者的评价。

在天猫网站搜索“赖茅”酒，结果出现200多个品类，有“赖茅”12年、20年、30年封坛酒等，最便宜的一瓶“赖茅”酒500毫升19.9元，并显示30天内已有33个成功交易。

2013年10月14日上午《楚天金报》的记者以消费者名义致电京东商城客服电话“4006065500”：有朋友在该商城买到假赖茅酒，京东商城会如何处理？京东商城客服人员一开始的答复是：您放心，请您转告朋友，我们这里卖的都是正品行货。但当报社记者表示已看到央视的报道，客服人员的回答就不一样了：我们已要求供应商下架所有的商品，会配合有关部门进行调查处理③。

（7）政府部门的反应。仁怀市工商局经侦大队负责人回答央视记者

---

① 中国新闻网-财经中心．淘宝等电商被曝售假赖茅酒 保真成电商永久话题，http：//finance. chinanews. com/it/2013/10-15/5379358. shtml.

② 腾讯财经．电商下架“赖茅”酒，http：//finance. qq. com/a/20131015/000418. htm.

③ 楚天金报．2013年10月15日星期二 中国名酒A15图文：京东、天猫已停售“赖茅”，http：//ctjb. cnhubei. com/html/ctjb/20131015/ctjb2173859. html。

采访，赖茅这个品牌还没注册，现在不归任何一家企业，所以很多厂都在用。因此目前，还没有一家企业拥有这个商标。之所以不管，贵州省仁怀市工商局给出的书面材料内容写到：酒这类的商品既可以使用注册商标，也可以使用非注册商标。而赖茅就是属于非注册商标，由于非注册商标任何厂家都能使用，所以赖茅这个商标当地所有的酒厂都可以使用。在这样的情况下，目前，只能依据《广告法》《产品质量法》《消费者权益保护法》《商标法》等法律对赖茅生产厂家、经销商进行虚假宣传、产品质量等方面的监管，而不能大范围清理赖茅商标使用，因为没有法律依据。

（8）治理效果。2013 年 10 月 14 日晚，也就是央视对京东、天猫上的假赖茅曝光后的第二天，京东商城下架所有赖茅酒，敦促供应商尽快核实相关信息，在有关部门的指导下对问题做相应的处理。天猫的处理结果是相关商品先行下架，同时对相关商品的搜索规则进行调整。此外，天猫已将相关商品所涉及商家的材料进行汇总，择日将向工商行政管理部门报告，必要时将会清退商家①。

2014 年 3 月 15 日赖茅集团发布赖茅商标归属声明，宣示重新拥有“赖茅”使用权。也就是说将近 10 年的时间里，“赖茅”属于非注册商标，而非注册商标并不受法律保护，换句话说就是任何一家酒厂都可以使用“赖茅”商标生产白酒。

2. B2C 平台治理分析

电子商务平台正经历快速膨胀时期，惊人的电子商务交易额让所有人既惊讶又不得不赞叹。因此，平台管理者没有排斥白酒企业进军电子商务平台的激励。平台管理者在赖茅销售乱象事件中没有担负起相应的查验责任，这是事件发生的主要原因。如电商平台可以在售卖前先向相关公司征询是否生产过此类产品，赖茅酒上标注的生产厂家是不是确实存在，厂家有没有生产资格；在商品出售，有一定数量消费者给予了差评，平台管理

---

① 新浪上海．天猫京东被曝卖假酒 电商紧急下架山寨酒赖茅，http：//sh. sina. com. cn/news/g/2013-10-15/162865858. html。

者可以采取措施调查商品质量，重新对商家认证。然而这些都没有做，这是假赖茅酒能在相当一段时间内继续出售的原因。

作为独立的第三方媒体——中央电视台关注到实体市场上众多赖茅酒厂打着赖茅的品牌，出售假酒，全然不顾消费者身体健康只为赚取品牌的溢出利润的严重问题。对媒体而言，事件具备很高的新闻价值。央视把实体市场和电子商务市场的假赖茅酒现象曝光，对电子商务平台构成了第三方威胁。为了避免自身声誉受损，影响到平台的品牌价值，平台管理者希望能为平台带来正外部性的企业加入平台，阻止为平台带来负外部性的企业进入平台，这种激励使得平台管理者有足够的动力开始自我治理。

尽管事件被第三方媒体曝光，可是政府在这次事件中扮演的治理角色作用还是有限的。因为政府的行为往往需要借助已经成文的规章制度，而酒类企业可以使用注册商标也可以使用非注册商标，赖茅属于非注册商标。在正式制度下，企业无偿占用赖茅品牌牟取商业利润的行为并不在政府规制的范围内。只有当出售的赖茅酒有质量问题，政府才能发挥治理功能。

电子商务平台管理者原先构建的消费者点评制度在事件中的治理效果并不明显。消费者的点评要生效，与给差评的数量有关，也与平台的监管制度有关。消费者点评要实现治理功能，需要一个不断有其他消费者也受到欺骗而累积的过程，这就使得客户群治理这种方式的效率受限。

与 B2B 平台——阿里巴巴欺诈案类似，第三方媒体在假赖茅酒事件中发挥了提升治理效率的作用，因为从被央视曝光到商品下架并且采取措施，只隔了一天的时间，这是治理效率的明显提升。

政府在阿里巴巴欺诈案中治理可观察可证实的盗号作案行为有效，但在假赖茅酒的治理事件中，政府只能治理部分行为，而对众多商家滥用赖茅品牌的行为无法治理，即使是在央视曝光以后，也依旧没有更好的治理办法。所以，第三方媒体在电子商务平台的治理过程中，是对政府治理的一种促进。

8.4.3　C2C 平台信用炒作——以 SNS 刷单军团为例

1. 案例概况

（1）刷单产业的现状。随着网购的发展，在淘宝网以及其他网络交易平台上，出现大量“刷单军团”。在 Google 趋势上搜索“刷单”，中国在区域热度排行中列第一，热度值达到 100，而并列第二的澳大利亚和加拿大，刷单热度只有 1。而淘宝刷单是指淘宝店铺为了获得单品或店铺较好的淘宝搜索排名而采取的作弊行为，方式一般为销售作假。在百度上搜索“淘宝刷单”，搜索结果大约有 13600000 个。

（2）刷单产业存在的原因。在没有被发现和惩罚的情况下，刷单能给网店，特别是新开的网店带来一系列好处。第一，提升店铺信誉。通过刷单可以提升店铺整体信誉，从而留住用户。第二，提升宝贝销量。绝大多数淘宝上的优惠活动，都要求淘宝店有一定销量，一定好评才可以报名。而且买家有从众心理，零销量的宝贝，很难让顾客下定决心购买。相反，销量高，好评多的产品，购买者云集。第三，提升排名。淘宝搜索结果受销量影响很大。销量越大，排名靠前的可能性就越大。

刷与不刷之间的利害关系，淘宝商家也很清楚。根据中国广播网科技频道 2013 年 11 月 16 日报道，网店店主们认为，刷单是找死，不刷则等死。因此必然有商家愿意冒风险刷单。花 1 块钱刷单，可以多创造 2 块钱的利润，如果舍不得花钱，那就一分钱也赚不到。

（3）刷单的基本流程——以 SNS 刷单军团为例。淘宝同行有句话，十个淘宝九个刷①。在网上搜索“淘宝刷单”，能够找到大量的“刷单”公司、“刷单”攻略以及“刷单”招聘信息。“刷单”这条灰色地下产业链在这种情况下已经形成。

根据新华网江苏频道 2014 年 4 月 28 日报道，SNS 军团是这条灰色产业链中的一个，军团所有刷手都经过专业的培训，都要实名认证，会定期

① 新华网江苏频道．揭秘淘宝“sns 军团”：“刷单”支撑网店生存，http：//www.js.xinhuanet.com/2014-04/28/c_ 1110449103.htm。

开展商家培训。商品金额在 0.1~30 元，佣金价格每件为 1.8 元，商品价格越高，佣金越高，商品价格在 200~300 元，每件需要 8 元，往后商品价格每提高 100 元，佣金价格都会上涨 2 元。淘宝网店就以各种不同的形式给“军团”委托，单子分为四种，有浏览单、红包单、代付单和垫付单，每做一单，就可以赚取相应的佣金，每单 2~30 元。其中浏览单，就是去客户商家的淘宝店里浏览，增加浏览量；红包单，就是商家把钱做成一个红包，然后把红包的卡号和密码发给军团里的会员，由会员使用该红包进行商品的购买，增加销量；而代付单和垫付单，则跟红包单比较类似，不同的只是支付的方式，有的需要商家代付，有的由会员进行垫付。

“刷单”组织结构严密、等级分明；专业培训“刷单”并考核。要想进入“SNS 军团”，需要先交 99 元入会费。这是为了防止一些骗子来捣乱，入会费只是押金，做够了 100 单的时候就会返还。培训需要 3 个小时，会对如何刷单进行详细地讲解，培训之后会留作业，作业做完了才能算通过考核。假如单子做得多了，再通过相关考核还可以担任培训“老师”。每培训完一个“学生”，可以得到 6 元钱的佣金。如果担任客服，每讲解一个，可以得到 10 元钱的佣金。在培训或者讲解的时候，公会里有“高层”在监督着。

通过考核后，就被拉入 YY 语音“军团任务群”，在这个群中，每隔数分钟，就会有管理员发布相应的任务。对会员淘宝账号的要求是，每周购物不超过 4 次，每月不超过 7 次，近半年购物不超过 35 次，待确认收货的商品数量不超过 4 个，购物账号需要实名，并且有一颗星以上的信誉，而且注册账号要超过一个月以上。限制刷单者的购物次数，是为了避免淘宝的筛查，因为短时间内购买数量太大容易被淘宝发现。

刷单的大体过程是首先进入商家店铺，但不能直接点击购买，要先“货比三家”。以购买童装为例，刷手需要先依次点开其他商户的童装，每个浏览 1 分钟左右之后，关闭这些页面，再去指定的客户店中，查看指定的童装，这就叫“货比三家”。“货比三家”后依然不能购买。按照要求，还需要在该产品页面浏览 5 分钟以上，并进行商品收藏和店铺收藏，称为“双收藏”。因为这些浏览数据和时间长度，都会影响到淘宝中商品的排名和位置，而且也是是否“恶意刷单”的判断标准。下一步要进行的是虚假聊天，即是用阿里旺旺这款软件，与网店店主进行沟通。“假聊”一般会由店主给出一个暗语。

当“交易”达成后，商家并不会把货物真的寄出，而是会发出一个里面没有货的物流件，签收后要给出五星“好评”，并附上超过 20 个字的评论，在淘宝上确认收货之后，凭相关截图到军团里的提款人员那里取回本金和佣金。

另外，每为军团拉来一个客户，推荐者都可以得到 50%的入会费提成，“刷单”所得的佣金，又会被管理员抽走 30%左右。

流程图如图 8-3、图 8-4 和图 8-5 所示：

图 8-3　中介下单

图 8-4　虚假购买

图 8-5　达成交易

（4）刷单的治理措施。淘宝网目前主要通过两方面手段来遏制“刷单”，一是使用机器对店铺进行排查，将出现异常情况（如交易过于频繁）的店铺进行上报；二是淘宝有一个专门的团队，会对涉嫌刷信誉和好评的店铺进行清查，保证店铺信誉的真实性。

淘宝网创始人、阿里巴巴集团董事局主席马云表示“打假不会手软”。淘宝网也曾经针对“刷单”进行过多次打击。影响最为广泛的一次打击行动是在 2013 年 12 月 3 日。当天，淘宝网启动大规模“整治虚假交易行为专项行动”，强制删除违规商品、执行“炒一罚二”政策。淘宝网的打击并未取得理想的效果。

根据中国广播网央广新闻 2014 年 4 月 8 日报道，淘宝网将于 4 月 10 日开始实施新的虚假交易规则刷信誉将下架所有商品。如果商家屡次出现虚假的交易，就是所谓的刷交易，数量比较大的，卖家将被扣分，由此产生的商品销量、店铺评分都会被删除，情节如果特别严重的会被下架店铺内所有的商品。此外，商家如果刻意规避淘宝的监管来发生虚假交易的行为，如果其行为发生了严重的后果，无论次数和笔数多少均视为情节特别严重①。

2. C2C 平台治理分析

经过刷单军团的“点击”，虚拟出来的高销量和“好评”出现在一些网店的网页上。“刷单军团”组织严密，培训严格，经其手“刷”出的销量和“好评”以假乱真，同时以每单抽取佣金的形式敛财。他们所提供“服务”的网店，也通过这些虚假的销量和“好评”，来吸引更多的顾客。而诚实卖家即使降价促销，销售效果仍差强人意。因为网店销量靠前才能搜索靠前，搜索靠前反过来又能为网店带来更多销量。如果采用刷单的办法，店铺排名上升的效果要好于本本分分经营的效果。

刷单产业链是在既有淘宝商家的需求和市场人力资源供给的情况下产生的。在网络购物中，产品的销量和好评，是大多数消费者选购的重要参

---

① 中国广播网．中国之声 淘宝将实施新虚拟交易规则 刷信誉将下架所有商品，http：//china. cnr. cn/ygxw/201404/t20140408_ 515244753. shtml。

考。淘宝的搜索排名规则是销量越大，排名越靠前。而排名靠前，又越有机会获得销量。这种搜索排名规则在没有信息失真的情况下，是能促进诚信卖家越做越大，而机会主义者将无法在平台上生存。但实际的情况是，淘宝商家可以通过雇佣刷手，把销量做大，由此获得搜索排名靠前的优势。商家有获得靠前排名的激励，市场上有刷单服务的供给，因此刷单的灰色产业链有了市场。

当刷单信息不能被平台管理者观察并且也只能在刷手和店铺之间可证实时，平台原有的惩罚机制就难以约束刷单行为，刷单产业获得了继续发展的机会。在淘宝商户的成本收益分析中，刷单获得的收益要大于刷单的支出，因此，刷单行为能创造利润。另一方面，雇佣专业的刷手可以降低被平台监管机制发现的可能性，商家的刷单行为可以更好地隐藏。而且多数商家都有刷单历史，法不责众的观念也能激励淘宝商家雇佣专业刷手刷单。

专业刷手经过培训后，其购物特征与真实消费者没有明显差别。原有的平台监管机制对刷单行为的信息甄别成本非常大，以致无法对刷单行为进行治理。除了平台管理者无可奈何，政府监管机构也无力治理刷单行为。因为政府治理需要刷单行为可观察并且可证实，专业刷手的操作隐蔽性非常高，信息只在淘宝商家和刷手之间可观察可证实。因此，在这种情况下政府治理也是低效率的。

与 B2B 平台阿里巴巴欺诈案、B2C 平台假赖茅事件不同，SNS 军团被媒体曝光后，平台管理者、政府都无法迅速采取相应的治理措施。刷单行为治理难度很大，治理效率极低。因为淘宝店主能通过“刷单”获益，并且这种严格培训的刷单行为隐蔽性非常高。

第三方媒体披露了刷单军团的内幕，可是治理的效果还很有限[①]。在电子商务平台的治理方面，第三方媒体的优势在于信息成本低，但还不具备实施治理的功能。因此，第三方媒体只是对平台自我治理、政府治理的促进。

---

① 见附录 2。

8.4.4 跨案例分析

1. 三个案例的治理过程对比分析

电子商务的虚拟环境与传统产业集群的实在性的差别导致了信息成本和实施成本的不同，因而电子商务的治理方式也有其自身的特点。电子商务借助互联网的优势，商家能够迅速、及时地了解商品销售情况和供求信息，信息成本中的传播成本大大降低。互联网在创造了巨大便利的同时也带来了一个新的问题——信息失真。传统空间地理下关注的信息传递问题在互联网上已经不再明显，相反，信息过度负载是互联网的特征。诸如：SNS 刷单军团、网络打手这样的灰色产业链只有在互联网这样的虚拟环境下比较容易生存。电子商务平台上，充斥着五花八门的信息，信息的甄别成本构成了网络环境下信息成本的主要部分。

互联网信息传播迅速、成本低的特点也影响了电子商务平台欺诈行为治理的实施成本。一旦第三方媒体对欺诈行为曝光，电子商务平台的管理者不得不立即采取措施做出回应，以减少平台的负面影响。因而，在电子商务平台治理的实施成本方面，执行成本和监督成本是比较低的。所以，在前面看到的案例中，当阿里巴巴欺诈案发生后，阿里巴巴邀请第三方认证机构对中国供应商会员认证并监督平台运行是否规范，请求警方协助抓获诈骗者；当京东和天猫被曝出售假赖茅酒后，低调下架商品，提请工商管理部门调查，两起案件都是在第三方媒体披露事实后，企业的自我治理和政府治理。

综合以上 3 个案例，对案例涉及到的治理方式，按照参与治理的主体划分，可以分为平台管理者的自我治理、买方治理、政府治理以及第三方媒体介入，如表 8-7 所示。

表 8-7 治理安排归纳

	自我治理	买方治理	政府治理	第三方媒体介入
B2B 平台阿里巴巴欺诈案	√	√	√	√
B2C 平台假赖茅事件	√	√		√
C2C 平台刷单				√

从表 8-7 可以发现，在一起事件中，既可以是多种治理方式共同治理，也可以是单一方式的治理。在 B2B 平台阿里巴巴欺诈案中，平台管理者的自我治理措施有许多，有从制度设计上约束机会主义行为的措施，例如，开发国际版支付宝担保服务，请第三方认证机构对中国供应商进行最大限度的资质认证；也有从激励层面的措施，例如，推动按照交易收费的模式，改变单纯收取会员费的形式，这样员工就失去了放低标准而让尽可能多的卖家进入平台的激励；还有从文化教育方面的治理措施，例如，进行防骗教育。国外买家在遭受欺诈后，在网上晒受骗经历的方式，属于买方治理。政府治理也在欺诈案中有体现，警方力量的介入让部分犯罪团伙受到了应有的惩罚。第三方媒体的介入——新华网发布央视 315 晚会将聚焦网购和团购，这对 B2B 平台管理者构成了一种威胁，也是一种治理机会主义的方式。B2C 平台假赖茅事件中，京东商城、天猫都在事情发生后，下架了所有赖茅酒，核实商家信息，这些措施都是平台自我治理的行为。早在假赖茅酒被央视曝光以前，客户在商品点评中，给假赖茅酒差评属于买方治理。第三方媒体的介入让假赖茅酒受到公众的关注，把事情的真相披露出来了。C2C 平台刷单案例中，主要是媒体披露事情真相，属于第三方媒体介入的治理方式。

2. 分析第三方媒体介入的治理效率

与传统产业集群的治理相比，电子商务平台的治理主体中，第三方媒体这个角色的治理功能非常明显。如表 8-8 所示，统计了第三方媒体介入前后，机会主义行为得到治理所花费的时间。

表 8-8　治理效率的对比

	时间		效果	
	介入前	介入后	介入前	介入后
B2B 平台阿里巴巴欺诈案	1 年多	第二天	投诉数量上升	欺诈案件下降八成
B2C 平台假赖茅事件	至少 10 个月	第二天	假赖茅泛滥	赖茅酒全部下架
C2C 平台刷单	—	—	刷单产业链活跃	刷单产业链依旧活跃

在 B2B 平台阿里巴巴欺诈案中，2009 年底开始，客户的投诉数量就有上升趋势。直到 2011 年初，阿里巴巴请求警方协助查处诈骗者，买方治理在一年后见成效。2011 年 6 月警方宣布抓获犯罪团伙。政府治理这种方式需要面临较大的固定成本投入，例如，建立法律法规的成本。政府治理受到的主要约束是，欺诈行为必须是可观察且可证实，否则政府治理将难以发挥作用。2011 年 2 月 20 日第三方媒体新华网披露 3 · 15 晚将关注电子商务领域。2 月 21 日也就是第二天，阿里巴巴就公告了阿里巴巴欺诈案，并且做了人事调整和采取相应地治理措施。

在 B2C 平台假赖茅事件中，客户掌握着假赖茅的信息，并且已经在商品评价中给了差评。但买方治理的效率并不高，因为平台上的假赖茅还在继续销售。政府对赖茅泛滥的现象也无可奈何，只要酒本身没有品质问题，政府就没有治理的依据。2013 年 10 月 13 日第三方媒体中央电视台《经济半小时》节目同时披露了实体市场和电子商务市场上假赖茅的乱象后，10 月 14 日晚京东商城、天猫就下降了所有赖茅酒，并且要整理核实商家信息。

与前两个案例中，第三方媒体介入后，高效率的治理不同。2014 年 4 月 28 日媒体以 SNS 刷单军团为例曝光了 C2C 平台上的刷单行为，到 2014 年 5 月 23 日，无论是平台管理者还是政府，都还没有拿出比较有效的治理措施。

3. 第三方媒体参与治理的特征分析

在 B2B 平台阿里巴巴欺诈案中，新华社发布 2011 年 3 · 15 晚会将聚焦电子商务领域，维护消费者权利的消息，体现了第三方媒体的信息功能。在 B2C 平台假赖茅事件中，央视《经济半小时》节目让假赖茅泛滥的乱象公布于众，起到了信息传播的功能。在 C2C 平台信誉刷单案例中，新华社、中国广播网、新浪网、腾讯网等第三方媒体揭露了淘宝平台上严重的信誉作假，刷单产业链已经形成规模的真相，这是媒体的信息功能。信息经过独立第三方媒体发布出来以后，平台管理者、买方和政府都能很方便地获得信息，因为本书默认了第三方媒体是独立的，因此，平台管理者、客户和政府获得的信息都是真实信息，这三个治理主体都只有很低的信息获得成本，没有信息甄别成本，因此治理信息成本降低。

由表 8-8，我们可以看到，在 B2B 平台阿里巴巴欺诈案和 B2C 平台假赖茅事件中，第三方媒体披露信息后，平台管理者在非常短的时间内就采取了治理负外部性的措施，因此，独立第三方媒体能推动平台治理，是平台自我治理、买方治理和政府治理的促进因素。但在 C2C 平台信誉刷单事件中，我们发现，即使独立第三方媒体披露了淘宝上严重的刷单恶况，平台管理者也采取了相应的治理措施，可是治理的效果依旧是非常有限的。为什么会出现与 B2B 平台、B2C 平台不一样的结果呢？独立第三方媒体媒体能够推动平台治理进程，让其他治理主体的信息成本下降，但平台的外部性治理还需要平台管理者或者具有行政权力的政府部门来执行治理，独立第三方媒体可以监督平台，但却不能执行治理。信息的可观察、可证实性以及第三方媒体不完整的实施功能是导致 B2B、B2C 和 C2C 平台都有媒体介入治理，但治理效率却不一样的原因。

4. 案例分析与研究假设

本章 8.3.2 节从逻辑上对第三方媒体在电子商务平台治理中的作用进行了猜想。结合以上的案例分析，分别验证了假设 1、假设 2 和假设 3。如表 8-9 所示。

表 8-9　案例分析与假设

构念	测量指标	案例证据	结论
治理成本	信息传播成本	媒体信息传播迅速、边际成本低。在 B2B 平台阿里巴巴欺诈案中，2011 年 2 月 20 日新华网发布消息，2 月 21 日阿里巴巴就采取相应的措施。2011 年 6 月杭州市公安局宣布告破欺诈案；在 B2C 平台假赖茅事件中，2013 年 10 月 13 日中央电视台《经济半小时》节目曝光天猫、京东商城售卖假赖茅，10 月 14 日晚电子商务平台上的赖茅全部下架	假设 2 得到验证
	信息甄别成本	在假设部分默认了媒体是独立的第三方，这一假定规避了信息失真问题；同时在案例选择标准中有一条标准是需要有权威媒体报道，因此在 3 个案例中不存在信息失真问题，信息甄别成本为零	

续表

构念	测量指标	案例证据	结论
治理成本	治理的执行成本	媒体是第三方组织，既不是平台的管理者，也不具备行政执法的权利。在 B2B 平台阿里巴巴欺诈案中，新华社发布消息今年 3·15 晚会将聚焦在电子商务等新兴行业只是对平台管理者造成了威胁，最终的治理措施还是要靠平台管理者以及政府部门执行，平台管理者做了人事调整，制度调整措施，警方抓捕了犯罪团伙；在 B2C 平台假赖茅时间中，央视《经济半小时》节目披露信息，给平台管理者压力，最终治理措施还是靠平台管理者或者政府部门执行，平台管理者下架了所有赖茅酒，政府部门打击了虚假宣传，产品质量有问题的赖茅酒，但不能清理赖茅商标的使用；在 C2C 平台刷单事件中，治理的难度比较大，时间跨度大，平台管理者采取了各种措施	假设 3 得到验证
	治理的监督成本	网络环境下第三方媒体的信息优势明显，这也使得媒体具备监督功能，监督成本非常低廉。在上述 3 个案例中	
治理效率	平台反应时间	媒体介入后 B2B 平台阿里巴巴欺诈案、B2C 平台假赖茅事件中平台的反应时间都只有一天，而 C2C 平台刷单事件在 2014 年 4 月末被新华网江苏频道、腾讯报道后，平台管理者也没法拿出比较好的治理措施。因此，假设 1 需要在一定条件下才能成立	当信息是可观察可证实时，假设 1 得到验证
	治理的效果	媒体介入后 B2B 平台阿里巴巴欺诈案、B2C 平台假赖茅事件的治理效果明显；而 C2C 平台刷单事件查处难度大，治理效果一直不明显，刷单产业继续迅速发展	

根据这三个案例，并基于经济治理理论对于信息的划分，以及传媒经济学对媒体影响力的刻画指标，本文试图构建一个第三方媒体治理有效性条件的理论框架。

首先需要明确两个概念：一是信息透明性，最低水平的是私人信息，只有第一方当事人知道，第二方和第三方都不可观察，不可证实，再透明一点的是交易的第二方可以观察到，但是第三方仍然不可观察和不可证实；第二个概念是媒体影响力，可以用媒体的覆盖域和触及率等指标来刻画，如果让公众知道信息的人数越多、速度越快、成本越低，媒体影响力就越大。考察媒介的指标中重要两项就是“覆盖域”和“触及率”，所谓“覆盖域”，就是指媒介发挥影响的区域范围，即媒介受众的分布区域；

“触及率”则指信息经媒介传播后，触及到的人数与覆盖域内总人数的比率，触及率越高，媒介的影响力越大。

事件信息透明性取决于事件本身的性质，也就是第二方和第三方能不能可观察和可证实；媒体影响力是媒体本身的特点，这两个概念之间具有独立性，可以构建两个独立的维度，利用这两个概念维度，可以建立二维坐标，来构建信息透明性和媒体影响力之间的理论和逻辑关系，如图 8-6。

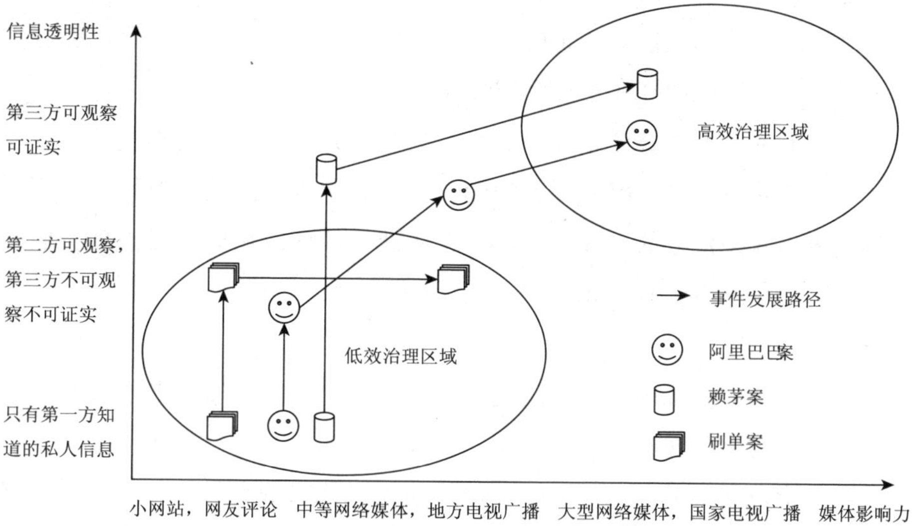

图 8-6　第三方媒体治理的理论框架和案例演化图

交易信息的属性是第三方媒体治理效果的必要条件，交易信息的透明度与媒体的影响力呈现正相关性关系。如果交易信息是私人信息，媒体治理的效果很微弱，如果信息的透明度高，第三方容易获取信息并很容易证实，媒体治理的效果会非常明显。如果媒体对受众的覆盖域和触及率很小，即使信息是可观察可证实的，媒体的治理也是低效的。

第三方媒体治理起作用之前，必须有一个从私人信息阶段向第二方可观察信息阶段的累积过程。如果有企业存在机会主义行为，受害的交易方开始还不太确定，受害方也比较少，如果受害的信息确定了，并且受害者越来越多，媒体就可以把这些信息累积起来，推进信息向更高阶段转化，为有效治理准备条件。但是从案例经验来说，这种累积过程可能很漫长，需要某种诱发因素，促使更高一级媒体介入。

第三方媒体的一个重要作用是放大机会主义行为的信息，这样就可以把第二方受害的信息快速传播，引起后来者的警觉，甚至推动证据信息的获取，从而把信息透明度提高，为声誉机制有效治理创造条件。特别是大型媒体的作用更加明显，从案例也可以知道，在信息可获取的条件下，可以迅速达到治理的效果，而且可以不需要政府介入。在图 4 中可以看到，如果信息能够从私人信息转化成更透明的信息，第三方媒体就可以促进事件从低效治理区域向高效治理区域转移。

如果交易卖方与合谋企业一起隐藏信息，并欺骗买方，则私人信息很难转化为透明的信息，即使买方被骗，也不会察觉。在这种条件下，第三方媒体治理就是低效的，并且无法实现从低效治理区域向高效治理区域的转移。这种情况下，其他治理方式也很难奏效，这会导致欺骗行为长期存在。

第三方媒体治理的微观机制是，媒体曝光之后，企业或者网络平台需要权衡欺骗行为的成本与收益，如果在较强大的声誉机制的压力之下，一般会选择进行第一方的自我治理，但是如果媒体影响力不够，企业或者网络平台仍然会找到很多理由拒绝治理，直到影响力大的媒体介入，当声誉的预期损害大于推迟采取治理行动的收益时，治理就会启动。

8.4.5　第三方媒体治理的理论框架与研究启示

第三方媒体能够明显地提升电子商务平台的治理效率，主要在于网络媒体信息优势。这也给平台治理一个启示，电子商务平台治理的重点在于信息。因为存在多重委托代理关系，平台的实际管理者缺乏治理机会主义的激励；我国电子商务的相关法律法规并不完善，司法部门一般很少介入平台治理，即使司法部门介入，由于信息难以观察或者得到了证实，法律的执行成本非常高；单个客户在平台治理中的作用往往有限，客户需要抱团形成联盟才能引起平台管理者或者政府部门的重视；具有信息优势的第三方媒体有实现新闻价值的激励，边际信息成本很低，因此在网络环境下第三方媒体的治理功能就得到凸显。

政府在平台治理中能够做的是：（1）完善信息披露体系，保证第三方媒体的客观独立性，避免第三方媒体寻租；（2）立法保证机会主义发生时，有法可依，执法必严。因为法律体系建成后，随着电子商务交易规模的增大，治理的边际成本是低廉的。

8.5　本章小结

8.5.1　研究内容的主要结论

1. 研究的主要结论

（1）在电子商务平台治理中，当信息是可观察可证实时第三方媒体能够提高平台自我治理效率。

（2）第三方媒体具有信息功能，能降低平台管理者、买方、政府的信息成本。

（3）第三方媒体是平台自我治理、买方治理、政府治理的促进因素，但本身不具有完整的实施功能。

（4）治理安排方面，电子商务平台的治理往往不是单一的治理安排，而是多个治理主体协同治理。

2. 结论的现实意义

本章的研究对于电子商务的治理安排设计有参考价值：

首先，电子商务领域问题频频发生，而一旦被媒体曝光，媒体的力量介入以后，很快就能吸引各方的注意力。在这种全民关注的情况下，平台治理的效率非常快。而事实上，媒体在平台治理过程中，主要的功能还是信息功能和监督功能，因此，加大电商的信息披露力度是电子商务平台治理的一个方向。电商可以自己主动披露信息，也可以是被媒体或者其他独立第三方披露。

其次，媒体往往不具备平台治理的执行功能。因此，电子商务的平台治理仅仅依靠信息披露是不够的，还需要具有执行能力的平台管理者或者具有行政权力的政府部门配合。政府部门介入治理，往往需要平台上的机会主义行为是可观察、可证实的，因此，需要完善电子商务法律体系，让政府部门有执法依据。

8.5.2 研究的不足和展望

由于科研能力有限，本章在许多方面还有可以改善的地方。电子商务平台的治理问题还远未结束，仅仅是处于起步阶段。

1. 研究中的不足

本章的研究还有许多不足，主要体现在以下几个方面：

（1）在案例资料来源方面，本文由于社会资源的局限，无法获取事件发生后各治理主体的具体反应信息，例如，在阿里巴巴欺诈案中，国外客户建立网站晒自己的受骗经历时，当时的平台管理者的成本收益分析是怎样的。

（2）技术上的局限和研究者的偏见，案例研究的归纳不是统计性的而是分析性的，这使归纳带有一定的主观性和随意性。

（3）在本研究中，默认了第三方媒体是独立的，然而在现实中，第三方媒体有可能是某个利益集团的代言人，披露内容的客观性不容易被确定。

2. 研究展望

本研究虽然取得了一定的成果，但也还存在许多不足，在未来的研究中，希望能从以下几个方向展开研究：

（1）C2C 平台信誉刷单的事情被曝光以后，平台上的刷单行为没有得到有效的制止，产业链反而越做越大。如果这种趋势发展下去，老老实实经营的网店将难以生存下去，而采用刷单的网店能越做越好。Akerlof（1970）定义的柠檬市场问题将会在 C2C 平台上出现。如何治理柠檬市场问题，即如何阻止市场柠檬化，可以是一个研究方向。

（2）电子商务平台的特点之一是具有网络外部性，一个卖家是否在平台上销售商品取决于其他卖家和买家的决策，买家是否在这个平台上交易又取决于这个平台上卖家的数目以及商品的数量和种类，形成一个正反馈机制。可以考虑对具有正网络外部性的买家或者卖家收取低费用，对具有负外部性的买家或者卖家收取高费用，从而达到治理效果。

参考文献

[1] Aldashev, G and G Zanarone. Endogenous Enforcement Institutions [R]. SSRN working paper No. 1990583, 2013.

[2] Alesina, A, and E La Ferrara. Who Trusts Others? [J]. *Journal of Public Economics*, 2002, 85 (2): 207-234.

[3] Allen, F. Reputation and Product Quality [J]. *The RAND Journal of Economics*, 1984, 15 (3): 311-327.

[4] Aoki, M. Linking Economic and Social-Exchange Games: From the Community Norm to CSR [R]. Stanford University and VCASI working paper, 2007.

[5] Arrow, K J. Observations on social capital, on Partha Dasgupta, Ismail Serageldin edited, Social capital: a multifaceted perspective, The World Bank 1999.

[6] Baker, G. Incentive Contracts and Performance Measurement [J]. *Journal of Political Economy*, 1992, 100 (3): 598-614.

[7] Baker, G, R Gibbons and K J Murphy. Subjective Performance Measures in Optimal Incentive Contracts [J]. *Quarterly Journal of Economics*, November, 1994, 109 (4): 1125-1156.

[8] Baker, G, R Gibbons and K J Murphy. Informal authority in organizations [J]. *Journal of Law Economics & Organization*, 1999, 15 (1): 56-73.

[9] Baker, G, R Gibbons and K J Murphy. Bringing the market inside the firm? [J]. *The American Economic Review*, Papers and Proceedings of the Hundred Thirteenth Annual Meeting of the American Economic Association, 2001, 91 (2): 212-218.

[10] Baker, G, R Gibbons and K J Murphy. Relational contracts and the theory of the firm [J]. *The Quarterly Journal of Economics*, 2002, 117 (1): 39-84.

[11] Baron, D P. Morally Motivated Self-Regulation [J]. *The American Economic Re-*

view, 2010, 100 (4): 1299-1329.

[13] Bennett, R J. The logic of local business association: an analysis of voluntary chambers of commerce [J], *Journal of Public Policy*, 1996, (15): 251-279.

[14] Berger, U. Learning to cooperate via indirect reciprocity [J]. *Games and Economic Behavior*, 2011, 72 (1): 30-37.

[15] Best, M. H. Sector strategies and industrial policy: the furniture industry and the Greater London Enterprise Board. In P. Hirst and J. Zeitlin (eds.) Reversing Industrial Decline? Industrial Structure and Policy in Britain and Her Competitors [C], 1989, 191-222. Oxford: Berg.

[16] Boyd, R, H Gintis, S Bowles, and P Richerson. The Evolution of Altruistic Punishment [J]. *Proceedings of the National Academy of Sciences*, 2003, 100 (6): 3531-3535.

[17] Brown, M, A Falk and E Fehr. Relational Contracts and the Nature of Market Interactions [J]. Econometrica, 2004, 72 (3): 747-780.

[18] Brown, R. Cluster dynamics in theory and practice with application to Scotland [R]. Regional and Industrial Policy Research paper. European Policies Research Center University of Strathclyde, United Kingdom, 2000.

[20] Brousseaua, E and E Raynaud. Climbing the hierarchical ladders of rules: A life-cycle theory of institutional evolution [J]. *Journal of Economic Behavior & Organization*, 2011, 79 (1-2): 65-79.

[21] Camerer, C. Behavioral Game Theory [M]. New York: Russell Sage Foundation and Princeton, NJ: Princeton University Press, 2003.

[22] Chakraborty, T. A Mukherjee and S Saha. Court-ship, Kinship and Business: A Study on the Interaction between the Formal and the Informal Institutions and Its Effect on Entrepreneurship [J]. *IZA Journal of Labor & Development*, 2015, 4 (7): 1-21.

[23] Chassang, S and C Zehnder. Social Preferences, Informal Justice, and Incentives [R]. working paper, 2011.

[24] Chassang, S and C Zehnder. Contracting Without a Plan: A Theory of Informal Justice [R]. working paper, 2014.

[25] Chircu, A M, G B Davis and R J Kauffman. Trust, expertise, and e-commerce intermediary adoption [R]. Americas Conference on Information Systems (AMCIS) Proceed-

ings, 2000.

[26] Cohen, S S and J Zysman. Manufacturing Matters: The Myth of the Post-Industrial Economy [M]. New York: Basic Books, 1987.

[27] Crifo, P and V D Forget. The Economics of Corporate Social Responsibility: A Survey [R]. working paper, June 2012.

[28] Dai, Q and R J Kauffman. Business models for internet-based B2B electronic markets [J]. *International Journal of Electronic Commerce*, 2002, 6: 41-72.

[29] De la Maza-Aranguren. Cluster Policy Governances: Towards a Multilevel Approach? The Case of The Basque Country (SPAIN) 2009.

[30] Dhillon, A and J Rigolini. Development and the Interaction of Enforcement Institutions [R]. working paper, 2010.

[31] Dixit, A. On Modes of Economic Governance [J]. *Econometrica*, 2003a, 71 (2): 449-481.

[32] Dixit, A. Trade Expansion and Contract Enforcement [J]. *Journal of Political Economy*, 2003b, 111 (6): 1293-1317.

[33] Dixit, A. Lawlessness and Economics [M]. Princeton: Princeton University Press, 2004.

[34] Dixit A K. Lawlessness and economics: alternative modes of governance [M]. Princeton University Press, 2007

[35] Dixit, A. Social Formation of Pro-social Preferences [R]. Princeton University working paper, 2008.

[36] Dixit, A. Governance Institutions and Economic Activity [J]. *The American Economic Review*, 2009, 99 (1): 3-24.

[37] Dixit, A. Corruption: Supply-side and Demand-side Solutions [R]. working paper, 2013.

[38] Dixit, A. How Business Community Institutions Can Help Fight Corruption [R]. working paper, 2014.

[39] Dixit, A. How Business Community Institutions Can Help Fight Corruption [J]. *World Bank Economic Review*, 2015a, 29 (S1): 25-47.

[40] Dixit, A. Governance Reforms and Growth: Some Ideas from Economic Theory

[J]. *Frontiers of Economics in China*, 2015b, 10 (4): 567-584.

[41] Dixit, A. Corruption: Supply-side and Demand-side Solutions, in Devand, S. M., and Babu, P. G. (eds.), Development in India [C], India: Micro and Macro Perspectives, Springer, 2016.

[42] Economic Sciences Prize Committee of the Royal Swedish Academy of Sciences. ECONOMIC GOVERNANCE: Scientific Background on the Sveriges Riksbank Prize in Economic Sciences in Memory of Alfred Nobel 2009 [R]. 2009.

[43] Eisenhardt K. M. Building Theories from Case Study Research [J]. *Academy of Management Review*, 1989, 14 (4): 532-550.

[44] Eisenschitz, A. and D North. The London industrial strategy: socialist transformation or modernising capitalism? [J]. *International Journal of Urban and Regional Research*, 1986, 10: 419-440.

[45] Enright, M. The Globalization of Competition and the Localization of Competitive Advantage: Policies toward Regional Clustering, in Hood, N. and Young, S. (eds) Globalization of Multinational Enterprise and Economic Development [M]. London: Macmillan, 2000.

[46] Enright, M. Regional Cluster and Multinational Enterprises. Independence, Dependence or Interdependence? [J]. *International Studies of Management & Organization*, 2000, 30 (2): 114-138.

[47] Fehr, E and U Fischbacher. Third-party punishment and social norms [J]. *Evolution and Hum an Behavior*, 2004, 25 (2): 63-87.

[48] Fehr, E, O Hart and C Zehnder, How Do Informal Agreements and Revision Shape Contractual Reference Points? [J]. *Journal of the European Economic Association*, 2015, 13 (1): 1-28.

[49] Feldman M. P. & Francis J. The Entrepreneurial Spark: Individual Agents and the Formation of Innovative Clusters [M]. In A. Q. Curzio & M. Fortis (Ed.), Complexity and Industrial Cluster: Dynamics and Models in Theory and Practice. New York: Physica-Verlag, 2002, 23-56.

[50] Fuhr, H and M Lederer, Varieties of Carbon Governance in Newly Industrializing Countries [J]. *The Journal of Environment & Development*, 2009, 18 (4): 327-345.

[51] Gilsing, Victor. Cluster governance: how clusters can adapt and renew over time

[R]. Paper repared for the Druid PhD-conference, Copenhagen. 2000.

[52] Gilson, R J, C F Sabel and R E Scott. Braiding: The Interaction of Formal and Informal Contracting in Theory, Practice, and Doctrine [J]. *Columbia Law Review*, 2010, 110 (6): 1377-1447.

[53] Gizatulina, A. Symmetric Third-Party Governance [R]. working paper, 2007.

[54] Grandori, Anna & Giuseppe Soda. A Relational Approach to Organization Design [J]. *Industry and Innovation*, 2006, 13 (2): 151-172.

[55] Granovetter, Mark. Economic Action and Social Structure: The Problem of Embeddedness [J]. *American Journal of Sociology*, 1985, 91 (3): 481-510.

[56] Greif, A, Reputation and Coalitions in Medieval Trade: Evidence on the Maghribi Traders [J]. *The Journal of Economic History*, 1989, 49 (4): 857-882.

[57] Greif, A, Contract Enforceability and Economic Institutions in Early Trade: The Maghribi Traders' Coalition [J]. *The American Economic Review*, 1993, 83 (3): 525-548.

[58] Greif, A. Impersonal Exchange without Impartial Law: The community responsibility system [J]. Chicago Journal of International Law, 2004, 5 (1): 109-138.

[59] Greif, A. Institutions and the Path to the Modern Economy [M]. Cambridge: Cambridge University Press, 2006.

[60] Hardin, G. The Tragedy of the Commons [J]. *Science*, 1968, 162 (3859): 1243-1248.

[61] Helmsing, Bert. 2001, Externalities, Learning and Governance: New Perspectives on Local EconomicDevelopment [J]. *Development and Change*, 32 (2): 277-308.

[62] Huang, F. To Trust or to Monitor: A Dynamic Analysis [R]. Singapore Management University working paper, 2013.

[63] Jones C, S W Hesterly, P S Borgatti. A General Theory of Network Governance: Exchange Conditions and Social Mechanisms [J]. *Academy of Management Review*, 1997, 22 (4): 911-945.

[64] Jones K, Leonard L N K. Trust in consumer-to-consumer electronic commerce [J]. *Information & Management*, 2008, 45 (2): 88-95.

[65] Kali, R. Contractual Governance, Business Groups and Transition [J]. *Economics of Transition*, 2002, 10 (2): 255-272.

[66] Kauffman R J, Walden E A. Economics and electronic commerce: Survey and directions for research [J]. *International Journal of Electronic Commerce*, 2001, 5: 5-116.

[67] Kim D J, Ferrin D L, Rao H R. A trust-based consumer decision-making model in electronic commerce: The role of trust, perceived risk, and their antecedents [J]. *Decision support systems*, 2008, 44 (2): 544-564.

[68] Klein, B and K B Leffler. The Role of Market Forces in Assuring Contractual Performance [J]. *Journal of Political Economy*, 1981, 89 (4): 615-641.

[69] Klijn, E and J F M Koppenjan, Institutional design: changing institutional features of networks [J]. *Public management review*, 2006, 8 (1): 141-160.

[70] Kreps, D, P R Milgrom, D J Roberts and R Wilson. Rational Cooperation In The Finitely Repeated Prisoner' s Dilemma [J]. *Journal of Economic Theory*, 1982, 27 (2): 245-252.

[71] Langen, P De. Clustering and performance: the case of maritime clustering in The Netherlands [J], *Maritime Policy & Management*, 2002, 29 (3): 209-221.

[72] Langen, P De. Leader Firms in the Dutch Maritime Cluster [R]. Paper presented at the ERSA 2003 Congress, 2003.

[73] Langen, P De. Governance in seaport clusters [J]. *Maritime Economics & logistics*, 2004, 6: 141-156.

[74] Lee M K O, Turban E. A trust model for consumer internet shopping [J]. *International Journal of electronic commerce*, 2001, 6: 75-92.

[75] Leeson, P T. Social Distance and Self-Enforcing Exchange [J]. *Journal of Legal Studies*, 2008, 37 (1): 161-188.

[76] Li, S. The Benefits and Costs of Relation-based Governance: An Explanation of the East Asian Miracle and Crisis [J]. *Review of International Economics*, 2003, 11 (4): 651-667.

[77] Lockwood, M. Governance, Innovation and the Transition to a Sustainable Energy System: Perspectives from Economic Theory [R]. EPG Working Paper: 1305, 2013.

[78] Lockwood, M, C Kuzemko, C Mitchell and R Hoggett. Theorising governance and innovation in sustainable energy transitions [R]. EPG Working Paper: 130, 2013.

[79] Macaulay, S. Non-Contractual Relations in Business: A Preliminary Study [J].

American Sociological Review, 1963, 28 (1): 55-67.

[80] Macneil, I. R. The Many Futures of Contract [J]. *Southern California Law Review*, 1974, 47 (S): 691-816.

[81] Macneil, I R. A Primer of Contract Planning [J]. *Southern California Law Review*, 1975, 48 (S): 627-704.

[82] Malcomson, J M. Relational Incentive Contracts, Handbook of Organizational Economics (edited by Robert Gibbons and John Roberts) [C]. Princeton University Press, 2013: 1021-1074.

[83] Markusen, A. Sticky Places in Slippery Space: A Typology of Industrial Districts [J]. *Economic Geography*, 1996, 72 (3): 293-313.

[84] Masten, S E and J Prüfer. On the Evolution of Collective Enforcement Institutions: Communities and Courts [J]. *Journal of Legal Studies*, 2014, 43 (2): 359-400.

[85] Milgrom, P R, D C North, and B R Weingast. The role of institutions in the revival of trade: The law merchant, private judges, and the champagne fairs [J]. *Economics & Politics*, 1990, 2 (1): 1-23.

[86] Melnik, M I and J Alm. Does a Seller's Ecommerce Reputation Matter? Evidence from eBay Auctions [J]. *The Journal of Industrial Economics*, 2002, 50 (3): 337-349.

[87] North, D C. Government and the Cost of Exchange in History [J]. *The Journal of Economic History*, 1984. 44 (2): 255-264.

[88] North, D. C. Institutions, transaction costs and economic growth [J]. *Economic inquiry*, 1987, 25 (3): 419-428.

[89] North, D. C. Institutions, institutional change and economic performance [M]. Cambridge, England: Cambridge University Press, 1990.

[90] Nowak, M A and K Sigmund. Evolution of indirect reciprocity [J]. *Nature*, 2005, 437: 1291-1298.

[91] Nowak, M A. and K Sigmund, Evolution of indirect reciprocity by image scoring [J]. *Nature*, 1998, 393: 573-577.

[92] Oexl, R. Trilateral Contract and the Hold-up Problem [R]. working paper 2010.

[93] Olson, M. The Logic of Collective Action: Public Goods and the Theory of Groups [M]. Cambridge MA: Harvard University Press, 1965.

[94] Ostrom, E. Governing the Commons: The Evolution of Institutions for Collective Actions [M]. Cambridge MA: Cambridge University Press 1990.

[95] Ostrom, E J Walker and R. Gardner. Covenants with and without a Sword: Self-Governance is Possible [J]. *American Political Science Review*, 1992, 86 (2): 404-417.

[96] Ostrom, E. Understanding Institutional Diversity [M]. Princeton NJ: Princeton University Press, 2005.

[97] Ostrom, E. Beyond Markets and States: Polycentric Governance of Complex Economic Systems, *The American Economic Review*, 2010, 100 (3): 641-672.

[98] Pavlou P A. Consumer acceptance of electronic commerce: integrating trust and risk with the technology acceptance model [J]. *International journal of electronic commerce*, 2003, 7 (3): 101-134.

[99] Porter M. E. , Competitive Advantages of Nations, New York, 1991.

[100] Porter, M. E. Clusters and the New economics of Competition [J]. *Harvard Business Review*, 1998, November-December, 77-90.

[101] Porter, M. E. On competition [M]. New York, Free Press, 1998.

[102] Propris, L De. Systemic Flexibility Production Fragmentation and Cluster Governance [J]. *Europen Planning Studies*, 2001, 9 (6): 739-753.

[103] Pyle, W. Contractual Disputes and the Channels for Interfirm Communication [J]. *The Journal of Law, Economics, & Organization*, 2005, 21 (2): 547-575.

[104] Raja Kali. Social Embedness and Economic Governance: A Small World Approach [EB/OL]. 2003, http: // arts. cornell. edu/econ/75devconf/papers/kali. pdf.

[105] Resnick, P, R Zeckhauser, J Swanson and K Lockwood. The value of reputation on eBay: A controlled experiment [J]. *Experimental Economics*, 2006, 9 (2): 79-101.

[106] Rob, R and H Yang. Long-Term Relationships as Safeguards [J]. *Economic Theory*, 2010, 43 (2): 143-166.

[107] Robert, J. Bennett. Business associations and their potential contribution to the competitiveness of SMEs [J]. *Entrepreneurship & Regional Development*, 1998, (10): 243-260.

[108] Scott, A and J. Technopolis. High - Technology Industry and Regional Development in Southern California [M]. Berkeley: University of California Press, 1993.

[109] Sölvell, Ö. Clusters: Balancing Evolutionary and Constructive Forces [M]. Stockholm: Ivory Tower Publishers, 2009.

[110] Sugden, R, P Wei and J Wilson. Clusters, governance and the development of local economies: A framework for case studies [M]. Cheltenham: Edward Elgar, 2005.

[111] Tabellini, G. The Scope of Cooperation: Values and Incentives [J]. *Quarterly Journal of Economics*, 2008, 123 (3): 905-950.

[112] Tadelis, S. What' s in a Name? Reputation as a Tradeable Asset [J]. *American Economic Review*, 1999, 89 (3): 548-563.

[113] Tadelis, S. The Market for Reputations as an Incentive Mechanism [J]. *Journal of Political Economy*, 2002, 110 (4): 854-882.

[114] Tadelis, S. Firm Reputations with Hidden Information [J]. *Economic Theory*, 2003, 21 (2-3): 635-651.

[115] Tadelis, S. and Williamson, O., 2012: Transaction Cost Economics, Handbook of Organizational Economics [C]. Gibbons, R. and Roberts, J. (eds.), Princeton: Princeton University Press.

[116] Tadelis, S. P Bajariand and S Houghton. Bidding for Incomplete Contracts: An Empirical Analysis [J]. *The American Economic Review*, 2014, 104 (4): 1288-1319.

[117] Tadelis, S. and F Zettelmeyer. Information Disclosure as a Matching Mechanism: Theory and Evidence from a Field Experiment [J]. *The American Economic Review*, 2015, 105 (2): 886-905.

[118] Takahashi, S. Community Enforcement when Players Observe Partners' Past Play [J]. *Journal of Economic Theory*, 2010, 145 (1): 42-62.

[119] Tan, J. and D Tan. Environment-strategy co-evolution and co-alignment: A staged model of Chinese SOEs under transition [J]. *Strategic Management Journal*, 2005, 26: 141-157.

[120] Tanika, C, A Mukherjee and S Saha. Court-ship, Kinship and Business: A Study on the Interaction between the Formal and the Informal Institutions and Its Effect on Entrepreneurship [J]. *IZA Journal of Labor & Development*, 2015, 4 (7): 1-21.

[121] Valdaliso, J, A Elola, M Aranguren and S Lopez. Social capital, internationalization and absorptive capacity: The electronics and ICT cluster of the Basque Country [J]. *En-*

trepreneurship & Regional Development. 2011, 23, (9-10): 707-733.

[122] Visser, Evert-Jan. and P de Langen. The importance and quality of governance in the Chilean wine industry [J]. *Geo Journal*, 2006, 65: 177-197.

[123] Williamson, O. Transaction-Cost Economics: The Governance of Contractual Relations [J]. *Journal of Law and Economics*, 1979, 22 (2): 233-261.

[124] Williamson, O. Credible Commitments: Using Hostages to Support Exchange [J]. *The American Economic Review*, 1983, 73 (4): 519-540.

[125] Williamson, O. The Economic Institutions of Capitalism [M]. New York: The Free Press, 1985.

[126] Williamson, O. The Mechanisms of Governance [M]. New York: Oxford University Press, 1996.

[127] Williamson, O. The Lens of Contract: Private Ordering [J]. *American Economic Review, Papers and Proceedings*, 2002, 92 (2): 438-443.

[128] Williamson, O. The Economics of Governance [J]. *American Economic Review, Papers and Proceedings*, 2005, 95 (2): 1-18.

[129] Yin R. K., 1994, Case Study Research: Design and Methods, Newbury Park, CA: Sage Publications.

[130] 安岗，李凯．经济治理理论研究进展：基本逻辑、三方分类体系及选择条件，产业经济评论［J］．2016，15（3）：127-152．中国人民大学书报资料中心复印报刊资料，F11《理论经济学》2017 年第 3 期全文转载．

[131] 安岗，李凯，黄玮．集群治理制度的自我选择逻辑：基于治理经济学视角的综述［J］．公司治理评论，2013，5（4）：41-60．

[132] 安岗，王启超，黄玮．三方媒体与电子商务平台治理——基于多案例的探索性分析［J］．公司治理评论，2014，6（1）：31-49．

[133] 蔡宁，吴结兵．企业集群的竞争优势：资源的结构性整合［J］．中国工业经济，2002（7）：45-50．

[134] 蔡宁，杨闩柱，吴结兵．企业集群风险的研究：一个基于网络的视角［J］．中国工业经济，2003（4）：59-64．

[135] 陈军，朱华友．产业集群治理研究——一个拓展的视角［J］．经济问题探索，2008，（11）：13-18．

［136］陈文华．产业集群治理研究［M］．北京：经济管理出版社，2007.

［137］陈艳莹，原毅军．治理机制与企业网络的规模：嵌入性视角的研究［J］．中国工业经济，2006（9）：102-108.

［138］陈剩勇，马斌．温州民间商会：自主治理的制度分析——温州服装商会的典型研究［J］．管理世界，2004（12）：31-49.

［139］陈伯超．沈阳铁西工业区及其改造的现状与前景［J］．城市环境设计，2007（05）.

［140］陈庆，刘禹宏．产业集聚与经济增长方式转变［J］．当代经济管理，2007（6）：73-76.

［141］崔丹，杨晓猛．东北装备制造业产业集群升级的路径选择［J］．理论前沿，2009，（16）：45-47.

［142］董峰．"东搬西建"：沈阳铁西老工业基地振兴的模式选择［J］．国土资源，2007（05）：23-27.

［143］符正平，常路．企业集群环境下专利保护的制度选择［C］．中国制度变迁的案例研究（第六集）．2008.

［144］符正平．论企业集群的产生条件和形成机制［J］．中国工业经济，2002，（10）：20-26.

［145］甘泉．沈阳市铁西区老照片［M］．沈阳：沈阳出版社，2006.

［146］高闯．能否依托企业集群实现东北振兴［J］．城市经济，2005（5）.

［147］高广志．东北老工业基地改造纪实［M］．哈尔滨：北方文艺出版社，2004.

［148］高中理．东北老工业基地新型工业化振兴战略对策［M］．沈阳：辽宁人民出版社，2007.

［149］高品卿．辽宁工业百年史料［M］．沈阳：沈阳出版社，2003.

［150］高晓红，沈阳经济区 10 年后实现一体化［N］．沈阳：沈阳晚报，2010-5-10.

［151］格兰多里．企业网络：组织与产业竞争力［M］．北京：中国人民大学出版社，2005.

［152］郭勇峰．电子商务交易平台的治理［J］．中国物价，2013（12）：88-91.

［153］胡岗岚．平台型电子商务生态系统及其自组织机理研究［D］．上海：复旦大学，2010.

［154］胡雅蓓．基于竞合关系的产业集群网络治理机制研究——以南京化学工业

园区为例［J］. 江淮论坛，2012，255（5）：41-48.

［155］华阳. 主流电子商务模式对比分析［J］. 新疆社科论坛，2012（2）：68-70.

［156］侯仰德. 走向振兴新论：辽宁新世纪新发展开拓踪迹［M］. 沈阳：辽宁人民出版社，2007.

［157］龚丽敏，江诗松，魏江. 产业集群创新平台的治理模式与战略定位：基于浙江两个产业集群的比较案例研究［J］. 南开管理评论，2012，15（2）：59-69.

［158］金晓玲. 沈阳经济区八城市将携手共同推进新型工业化［N］. 辽宁日报，2010-06-05.

［159］康宛竹. 行业协会的国际比较与借鉴［J］. 经济研究导刊，2009（5）：198-200.

［160］孔小磊. 产业集群知识资产保护规制研究：基于治理理论视角［D］. 杭州：浙江大学，2013.

［161］李凯，李世杰. 产业集群的组织分析［M］. 北京：经济管理出版社，2007.

［162］李凯，李世杰. 装备制造业集群集群网络结构研究与实证［J］. 管理世界，2004，4（12）：68-76.

［163］李世杰，李凯. 产业集群治理逻辑：一个分析框架［J］. 产业经济评论（山东大学），2009，08（3）：71-82.

［164］李世杰. 基于集群剩余索取权的产业集群治理机制研究［J］. 管理世界，2013（7）：178-179.

［165］李铁滨，东北老工业基地承接东南沿海地区劳动密集型制造业扩散研究［D］. 沈阳：东北师范大学，2008.

［166］李文震. 企业集群形成机理的经济学分析［D］. 武汉：武汉大学，2005.

［167］李维安，吴德胜，徐皓. 网上交易中的声誉机制——来自淘宝网的证据［J］. 南开管理评论，2007，10（5）：36-46.

［168］李新春. 企业家协调与企业集群——对珠江三角洲专业镇企业集群化成长的分析［J］. 南开管理评论，2002，5（3）：49-55.

［169］李艳东，郑江淮. 私序的功能与转型：一个述评［J］. 产业经济研究，2007（1）：64-70.

［170］刘冰，高闯. 组织信息体制、制度化关联与高技术企业集群治理效率［J］. 中国工业经济，2006（3）：21-28.

［171］刘芹．产业集群治理的内涵和模式研究述评［J］．科技管理研究，2009(4)：240-242.

［172］刘世锦．产业集聚及其对经济发展的意义［J］．改革，2003，(3)：64-68.

［173］刘淑茹，冯云廷．转包关系与东北产业集群的形成［J］．东北财经大学学报，2004，(5)：46-48.

［174］刘晓文，于瑾．一种面向企业电子商务的治理参考模型［J］．科技管理研究，2011，31（7）：202-205.

［175］刘友金，罗发友．基于焦点企业成长的集群演进机理研究——以长沙工程机械集群为例［J］．管理世界，2005，(10)：159-161.

［176］刘征驰，赖明勇．电子商务服务业集群治理：一个分析框架［J］．珞珈管理评论，2013（1）.

［177］刘尊田．中国工业名城沈阳［M］．北京：红旗出版社，1987.

［178］陆园园，薛镭．转型经济中环境——战略的协同演进：以中国机床行业发展为例［J］．管理世界，2008，(8)：173-174.

［179］卢昌崇，李宏林，郑文全．东北装备制造产业集群重构——以辽宁省为例［J］．经济研究参考，2006（38）：34-39.

［180］娄玉东，綦良群．区域装备制造业集群演化机理分析［J］．科技与管理，2010，(2)：111-115.

［181］马歇尔．经济学原理（中译本）［M］．北京：商务印书馆，1965.

［182］马中东．交易费用、中间性组织与产业集群——基于新制度经济学的研究视角［J］．山东财政学院学报，2005（6）：20-24.

［183］孟韬．网络治理与集群治理［J］．产业经济评论，2006，5（1）：80-90.

［184］聂辉华．制度均衡：一个博弈论的视角［J］．管理世界，2008（8）：158-167.

［185］彭禄斌，刘仲英．物流公共信息平台治理机制对治理绩效的影响［J］．工业工程与管理，2010，15（1）：11-16.

［186］仇保兴．发展小企业集群要避免的陷阱——过度竞争所致的“柠檬市场”［J］．北京大学学报（哲学社会科学版），1999，36（1）：25-29.

［187］荣宏庆．构建辽宁装备制造业产业集群研究［J］．商业现代化，2009，(570)：263-265.

［188］沈阳市铁西区人民政府地方志办公室编．铁西区志［M］．沈阳：沈阳人民

出版社，1998：1.

［189］沈阳市铁西区人民政府地方志办公室编．铁西区志［M］. 沈阳：沈阳人民出版社，1998：149.

［190］苏梅．风生水起看铁西——采自振兴东北老工业基地前沿的报告［J］，国土资源，2004（10）：4-15.

［191］苏敬勤，李召敏．案例研究方法的运用模式及其关键指标［J］. 管理学报，2011，8（3）：112-120.

［192］苏敬勤，林海芬，李晓昂．产品创新过程与管理创新关系探索性案例研究［J］. 科研管理，2013，34（001）：70-78.

［193］孙国强．关系、互动与协同：网络组织的治理逻辑［J］. 中国工业经济，2003（11）：14-20.

［194］唐晓华，王丹．集群企业合作隐性契约的博弈分析［J］. 中国工业经济，2005（9）：19-25.

［195］陶亮．演化经济学视野下的瓦房店轴承产业集群研究［D］. 大连：大连理工大学，2010.

［196］田婕．C2C 交易中诚信问题研究——基于博弈论模型［J］. 电子商务，2007（3）：62-66.

［197］汪斌，廖园园，陈海达．集群的内部治理结构形式及其对集群升级的影响研究［J］. 浙江大学学报（人文社会科学版），2008，38（2）：136-142.

［198］王德鲁，宋学锋．装备制造业结构升级与产业集聚的互动机理和模式选择［J］. 科学学与科学技术管理，2009（1）：102-107.

［199］王缉慈．创新的空间——企业集群与区域发展［M］. 北京：北京大学出版社，2001.

［200］王珺．集群经济中的关系合约与稳定性机制研究［J］. 中山大学学报（社会科学版），2008，48（1）：531-539.

［201］王永坤，王丹，安爽．辽西北资源型城市产业集群生态化策略分析［J］. 科技和产业，2012，12（2）：26-28.

［202］魏江，周泯非．产业集群治理：理论来源、概念与机制［J］. 管理学家：学术版，2009（6）：50-59.

［203］吴德胜．网上交易中的私人秩序——社区，声誉与第三方中介［J］. 经济

学，2007，6（003）：859-884.

［204］吴娜娜，郑力，甄磊．B2B2C 电子商务模式研究：以阿里巴巴为例［J］．商场现代化，2010（032）：131-132.

［205］吴戈．产业集群可持续发展的生态化管理［J］．中国流通经济，2008，22（7）：31-33.

［206］夏兰，周钟山．基于网络结构视角的产业集群演化和创新［M］．北京：中国市场出版社，2006：136.

［207］许林峰，严北战．基于经济网络与社会网络的集群式产业链治理机制［J］．经济问题探索，2011（7）：169-172.

［208］徐健．沈阳装备制造业产业集群构建研究［M］．沈阳：辽宁人民出版社，2005.

［209］徐利敏．基于博弈视角的我国 C2C 电子商务中诚信管理机制研究［J］．南京财经大学学报，2010（1）：27-34.

［210］徐强．产业集聚因何而生——中国产业集聚形成机理与发展对策研究［M］．杭州：浙江大学出版社，2004.

［211］薛求知，刘婷．集群演进中的负效应分析：一个新的研究视角［J］．学术月刊，2005（6）：49-57.

［212］颜永才．产业集群创新生态系统的构建及其治理研究［D］．武汉：武汉理工大学，2013.

［213］严北战．产业集群治理模式演化机理及其路径研究［J］．商业研究，2013，55（11）：6-10.

［214］杨慧．产业集群治理结构探析［J］．科学学研究，2007（8）：682-686.

［215］杨居正，张维迎，周黎安．信誉与管制的互补与替代——基于网上交易数据的实证研究［J］．管理世界，2009（7）：18-26.

［216］杨树旺，易明，肖建忠．产业集群治理结构、机制与模式——兼论我国产业集群治理存在的主要问题及对策建议［J］．宏观经济研究，2008（1）：31-35.

［217］杨忠，张骁，陈扬，等．“天生全球化”企业持续成长驱动力研究-企业生命周期不同阶段差异性跨案例分析［J］．管理世界，2007（6）：122-136.

［218］易明，杨树旺．基于治理导向的产业集群发展：问题与对策［J］．管理世界（月刊），2010，（8）：175-176.

[219] 俞培果. 政府在促进集群发展中的角色与作用——西班牙巴斯克地区集群策动案例解析 [J]. 西南科技大学学报（哲学社会科学版），2009（4）：25-29+41.

[220] 喻卫斌. 产业集群的交易特征及其治理 [J]. 青海社会科学，2005（3）：41-43.

[221] 袁为鹏. 聚集与扩散：中国近代工业布局 [M]. 上海：上海财经大学出版社，2007.

[222] 臧旭恒，何青松. 试论产业集群租金与产业集群演进 [J]. 中国工业经济，2007（3）：13-21.

[223] 谌飞龙. 产业集群"大共生"治理的形成逻辑及运用框架 [J]. 吉首大学学报（社会科学版），2012，33（1）：119-123.

[224] 张米尔，田丹. 制度变迁背景下东北装备制造业集群的演进——以瓦房店轴承产业集群为例 [J]. 公共管理学报，2007，(04)：53-60+124.

[225] 张聪群. 产业集群治理的逻辑与机制 [J]. 经济地理，2008，28（3）：388-392.

[226] 张米尔，田丹. 制度变迁背景下东北装备制造业集群的演进 [J]. 公共管理学报，2007（4）：53-61.

[227] 张平宇. 沈阳铁西工业区改造的制度与文化因素 [J]. 人文地理，2006（2）：46.

[228] 张仙锋. 面向网上消费者的微观卖方信任机制研究 [J]. 海南大学学报：人文社会科学版，2008，26（2）：180-184.

[229] 张耀辉. 产业创新的理论探索——高薪产业发展规律研究 [M]. 北京：中国计划出版社，2002：110.

[230] 赵海山. 关系型契约与产业集群治理研究 [J]. 科学学与科学技术管理，2007（11）：198-199.

[231] 赵晶，关鑫. 大企业集群治理合约选择的制度基础及演进机理研究 [J]. 南开管理评论，2008，11（3）：58-64.

[232] 赵丽洲. 辽宁装备制造业集群发展存在的问题和对策 [J]. 经济管理者，2011（9）：17-18.

[233] 郑江淮，江静. 理解行业协会 [J]. 东南大学学报（哲学社会科学版），2007，9（6）：55-62.

［234］中国互联网络信息中心．2012 年中国网络购物市场研究报告［R］. 2012.

［235］周波．柠檬市场治理机制研究述评［J］. 经济学动态，2010（3）：131-135.

［236］周泯非，魏江．产业集群治理模式及其演化过程研究［J］. 科学学研究 2010，28（1）：95-103.

［237］朱华晟．浙江产业群：产业网络、成长轨迹与发展动力［M］. 杭州：浙江大学出版社，2003.

重要术语索引表

后 记

众手相携，玉汝于成。作者对此书稿一直不是很满意，出版合约签订经年，没有拿出满意的版本。丑媳妇迟早要见公婆，这部学术专著就要出版，除了心中的忐忑，更想表达的是，对成书过程中的多方支持表示感谢。

本书是在安岗的博士后出站报告的基础上修改而成的。安岗 2007 年从东北财经大学博士毕业后到东北大学任教，2009—2012 年在东北大学博士后流动站从事博士后研究，合作导师是李凯教授。适逢经济治理理论获得一些重要进展，特别是迪克西特提出了新一代的经济治理理论，增强了该理论的分析能力。2009 年诺贝尔经济学奖也颁发给奥斯特罗姆和威廉姆森两位经济治理大师，这个研究方向得到更多学者关注。因此在博士后研究的选题上，基于博士论文的制度分析基础和合作导师的产业集群研究背景，我们选择结合产业集群治理和中国经济的现实来探索经济治理理论逻辑以及新治理理论的适用性。

研究计划围绕迪克西特的经济治理理论，从三个方面展开，一是经济治理和集群治理的文献阅读和梳理；二是经济治理基本模型的消化和扩展；三是产业集群治理与发展案例的研究。

我们基于这个博士后研究计划申请并获得了两项国家基金资助：2009 年教育部博士点基金项目《产业集群治理制度的自我选择理论与经验研究》（批准号 20090042110032，2010—2012 年，李凯主持，安岗为执行负责人），2010 年中国博士后科学基金第四十七批面上资助项目《产业集群特征与治理制度的差别匹配理论与经验研究》（资助编号 20100471455，

2011—2012 年，安岗主持）。在此对这两项基金的资助表示感谢！

在文献和理论研究过程中，安岗获得国家留学基金委的资助，赴美国加州大学伯克利分校哈斯商学院访学一年，合作导师是著名的契约理论学者 Steven Tadelis。在访学期间，听取了 Steven Tadelis、Reed Walker 等人的制度经济学课程，学习了契约理论和治理经济学的建模思路，并与博士生 Oren Reshef，Lukas Kießling，Hyo Kang，梁昕雯等同学深入沟通了相关文献；同时加州大学伯克利分校图书馆强大的数据资料为文献检索提供了诸多便利。在此，对国家留学基金委提供的资助，以及在伯克利期间所获得便利条件和诸多学者的帮助表示感谢！

在理论文献阅读和模型建构的过程中，研究生黄玮、陈苗苗和苏慧清做了大量文献阅读、讨论和模型推导工作。论文写出来后，参加了 2012 年中国经济学年会的交流，论文评审人山东大学张剑虎副教授给出认真细致的建设性评论。在论文后期的修改过程中，东北大学王世权教授提出很多重要修改意见。在此，对他们在理论研究方面提供的帮助表示感谢！

在案例研究过程中，沈阳市于洪区政府沈阳经济技术开发区管理委员会招商局、沈阳特种机床城、沈阳机床集团、沈阳巨浪机床有限公司等单位的相关负责人为本研究的调研提供了重要的信息资料。学生郑景泰、张兆瑞、杨志英、王启超、黄玮、王廷臣、陈苗苗和苏慧清做了录音整理、论文起草等大量基础工作。安岗在美国期间，学生王启超携本书第八章的主要内容参加了 2015 年南开大学举办的第八届公司治理国际研讨会，得到了与会专家的建设性评论。在此一并致谢！

在书稿编辑排版过程中，中国经济出版社的赵静宜编辑以及其他工作人员也都付出了辛勤劳动，让这本书得以出版，在此也感谢你们！

安 岗 李 凯

2018 年 5 月 5 日于东北大学浑南校区